U0676627

本书为

国家社会科学基金重大项目

“欧亚视野下的早期中国文明化进程研究”（18ZDA172）

郑州中华之源与嵩山文明研究会重大课题

“早期中国文明起源的区域模式研究”

阶段性成果

中華文明的起源

韩建业 著

中国社会科学出版社

图书在版编目(CIP)数据

中华文明的起源/韩建业著．—北京：中国社会科学出版社，2021.4(2025.9重印)

ISBN 978-7-5203-7939-7

Ⅰ.①中… Ⅱ.①韩… Ⅲ.①文化起源(考古)—研究—中国 Ⅳ.①K871.04

中国版本图书馆CIP数据核字(2021)第029951号

出 版 人　季为民
责任编辑　李金涛
责任校对　臧志晗
责任印制　李寡寡

出　　版　中国社会科学出版社
社　　址　北京鼓楼西大街甲158号
邮　　编　100720
网　　址　http://www.csspw.cn
发 行 部　010-84083685
门 市 部　010-84029450
经　　销　新华书店及其他书店

印　　刷　北京明恒达印务有限公司
装　　订　廊坊市广阳区广增装订厂
版　　次　2021年4月第1版
印　　次　2025年9月第4次印刷

开　　本　710×1000　1/16
印　　张　21.25
插　　页　2
字　　数　276千字
定　　价　86.00元

凡购买中国社会科学出版社图书，如有质量问题请与本社营销中心联系调换
电话：010-84083683
版权所有　侵权必究

自　序

20世纪初，梁启超在《论中国学术思想变迁之大势》中说："西人称世界文明之祖国有五：曰中华，曰印度，曰安息，曰埃及，曰墨西哥。然彼四地者，其国亡，其文明与之俱亡……而我中华者，屹然独立，继继绳绳，增长光大，以迄今日。"百余年以来，这种对悠久中华文明的坚定信念，深藏在无数优秀中华儿女的内心最深处，成为中国人民抗击外侮、建设祖国、复兴中华的精神源头。诞生于1921年的中国考古学，从一开始就以探索中华文明起源为己任，经过一代代考古人的艰苦努力，终于使我们看清了早在8000多年以前就有了文化上早期中国的萌芽和中华文明的起源，大约5000年前已经正式进入文明社会，以坚实的考古学证据证明了中华文明"是世界上唯一没有中断、发展至今的文明"这一论断。

20世纪90年代初在北京大学读硕士学位期间，受导师严文明先生的影响，我就对中华文明起源研究开始感兴趣。1994年发表《大汶口墓地分析》，注意到大汶口墓地第一、二期时贫富分化虽已很明显，但富贵墓区和贫贱墓区仍在一个墓地，大约还保留着氏族社会的躯壳；第三期时最富贵的家族墓地取代氏族墓地，成为"迈向文明门槛的关键性一步"，这关键性的一步就发生在距今5000年进入大汶口文化晚期以后。这是我从对墓地所见“家族”地位的变化这个微观的角度，试图透视宏观社会变革和文明形成的一次有益尝试。此后我一直注重通过聚落形态分析（包括墓地空间分析）的方法，来对中国北方地区乃至于全国范围新石器时代的社会演进过程进行观察，也始终关注其中家族组织及其地位的变化。1996 年读博士学位期间，我发表了《中国上古时期三大集团交互关系探讨——兼论中国文明的形成》一文，提出华夏、苗蛮、东夷三大集团之间长时期的互动交流，是中华文明形成和走向成熟的重要原因。此后，古史传说也成为我研究中华文明起源必须考虑的因素。

21 世纪以来，我开始将更多精力投入到对中华文明起源和早期发展的研究，并且在研究中特别注意将聚落形态、文化谱系、文化交流、气候环境、古史传说等结合起来。我认为对文明起源研究领域的理论和概念问题进行梳理当然十分必要，但应当从对考古材料的客观实际出发，在考古研究的实践中不断锤炼完善旧理论和旧概念，适时提出新理论和新概念，形成符合中国实际、具有中国特色而又可以和国际对话的理论和概念体系，而非坐在书斋里拿西方的文明起源理论硬套中国的考古实际。我对中华文明起源和早期发展的研究，主要可以概括为以下五个方面。

一　文明起源、形成和早期发展进程

我在 2000 年完成的博士学位论文《中国北方地区新石器时代文化研究》当中，对北方地区的文化谱系和聚落形态进行了系统分析，还提出了文化上“早期中国”或“早期中国文化圈”的概念。之后参加严文明先生和赵辉老师主持的“聚落形态和早期文明”课题，对北方地区聚落形态和早期文明演进过程开展了进一步研究。近年为撰写《早期中国——中国文化圈的形成和发展》一书，我对全国范围的新石器时代文化谱系和聚落形态进行过程度不一的梳理，并对良渚、陶寺、石峁、二里头等大型中心聚落有过专门论述。

我现在对中华文明起源、形成和早期发展进程的观点，可用最新发表的《裴李岗时代与中国文明起源》一文中的一段话来概括："裴李岗时代中国主体区域所表现出的较为先进的思想观念和知识体系，以及较为复杂的社会形态，将中国文明起源提前到距今 8000 年以前，可算作是中国文明起源的第一阶段……距今 6000 年以后进入庙底沟时代，早先形成的思想观念和知识体系进一步发展，社会开始了普遍复杂化的过程，各区域逐步迈入前早期国家状态，可视为中国文明起源的第二阶段……距今 5000 多年已经正式形成由良渚等各区域文明社会组成的早期中国文明。"

二　文明起源的北方模式、中原模式和东方模式

我在博士学位论文当中，还提出了中国文明起源的"北方模式""东方模式"的概念，2003 年又在《略论中国铜石并用时代社会发展的一般趋势和不同模式》一文中增加了"中原模式"。文中我认为，"北方模式从表面上看比较迟缓、落后，但却与较严酷的自然环境相适应，可以在很大程度上避免资源的过度浪费，而能量的有效蓄积也显然更有利于长期的发展。东方模式虽然显得技术先进、发展迅速，但却容易使社会养成铺张浪费、坐享其成、不思进取的风气，并不见得利于长远的发展……只有中原地区兼采二者之长：存在一定的社会地位差异但不强调贫富分化；社会秩序井然但不靠严刑峻法；生产力逐步提高但不尚奢华；关注现实而不是沉溺于宗教；依靠血缘关系，重视集体利益，不疾不徐，稳中求健，终于发展到二里头文化所代表

的成熟的文明社会——晚期夏王朝阶段。”近年我还对中原与江汉、海岱、北方地区的文明化进程进行过专门的比较研究，强调了黄河中游或者中原地区的核心地位。

三　环境演变、战争冲突与文明演进机制

我在博士学位论文、《中国西北地区先秦时期的自然环境与文化发展》等许多著作中，都论述过自然环境及其演变对中华文明及其文明化进程的制约和影响。《距今5000年和4000年气候事件对中国北方地区文化的影响》一文中说，“在极端气候期，不同的应对策略可能有着完全不同的后果。适应环境变化，适当调整经济结构和资源利用方式，显然是应对极端气候的有效方法……极端气候期恰是中国社会发展出现突进的时期。”《早期中国——中国文化圈的形成和发展》一书中说，“总体来看，中国相对独立、广大多样、以两大河流域为主体、以中原地区为中心的地理环境，很大程度上决定了早期中国文化有主体有中心的多元一体格局、稳定内敛的特质特征和持续发展的过程，而文化意义上早期中国的起源、形成和早期发展，又都与自然环境的变迁息息相关。这当中很值得注意的是公元前4000年左右的气候暖湿引起中原文化的蓬勃发展和早期中国的形成，公元前3500年左右的气候转冷造成初始文明社会的全面兴起，而公元前2000年左右的冷期则引发中国的‘青铜时代革命’和成熟文明的出现。究其原因，无论是气候转暖或趋冷，相对于地理环境广大多样的早期中国来说，并非整体趋于适宜或恶化；气候变迁本身并不能引起整个早期中国文化的兴盛或衰落，只是为文化变迁提供契机。”

我也重视战争对文明化进程的促进作用。《新石器时代战争与早期中国文明演进》一文中说，“植根于广大深厚农业经济的早期中国

文明，短于对外扩张，却长于对内整顿秩序。每一次大规模的内战，就是破坏旧秩序建立新秩序的一次极端行为。新石器时代的战争提高首领地位、促使阶级分化和社会分工，以粗暴的方式使得广大地区短时间内发生文化和血缘的深度交融，很大程度上推进了早期中国文明起源、形成和发展的进程；而文明的成长反过来促使大规模战争的发生，文明化进程每前进一步，战争的程度就升级一次。战争和文明化互为因果、相互促进，因此战争才成为古代中国两件最大的事之一，所谓‘国之大事，在祀与戎’（《左传》成公十三年）。”

四　中西文化交流与文明起源

中华文明的源头当然在中国这片热土上，但距今 5000 多年尤其是约距今 4000 年以后，来自西方的文化因素也为中华文明的形成和早期发展增添了新鲜血液，我甚至还有过中国的“青铜时代革命”这种现在看来略显夸张的提法。《略论中国的“青铜时代革命”》一文说，“中国在公元前 2000 年左右进入青铜时代以后，大部地区在技术经济、文化格局、社会形态等方面都发生了显著的变革现象，堪称一次‘青铜时代革命’。”“青铜时代社会的复杂化，固然以龙山时代早期文明或‘古国’文明作为基础，但其剧烈程度前所未见。”“中国青铜时代文化基本上是在当地铜石并用时代文化基础上发展而来，但由于位于欧亚大陆东部的中国进入青铜时代的时间比西方晚一千多年，因此其‘青铜时代革命’当与西方青铜文化的影响和刺激有密切关系。”

五　文化基因与历史记忆

中华文明有着数千年以来积淀形成的文化基因和丰厚的历史记

忆。在《早期中国——中国文化圈的形成和发展》一书中，我就对文化上早期中国的文化特质或文化基因做过一些提炼，最近在《从考古发现看八千年以来早期中国的文化基因》一文中，进一步将其归纳为整体思维、天人合一，祖先崇拜、以人为本，追求秩序、稳定执中，有容乃大、和谐共存，勤劳坚毅、自强不息等五个方面。这些有别于世界上其他文明的文化基因，是中华民族生生不息、长盛不衰的根源所在。

中华文明的历史记忆，集中体现在文献记载和传承中的古史传说方面。多年来我不但对以华夏为核心的古史体系进行过较为系统的考古学观察，而且还对中华文明起源研究结合传说时代古史的必要性和研究方法进行过阐述，出版过《五帝时代——以华夏为核心的古史体系的考古学观察》《走近五帝时代》两本论文集。《中华文明起源研究理应结合古史传说》一文说，“商周时期距离三皇五帝时代有相当长的时间差距，商周及以后文献中的三皇五帝故事自然免不了传承和传说过程中的错漏虚夸，深入辨析、去伪存真，自然是研究者必须做的，但应当对传说史料有足够的敬畏和同情之心，没有十足把握，不要轻易言伪。”

本文集共选录了我相关的论文和普及文章共28篇，按照上述五个方面的先后次序进行排列，基本能够反映我对中华文明起源研究的主要观点，希望能得到读者朋友的批评和反馈。

在本书出版之际，我要对我的恩师、北京大学资深教授严文明先生表示最诚挚的感谢！我关于中华文明起源研究的几乎每一个方面，都深受先生的影响。2019年先生还出席了我的国家社科基金重大项目“欧亚视野下的早期中国文明化进程研究”开题报告会，给了我重要指导和极大鼓励。

我要感谢我的老师李伯谦、张江凯、李水城、赵辉等先生，他们不但在学校教我知识，以后也不断给我鼓励和支持。在李伯谦先生的支持下，我还承担了郑州市中华之源与嵩山文明研究会重大课题“早期中国文明起源的区域模式研究”。

感谢一直以来给予我鼓励和支持的中国社会科学院考古研究所的王巍、陈星灿、冯时研究员，以及和我就中华文明起源问题进行过讨论的学界同仁！

感谢中国社会科学出版社领导，感谢郭鹏编审和李金涛编辑！金涛曾经是我带过的研究生，现在已经成为一名出色的考古图书编辑，他严谨认真的编辑为本书增色不少。

2020 年 12 月

于北京融域嘉园

目　录

自序…………………………………………………………………… 1

文明起源、形成和早期发展进程

从史前遗存中寻找文化上的早期中国………………………………… 3
最早中国:多元一体早期中国的形成………………………………… 14
裴李岗时代与中国文明起源 ………………………………………… 25
裴李岗文化的迁徙影响与早期中国文化圈的雏形 ………………… 37
裴李岗时代的“族葬”与祖先崇拜 …………………………………… 47
庙底沟时代与“早期中国” …………………………………………… 56
大汶口墓地分析 ……………………………………………………… 74
良渚、陶寺与二里头
——早期中国文明的演进之路………………………………… 100
良渚:具有区域王权的早期国家 …………………………………… 114
石峁:文化坐标与文明维度 ………………………………………… 121

文明起源的北方模式、中原模式和东方模式

略论中国铜石并用时代社会发展的一般趋势和不同模式………… 131

西坡墓葬与"中原模式" …………………………………… 150
文明化进程中黄河中游地区的中心地位……………………… 165
中原和江汉地区文明化进程比较……………………………… 171
龙山时代的中原和北方
——文明化进程比较………………………………………… 182
中原和海岱:文明化进程比较 ………………………………… 189
龙山时代的三个丧葬传统……………………………………… 199

环境演变、战争冲突与文明演进机制

全新世黄土:早期中国文明的物质基础 ……………………… 211
距今5000年和4000年气候事件对中国北方地区文化的影响…… 221
乱世出英雄　震荡生文明
——早期中国文明的形成与气候冷干事件…………………… 229
新石器时代战争与早期中国文明演进………………………… 233

文化交流与文明起源

论二里头青铜文明的兴起……………………………………… 251
略论中国的"青铜时代革命" ………………………………… 269

文化基因与历史记忆

从考古发现看八千年以来早期中国的文化基因………………… 279
龙山时代的文化巨变和传说时代的部族战争………………… 288
中华文明起源研究理应结合古史传说………………………… 311
传说时代的古史并非不可证明………………………………… 317
传说时代古史的考古学研究方法……………………………… 321

文明起源、形成和早期发展进程

从史前遗存中寻找文化上的早期中国

今天我要讲的是文化上的“早期中国”和中国文明起源问题。文化上的“早期中国”，换一个词可以称为“早期中国文化圈”，就是史前时期，中国大部分地区的文化因为彼此交融联系，形成的一个超大规模的文化共同体或者文化圈。我把它简称为“早期中国”，含义和张光直先生提出的“中国相互作用圈”接近。严文明先生则将史前的文化中国比喻为一朵重瓣的花朵，“花心”就是中原这个核心，“重瓣”就是周围地区文化。需要强调的是，今天我所讲的“早期中国”这一概念，是文化意义上而非政治意义上的早期中国。

从历史上来看，政治上的中国和文化上的中国既有密切联系，又有明显差别。比如说在汉代，文化上的中国范围很大，包括了长城内外，因为单从文化角度宏观审视，不管是汉人还是匈奴，他们的文化实际是接近的，但从政治上来说，汉匈长时间处于敌对关系。再比如，魏晋南北朝时期政权繁多，但文化上的中国却只有一个，而且相当稳定。所以我认为，在历史时期，文化上的中国，是政治上的中国分裂的时候向往统一、统一的时候维护统一的重要基础。我们中国文明为什么会几千年连续不断地发展，为什么中国人那么向往统一、向往社会稳定，这跟文化中国的存在很有关系。这也正是我今天讲这个话题的意义所在。

一　早期中国的萌芽和文明起源的第一步

早期中国形成之前的中国是什么样子？我们最早要从旧石器时代说起。从考古发现来看，在旧石器时代约200万年的漫长时光里，中国这块地方的石器始终具有自身特征，发现的人类化石早晚也有继承性，来自非洲的“现代人”和中国土著人群有过血缘上的交流，所以苏秉琦先生才会说，“中国文化是有近200万年传统的土著文化”。到了新石器时代，距今1万多年的时候，已经出现谷物农业，南方种水稻，北方种小米，在中国的中东部地区形成了五个小文化区，分别是华南、长江下游、中原、黄河下游，以及东北和河北。之所以划出这五个文化区，主要是因为出土的陶器等彼此不太一样。但因为华南有着世界上最早的两万年前的陶器，所以其他几个区域陶器的出现也有受到华南启发的可能。

大约距今9000年以后，文化发展的重心就落到了黄河、长江和西辽河流域，有的文化发展水平超前。举个例子，在浙江义乌的桥头遗址，就发现有世界上最早的彩陶，有些非常漂亮的瓶、罐等器物可能不一定是实用器，或许与祭祀有关，有些陶器上彩绘有类似于《周易》的阴阳爻卦画，有的又类似数字卦象符号，结合长江下游此后的类似发现，推测当时可能已经有八卦一类数卜的产生。

到了大约公元前6200年，中国文化发展到裴李岗时代，以河南的裴李岗文化为代表。在裴李岗文化的舞阳贾湖遗址，考古学家发现一些成年男性的墓葬中随葬有龟甲，最常见的是一座墓葬随葬8个龟甲，有的握在墓主人的手里，龟甲里面还有石子，少则几个，多则二三十个，发掘者张居中等认为可能与八卦类数卜有关。有的龟甲上还有类似文字的符号，可能是对卦象或者占卜结果的记录，跟商代的甲骨卜辞很像。较大墓葬的随葬品中还有精美的骨规形器和骨板，有人提出可能就是观象授时用的最早的“规矩”，而观象授时对于农业生产至关重要，贾湖就有稻作农业。还有，乌龟的背甲较圆圜，腹甲较方平，用龟甲占卜，可能与“天圆地方”的宇宙观的出现有一定关系。裴李岗文化很出名的骨笛，冯时认为其实是律管，是一种天文学仪器，说明8000多年前中国的天文学已经产生了。此外，裴李岗文化陶器比较发达，有各种陶壶，经过对里面残留物的分析，发现装过酒，可能与宗教祭祀有关。

裴李岗文化有专门墓地，墓葬土葬深埋，装殓齐整，随葬物品，实行墓祭，体现出对死者特别的关爱和敬重，说明已有显著的祖先崇拜观念。墓葬排、列整齐，或许是为了区别亲疏辈分，表明裴李岗文化已出现最早的族葬或“族坟墓”习俗。祖先崇拜和族葬，当为现实社会中重视亲情人伦、强调社会秩序的反映。有的同一墓地能够延续一二百年甚至数百年之久，说明族人对远祖的栖息地有着长久的记忆和坚守。这从世界范围来说，在当时都是独一无二的。

裴李岗文化的聚落有的已经有30多万平方米，多数仅几千平方米，有的大墓随葬60多件随葬品，包括骨笛、骨规形器等特殊器物，而且大墓以成年男性最多，可见当时的社会存在一定程度的分化，男性地位已经相对较高。尽管这种分化可能是发生在宗教中心和普通村落之间、宗教领袖和普通人之间，并未形成真正的阶级分化。

裴李岗时代在渭河流域和汉水上游地区有白家文化，应该是裴李岗文化来到陕西、甘肃后，和当地文化融合形成的。白家文化的典型遗址有陕西临潼白家、甘肃秦安大地湾等，也有“族葬”习俗，在精美陶钵的内壁还有一些彩绘符号。在安徽蚌埠的双墩遗址，许多陶器的底部有刻划符号，冯时认为其中的“十”“井”“亞”等字形的符号，表示四方五位、八方九宫等“天地定位”的思想。长江下游跨湖桥文化的鹿角器和木算筹上面，则刻划有数字卦象符号，和之前桥头遗址彩陶上的符号一脉相承。

这里我还得特别说一下湖南的高庙文化和西辽河流域的兴隆洼文化。考古学家在湖南洪江高庙遗址，发现了距今 7500 年左右的面积达 1000 多平方米的大型祭祀场，里面有 4 个一米见方的大柱洞，原来应该有非常高的建筑物，发掘者推测可能是与宗教祭祀有关的通天的“天梯”。因为在这个遗址出土的精美白陶器上，就有这类“天梯”的图像，此外还有太阳纹、八角星纹、凤鸟纹、獠牙兽面飞龙纹等，其中八角星纹可能与天圆地方的宇宙观有关。这里面的兽面纹、八角星纹后来影响到全国，商周时期青铜器上饕餮纹或兽面纹的源头就在这里。

在属于兴隆洼文化的辽宁阜新查海遗址，发现有一条长达 20 多米的用石头堆成的龙，位于一个中央广场上，周围围绕着许多房子。最近又在附近的塔尺营子遗址发现了一块有獠牙兽面纹的石牌，和湖南高庙的兽面飞龙纹很相似。湖南和辽宁相距遥远，它们之间如何发生联系，仍是一个未解之谜。还在内蒙古敖汉旗兴隆洼、兴隆沟和林西白音长汗遗址，发现外面有壕沟的聚落，里面的房子排列整齐，大房子在最中央，社会很有秩序。兴隆洼文化的有些墓葬随葬有非常漂亮的玉器，后来传播到中国东部沿海地区。

裴李岗时代黄河、长江和西辽河流域在天文、象数、字符、宗教等方面的考古发现，显示中国当时已经拥有较为复杂先进的思想观念和知识体系，形成了比较一致的宇宙观，社会也有了初步分化，将中国文明起源提前到距今 8000 年以前，可算迈开了中国文明起源的第一步。而恰好此时，处于中原地区的裴李岗文化对外强烈扩张影响，使得黄河、淮河流域文化彼此接近起来，也可能通过社会上层在宗教祭祀、宇宙观等方面的交流，使得长江中下游和西辽河流域也和黄河、淮河流域有了不少共性，从而有了“早期中国文化圈”或者文化上“早期中国”的萌芽。

大约距今7000年进入仰韶文化时期，文化和社会进一步发展。陕西西安半坡、临潼姜寨等半坡类型的聚落，周围有环壕，几乎所有房子的门道都朝向中央广场，看得出当时的社会向心凝聚、秩序井然。河南濮阳西水坡的蚌塑“龙虎”墓，冯时认为与青龙、白虎、北斗组成的星象有关，将中国二十八宿体系的出现和盖天学说的产生提前到距今6000多年以前。在南方，河姆渡文化出土有玉器、漆器、象牙器等，最著名的艺术品是象牙雕的双凤朝阳，陶器上的很多符号，可能已经有特定的含义，并且流传到后世。

二　早期中国的形成和文明起源的第二步

距今6000年左右，气候暖湿适宜，是中国史前农业大发展、文化格局大调整的时期。这时候，在河南、陕西和山西交界之处，形成了仰韶文化庙底沟类型，它最典型的特征，除了作为酒器的小口尖底瓶，就是陶器上的花瓣纹彩陶了，这些彩陶灵动变幻、神采飞扬，与庙底沟类型的空前强大和扩张态势正相吻合。庙底沟类型还流行鹰鸟类题材，比如国家博物馆收藏的陶鹰鼎就是代表，那只鹰塑造得神骏异常。国家博物馆还收藏有一件出土于河南汝州阎村的陶缸，上面彩绘有“鹳鱼钺图”，就是一只大眼睛的鹳鸟叼着一条死鱼，旁边还画有一把漂亮的象征军权的斧钺。严文明先生把它解释成鹳鸟氏族战胜青鱼氏族的纪念碑性质的图画。因为庙底沟类型有很多鸟的形象，而半坡类型流行鱼的形象，这幅图就很可能反映了仰韶文化庙底沟类型人群战胜半坡类型人群的史实。

庙底沟类型人群战胜半坡类型人群在考古上的反映，就是使得陕西、甘肃大部分地方的文化面貌，变得和庙底沟类型很近似，最西边甚至延伸到了青海东部，西南方向到了四川西北部。类似庙底沟类型的文化，往北占据了内蒙古中南部，最北甚至到达锡林浩特地区；向东向南占据河北、河南大部地区和湖北北部。也就是说跨越现代八九个省的庞大的仰韶文化区，在庙底沟时代都变得和庙底沟类型面貌差不多，我把这种现象称之为仰韶文化的“庙底沟化”。仰韶文化之外，庙底沟类型在东北方向一直影响到西辽河流域，使得红山文化当中开始出现黑彩和类似花瓣的彩陶图案；向东影响到山东和东南沿海地区，使得那里的大汶口文化和崧泽文化也都出现花瓣纹彩陶；花瓣纹彩陶还向南渗透到湖北、湖南和重庆三峡地区的大溪文化。

这就是说，到了距今 6000 年前后，由于仰韶文化庙底沟类型从中原核心区向外强力扩张影响，促使中国大部地区文化交融联系成一个相对的文化共同体，“早期中国文化圈”或者文化上的“早期中国”就正式形成了。这个最早的“早期中国”，具有核心区、主体区和边缘区这样一个三层次的结构，成为商周王朝畿服制度、秦汉直至现代中国多支一体文化、多民族统一国家的史前基础。

庙底沟类型的强力扩张，或许与战争有关，或许与其令人仰慕的文化特质和足以服人的文化策略有关，但无论如何，背后都必须有强大的实力。事实正是如此。在中原核心地区，这个时候出现了多处上百万平方米的大型聚落，其中在河南灵宝西坡、陕西白水下河等遗址，考古学家发现了多座 200 平方米以上的大房子，有的甚至有 500 多平方米，墙壁和地面装修考究，墙上还绘彩，很可能是宗庙、宫殿类建筑。灵宝西坡还发现面积近 20 平方米的大型墓葬，随葬精美玉钺，彰显出墓主人的崇高地位，但随葬品很少，显示出生死有度、重贵轻富、井然有礼、朴实执中的“中原模式”或者“北方模式”特点。李伯谦先生认为这代表了文明演进的“王权”模式，以与红山文化等的“神权”模式区别开来。

在庙底沟类型的带动下，周围的大汶口文化、崧泽文化、红山文化等也都加快了文明化进程的步伐。大汶口墓地这个时候的大墓，有的已经有100多件随葬品，属于崧泽文化的江苏张家港东山村墓地，有的大墓随葬彩绘石钺、玉璜等60多件随葬品。这两个东部沿海文化贫富分化比较严重，富贵并重，和中原不同，我认为代表文明化进程的“东方模式”。所以，从距今6000年左右开始，社会变得越来越复杂，有了初步的阶级分化，迈开了中国文明起源的第二步。

三　早期中国的古国时代和早期中国文明的形成

距今5000年左右，气候趋于干冷，战争频繁，文化发展迅猛，社会变革加剧，“万国林立”，中国很多地方已经站在了文明社会的门槛，或者已经进入早期国家和初级文明社会阶段。苏秉琦先生把这个阶段称之为“古国”时代。

这个时期黄河中游或者中原地区的文化重心有两个地方，一个是甘陕黄土高原，一个是河南中部，都属于仰韶文化晚期的范围。距今5300年以后，在甘肃中部的秦安大地湾遗址出现了100多万平方米的大型聚落，有420多平方米的宫殿式建筑，已初步形成前堂后室、东西两厢、左中右三门这些中国古典建筑的基本格局特征。而河南中部的巩义双槐树聚落遗址也有100多万平方米，发现三重大型环壕、大型夯土基址，这里发现的长排宫殿式建筑与大地湾前堂后室式的宫殿式建筑有一定差别，分别成为夏商周时期两类宫殿建筑的源头。大地湾和双槐树聚落，可能分别是仰韶文化晚期甘陕和豫中地区两大“古国”的中心聚落，都已站在了文明社会的门槛或者初具文明社会的基本特征，只是缺乏东沿海地区的奢华玉器和厚葬习俗等，仍具有“中原模式”或“北方模式”特征。距今4800年以后，双槐树代表的“河洛古国”衰落，但在陇东、陕北地区仍有较多大型聚落，其中庆阳南佐遗址发现的前厅后堂式宫殿建筑，面积达630平方米，宫殿前面两侧还有多处直径各约100米的夯土台，所显示的社会发展程度比大地湾更高。

距今4500年进入龙山时代以后，黄河中游地区，尤其是陇东和陕北的中心地位继续加强，出现面积达600万平方米的灵台桥村遗址，和核心区面积就有200万平方米的延安芦山峁遗址，在两个遗址都发现较多板瓦、筒瓦，可能用于宗庙宫殿建筑，还出现了玉器，在芦山峁遗址已经揭露出1万多平方米的夯土台基，上面有中轴对称、主次分明的建筑群，和大地湾的建筑格局相似，只是更为宏大复杂。这时还在山西南部兴起面积280万平方米的陶寺古城，里面有大型宫城、大型夯土建筑基址、大型宫殿，还有半圆形的“观象台”，以及随葬大量玉器、漆器、龙盘等的豪华大墓。陶寺晚期还发现用朱砂写在陶器上的比较成熟的文字，以及小件铜器。这些中心聚落及其宫殿式建筑等的发现，表明黄河中游地区不但早已进入国家阶段或者文明社会，而且社会发展程度已经超越同时期的长江流域。

距今4000多年以后，在陕北出现面积400多万平方米的石峁石城，雄伟高大的皇城台，宏大复杂的城门，精美的玉器，神面、兽面石雕，以及铜器等，都尽显早期国家和文明社会气象。而在河南中西部也有了登封王城岗古城、禹州瓦店中心聚落、新密古城寨和新砦古城。如果说以石峁古城为中心的老虎山文化南下对陶寺古城的摧毁，还可以看作是黄河中游人们集团内部的斗争，那么王城岗、瓦店等所代表的王湾三期文化对江汉地区石家河文化的大规模替代，则无疑是中原集团战胜江汉集团的铁证，对应历史记载中的“禹征三苗”事件，为夏王朝的建立奠定了基础。

黄河下游也是文明发祥地之一。距今5000多年的大汶口文化中晚期，既有五莲丹土等古城，也有山东泰安大汶口、莒县陵阳河、章丘焦家等高规格墓地，有些大型墓葬有棺有椁，随葬较多玉器、黑陶器、象牙器、鼍鼓等珍贵器物，也有象征军权的玉石钺，有些陶缸上有原始文字。到了4000多年前的龙山文化，出现章丘城子崖、临淄桐林、日照尧王城和两城镇等十多处古城遗址或中心聚落，还有更为高级的墓葬。临朐西朱封的大墓一椁一棺甚至二椁一棺，随葬大量精美玉器、精致陶器等，显然是富贵并重的“东方模式”特征。龙山文化的精美黑陶，最薄的地方仅有0.2—0.3毫米，令人叹为观止。特别值得一提的是，邹平丁公一块陶片上刻有11个字符，可能是书写了一段文本。大汶口文化晚期或龙山文化时期，应当也已进入初级文明社会阶段。

长江下游最引人瞩目的非凌家滩文化和良渚文化莫属。在距今5500年左右的安徽含山凌家滩遗址，发现了大型祭祀遗迹和高等级墓地，有的大墓随葬品达330件，其中仅玉器就有200多件，层层堆满墓室内外，富奢程度令人惊叹，这些玉器包括核心为八角星纹的“洛书玉版”，中心有八角星纹的玉鹰，玉龟形器，以及类似红山文化的玉人、玉龙等，显示的宇宙观和裴李岗文化、高庙文化、红山文化等遥相传承。大约距今5100年以后，良渚文化进入兴盛期，在浙江余杭良渚遗址区发现内城和外城，规模宏大的水利设施，以及大型祭坛、豪华墓葬等，有的“王墓”随葬玉器500多件，玉器、漆器、陶器等精美异常，玉琮、璧等可能是与祭祀天地相关的礼器，神人兽面纹可能是良渚人崇拜的宗神。良渚陶器上刻划的类似文字的符号不少，有的可能就是当时的文字。良渚文化完全具备早期文明的基本特征，属于中华大地上最早进入文明社会的区域文明之一。但良渚文化在距今4200年以后突然衰落，玉器等文明要素流播到各地。

长江中游在距今5000年至4100年之间先后是屈家岭文化和石家河文化，已发现20座古城，最大的石家河古城约120万平方米，分成“宫殿”区、祭祀区、墓葬区等，可能与祭祀有关的数以万计的红陶杯、红陶小动物、小人等，营造出浓厚而又特别的原始宗教气氛，有的陶缸上有类似大汶口文化的单个字符，应当也已迈入文明社会的门槛。距今4100年前后，石家河文化被来自中原的王湾三期文化所摧毁，同时在江汉地区出现了以前没有见过的神人头、虎头、凤、鹰等造型极为精美的玉器，源头可能在黄河中下游地区。

西辽河流域于距今5000多年进入红山文化晚期，以辽宁牛河梁遗址大规模的宗教祭祀遗迹为世人所瞩目，这里有“女神庙”、有祭天的“圜丘”，还有可能属于宗教首领人物的大型石冢，高等级墓葬随葬精美玉器。红山文化应该已经站在了文明社会的门槛，但距今5000年以后突然陨落，只有一些文明要素流传下来。

总体来看，文化上早期中国的萌芽和中国文明开始起源，可以追溯到距今8000多年以前。距今6000年左右由于中原核心区的强烈扩张影响，文化上的早期中国正式形成。距今5000年左右不少地区已经站在或者迈入了文明社会的门槛，进入早期中国的“古国”时代。距今4000年左右黄河流域尤其是黄河中游地区实力大增，长江中下游地区全面步入低潮。距今3800年以后以中原为中心，兼容并蓄、海纳百川，形成二里头广幅王权国家，或者夏代晚期国家，中国文明走向成熟。

如果我们依照考古发现，把欧亚大陆划成东方、西方和北方三大早期文化圈，那么早期中国就是早期东方文化圈的核心。在长达数千年的起源和形成过程当中，文化上的早期中国或者早期中国文明，逐渐沉淀和锻炼出有别于世界上其他文明的特征，我认为至少可以归纳成以下四个方面：一是以农为本，稳定内敛；二是敬天法祖、整体性思维；三是有主体有中心的多支一体文化结构；四是跌宕起伏的文化连续发展进程。文化上的早期中国，连同这些文化特征，对此后文化上的中国或者中国文明连续不断地发展，产生了极为深远的影响。

（本文是 2020 年 9 月 10 日在中国国家博物馆国博讲堂的讲座稿，原载《光明日报》2020 年 10 月 3 日）

最早中国:多元一体早期中国的形成

一　关于最早中国的研究

最早的中国诞生于何时何地？是个什么样子？这或许是现在很多人想知道的问题。关于这个问题的讨论，虽然在近几年才成为热点，但开始的时间却至少要早到20世纪80年代。1986年，严文明提出史前时期就已经有了现代中国的基础，已形成有中心多元一体的“重瓣花朵式”史前中国格局①。1987年，张光直提出约公元前4000年后形成“中国相互作用圈”②。前者揭示了最早中国的圈层结构，后者指明其形成时间，各有侧重。

20世纪末期，苏秉琦指出先秦时期存在一个“共识的中国”③。赵辉提出以中原为中心的中国文化的多重空间结构和历史趋势“肇始于公元前3000—前2500年之间”④。2004—2005年，我提出“早期

① 论文首次在1986年美国弗吉尼亚州艾尔莱召开的“中国古代史与社会科学一般法则”国际学术会议上宣读。严文明：《中国史前文化的统一性与多样性》，《文物》1987年第3期。

② 张光直：《中国相互作用圈与文明的形成》，《庆祝苏秉琦考古五十五年论文集》，文物出版社1989年版，第6页。翻译自Kwang-chih Chang, *The Archaeology of Ancient China*, Fourth Edition, Revised and Enlarged, Yale University Press, 1987。

③ 苏秉琦：《中国文明起源新探》，生活·读书·新知三联书店1999年版，第161—162页。

④ 赵辉：《以中原为中心的历史趋势的形成》，《文物》2000年第1期。

中国”“早期中国文化圈”的概念①，2009 年进一步指出文化意义上的“早期中国”或“早期中国文化圈”萌芽于公元前6000 年左右的裴李岗文化时期，正式形成于公元前 4000 年前后的庙底沟类型时期②。2011 年，为推进国家社会科学基金项目“早期中国文化圈的形成和发展研究”，我组织召开了“文化上‘早期中国’的形成和发展学术研讨会”，会议上李新伟提出中国的史前基础可称之为“最初的中国”③，何驽提出最初“中国”应该是陶寺文化④。

以上诸观点，都是认为最早的中国在史前时期已有雏形或者已经形成，但具体仍有差异。比如严文明、赵辉和我都认为史前的中国是以中原为中心的，苏秉琦、张光直和李新伟则更强调各区域的“平等”地位。再比如何驽所说最初的“中国”局限在晋南，实际上只是先秦时期“地中”或“中土”的含义，而其他学者所说的中国，更接近于先秦时期的所谓“天下”⑤，或者现代意义上的“中国”概念。

还有一些学者认为最早的中国应该是国家产生以后的事情，至少应该出现于夏商周三代。2005 年李零指出，西周时期出现的“禹迹”传说，“是借助传说对外表达的中国最早的‘中国’概念”，暗示最早的中国出现于西周⑥。2009 年，许宏提出二里头时代随着二里头文化的大幅度扩张而形成最早的中国⑦。

---

① 韩建业:《论新石器时代中原文化的历史地位》,《江汉考古》2004 年第 1 期；韩建业:《论早期中国文化周期性的“分”“合”现象》,《史林》2005 年增刊。

② 韩建业:《裴李岗文化的迁徙影响与早期中国文化圈的雏形》,《中原文物》2009 年第 2 期。

③ 李新伟:《重建中国的史前基础》,《早期中国研究》第 1 辑，文物出版社 2013 年版，第 1—18 页。

④ 何驽:《最初“中国”的考古学探索简析》,《早期中国研究》第 1 辑，文物出版社 2013 年版，第 36—43 页。

⑤ “溥（普）天之下，莫非王土”（《诗经·小雅·谷风之什·北山》）一句所表述的周王名义上所拥有的“天下”，既包括周王直接控制的王畿区或狭义的“中国”，也包括各诸侯国区域或“四方”。

⑥ 李零:《禹步探原——从“大禹治水”想起的》,《书城》2005 年第 3 期。

⑦ 许宏:《最早的中国》，科学出版社 2009 年版，第 226—229 页。

西周或者二里头时代当然已经形成早期中国，但不见得是最早的中国。我认为最早的中国，只是文化意义上最早的中国，就是和现代中国传统上绵长接续、地理上大体吻合的一个超级文化共同体或文化圈，不同于政治意义上的最早中国，不见得非要进入国家阶段或晚到夏商周时期。

二　最早中国的形成

中国幅员辽阔，能够在中国大部地区看到一个颇具共性的超级文化圈，那是在中国这个相对独立的地理单元中，各区域文化经过了较长时间交流融合的结果，而这个交融过程从200万年以来的旧石器时代即已开端。

在漫长的旧石器时代，尽管在中国内部存在文化差异，也不时和西方发生基因和文化上的交流，但总体上铲形门齿等后世蒙古人种的特征普遍存在，砾石—石片工业传统贯穿始终，表现出人类进化和文化发展上显著的连续性和统一性特征。正是在这个意义上，苏秉琦说，“中国文化是有近200万年传统的土著文化”[①]。

约距今2万年前进入新石器时代，文化的交融加速进行。约公元前9000年以后的新石器时代早期晚段，在中国中东部地区形成五大文化系统，彼此之间已经存在一些联系，而且不排除这些文化陶器的产生都受到华南最早制陶技术启发的可能性[②]（图一）。约公元前6000年进入新石器时代中期中段后，各文化区交流显著

---

① 苏秉琦：《关于重建中国史前史的思考》，《华人·龙的传人·中国人——考古寻根记》，辽宁大学出版社1994年版，第114—123页。

② 张弛：《中国南方的早期陶器》，《古代文明》第5卷，文物出版社2006年版，第16页；韩建业：《中国新石器时代早中期文化的区系研究》，《考古学研究》（九），文物出版社2012年版，第24—36页。

加速，中国大部地区文化交融整合成四个文化系统，中原裴李岗文化的强势地位凸显并对外产生积极影响，从而有了早期中国文化圈或文化意义上早期中国的雏形（图二）。约公元前 5000 年进入新石器时代晚期以后，进一步整合形成黄河流域、长江流域—华南、东北三大文化区或文化系统，雏形的早期中国文化圈的范围大幅扩张（图三）。

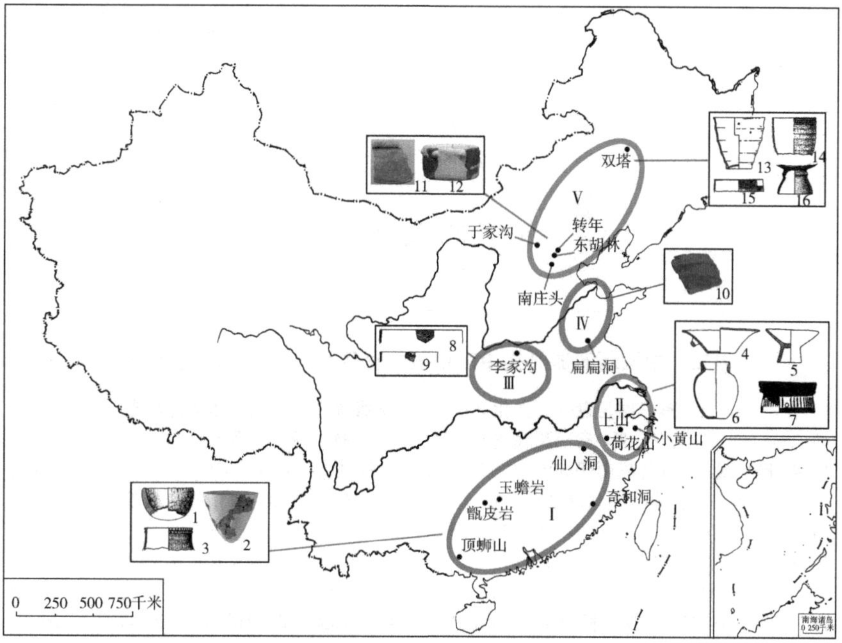

图一　中国新石器时代早期文化区系（前 18000—前 7000）

Ⅰ. 绳纹圜底釜文化系统　Ⅱ. 平底盆—圈足盘—双耳罐文化系统　Ⅲ. 深腹罐文化系统　Ⅳ. 素面圜底釜文化系统　Ⅴ. 筒形罐文化系统

1—3. 釜（甑皮岩 DT6㉘: 072、玉蟾岩 95DMT9: 26、顶蛳山 T2206④: 1）　4. 盆（上山 H301: 1）　5、16. 豆（上山 H193: 1、双塔 Ⅱ T130②: 2）　6. 双耳罐（上山H226: 5）　7. 圈足盘（小黄山 M2: 2）　8、9. 深腹罐（李家沟 09XLL: 612、738）　10. 素面釜（扁扁洞）　11—15. 筒形罐（东胡林 T9⑤: 20，转年，双塔ⅡT406②: 4、ⅡC2: 1、ⅡT117②: 11）（均为陶器）

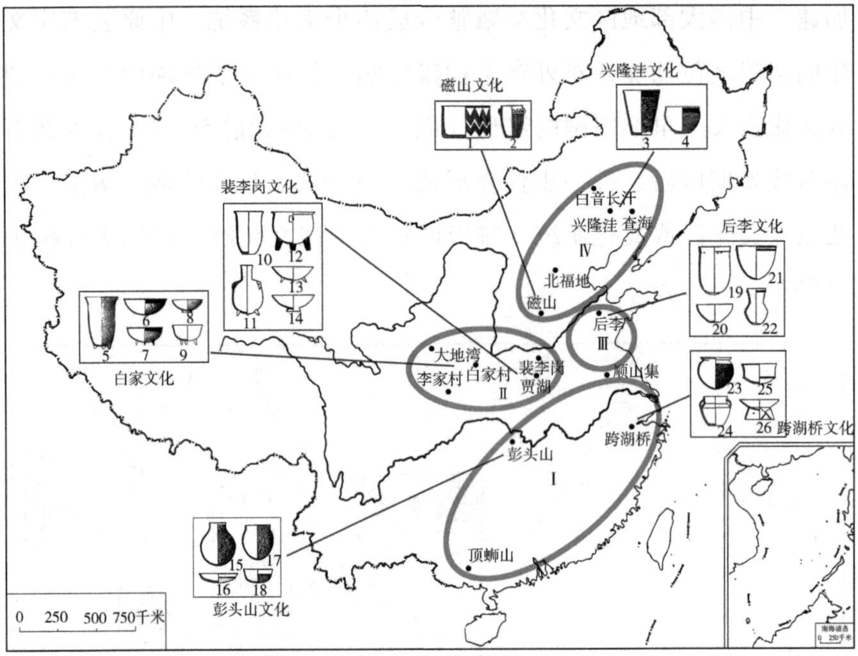

图二　中国新石器时代中期中段文化区系（前6200—前5500）

Ⅰ. 釜—圈足盘—豆文化系统　Ⅱ. 深腹罐—双耳壶—钵文化系统
Ⅲ. 素面圜底釜文化系统　Ⅳ. 筒形罐文化系统

1—4. 筒形罐（盂）（磁山T96②:38、25，兴隆洼F171④:10、F180④:8）　5、10. 深腹罐（白家T309③:4、裴李岗M37:3）　6—9、13、14、16、18、20、25. 钵（白家T204H25:1、T116H4:2、T117③:4、T121③:8，裴李岗M38:11、M56:4，彭头山T5⑤:4、F2:1，后李H1546:1，跨湖桥T0410湖Ⅲ:17）　11、22. 壶（裴李岗M100:10、后李H1677:1）　12. 鼎（贾湖H104:6）　15、17、19、21、23. 釜（罐）（彭头山H2:47、H1:6，后李H3827:1、H3832:1，跨湖桥T0411⑧A:132）　24. 双耳罐（跨湖桥T0411⑧A:24）　26. 圈足盘（跨湖桥T0513⑨C:2）（均为陶器）

新石器时代之末的公元前4000年前后是个关键点。中原核心区的仰韶文化东庄—庙底沟类型从晋南—豫西—关中东部核心区向外强力扩张影响，由此造成仰韶文化的“庙底沟化”和黄河上中游文化的空前趋同局势，庙底沟式的花瓣纹彩陶遍及大江南北，以前的三大文化区或文化系统的格局大为改观，中国大部地区文化交融联系成一个超级文化共同体或文化圈（图四）。这个超级文化共同体，无论在地理还是文化意义上，都为夏商周乃至秦汉以后的中国奠定了基础，

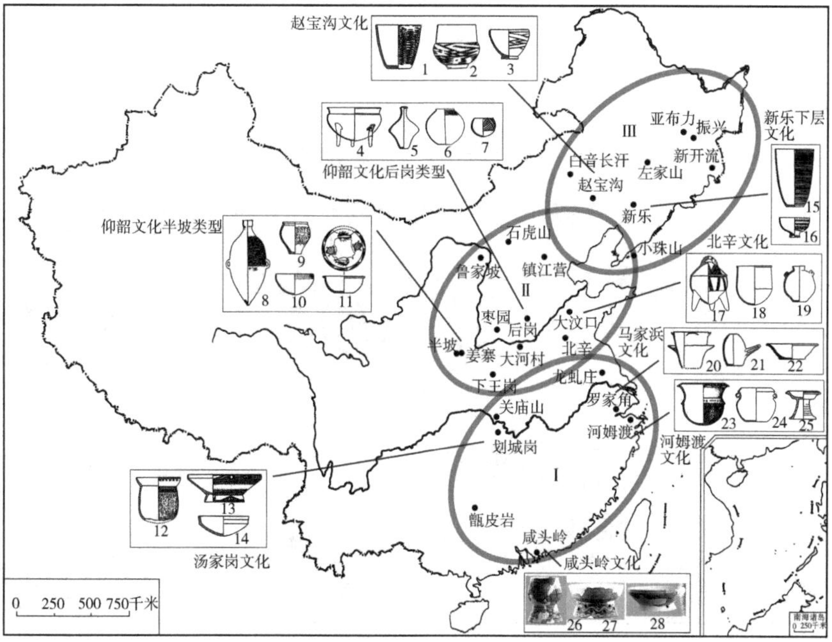

图三 中国新石器时代晚期文化区系（前5000—前4200）

Ⅰ. 釜—圈足盘—豆文化系统 Ⅱ. 瓶（壶）—钵（盆）—罐—鼎文化系统

Ⅲ. 筒形罐文化系统

1、15. 筒形罐（赵宝沟 F105②:28、新乐） 2. 尊（赵宝沟 F7②:15） 3、16. 圈足钵（赵宝沟 F105②:11、新乐） 4、17. 鼎（后岗 H5:6、北辛 H706:7） 5、8、19. 瓶（壶）（后岗、姜寨 T181F46:11、北辛 H1002:12） 6、9、24. 罐（后岗 H2:2、姜寨 T276M159:4、河姆渡 T33（4）:109） 7、10、14. 钵（后岗 H2:1、姜寨 T276W222:1、划城岗 T28⑥:1） 11、22. 盆（姜寨 T16W63:1、罗家角 T129④:3） 12、18、20、23. 釜（划城岗 T13⑦B:5、北辛 M702:1、罗家角 T128③:20、河姆渡 T26（4）:34） 13、27、28. 圈足盘（划城岗 M156:1、咸头岭 T9⑤:1、T1⑧:2） 21. 盉（罗家角 T107①:2） 25. 豆（河姆渡 T211（4B）:447） 26. 杯（咸头岭 T1⑤:2）（均为陶器）

标志着“早期中国文化圈”或者文化意义上“早期中国”的正式形成①，堪称最早的中国！之后从公元前3500年进入铜石并用时代，经龙山时代，到夏商周“王国”时代，都只是在庙底沟时代形成的最早中国基础上的延续和发展。

庙底沟时代恰好也是社会开始走向分化的时代，开启了早期中国

① 韩建业：《庙底沟时代与“早期中国”》，《考古》2012年第3期。

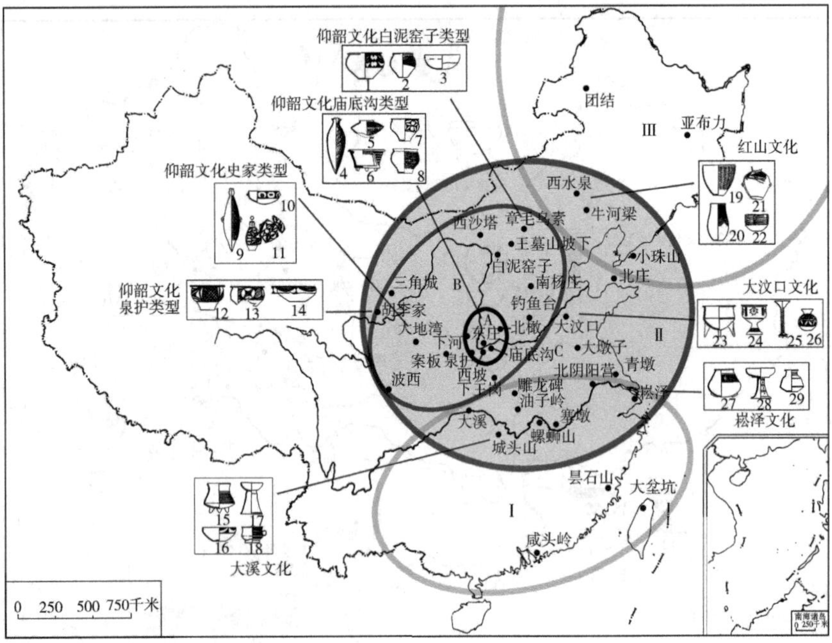

图四　庙底沟时代文化上的最早中国（前4200—前3500）

Ⅰ. 釜—圈足盘—豆文化系统　Ⅱ. 早期中国文化圈　Ⅲ. 筒形罐文化系统

A. 核心区　B. 主体区　C. 边缘区

1、7、12、13. 盆（章毛乌素F1:4，庙底沟H11:75，胡李家T1②:1、H14:2）　2、8、20. 罐（章毛乌素F1:2、庙底沟H322:66、蜘蛛山T1③:47）　3、10、14、16、22. 钵（章毛乌素F1:6、大地湾T1③:1、胡李家T1004②B:3、城头山H210:3、西水泉H4:2）　4、9、11. 瓶（庙底沟T203:43、大地湾F2:14、QD0:19）　5. 釜（庙底沟H12:112）　6. 灶（庙底沟H47:34）　15、23、27. 鼎（城头山M665:2、大汶口M1013:5、崧泽M10:3）　17、24、28. 豆（城头山M678:4、大汶口M2005:49、崧泽M30:4）　18、25. 杯（城头山M679:3、大汶口M2002:8）　19. 筒形罐（西水泉F13:31）　21、26、29. 壶（西水泉H2:21、大汶口M1013:2、崧泽M30:3）（均为陶器）

文明起源的先河①。中原核心区河南灵宝西坡、陕西白水下河、陕西华县泉护遗址已经出现200—500平方米的大型"宫殿式"房屋，或许是公共"殿堂"兼首领人物的居所，意味着中原已经率先开始了社会复杂化进程。而首领人物地位的凸显，极可能就与领导战争有

① 苏秉琦早就指出，距今6000年是"从氏族向国家发展的转折点"。苏秉琦：《迎接中国考古学的新世纪》，《华人·龙的传人·中国人——考古寻根记》，辽宁大学出版社1994年版，第238页。

关。专门武器穿孔石钺或许已经具有军权象征意义，如汝州阎村“鹳鱼钺图”所昭示的那样①。庙底沟时代中原文化大幅度扩张影响，带动周围的大汶口文化、红山文化、崧泽文化等渐次开始了文明化进程，可能既与其令人仰慕的“文明”成就有关，也当离不开战争的直接促进作用。

我们曾经推测东庄—庙底沟类型向陕甘地区的强烈影响，可能对应黄帝战败炎帝的“阪泉之战”，“鹳鱼钺图”或许就是传说中黄帝打败炎帝的“纪念碑”；而庙底沟时代河北平原后岗类型的衰亡，可能对应黄帝战败蚩尤的“涿鹿之战”②。《史记·五帝本纪》记载，“天下有不顺者，黄帝从而征之，平者去之，披山通道，未尝宁居。”或许反映了一定的历史事实。

三　最早中国的范围和结构

庙底沟时代形成的最早的中国文化圈，东达海岱，西至甘青，南达江湘，北逾燕山，涵盖了现代中国的大部地区。如果将全新世的亚欧大陆划分为三大文化圈③，那么最早中国这个稍小的文化圈，实际上是早期东方文化圈的主体部分，在西、北两个方向则与早期西方文化圈和早期北方文化圈有所交错。

就内部来说，最早的中国文化圈，是有中心有主体的三层次的多元一体结构。

---

① 严文明认为所谓“鹳鱼石斧图”，是纪念白鹳氏族打败鲢鱼氏族的“具有历史意义的图画”。只是图画中的“斧”穿孔并有装饰考究的柄，其实就是钺，且不明是石还是玉，故称“鹳鱼钺图”可能更贴切。参见严文明《〈鹳鱼石斧图〉跋》，《文物》1981 年第 12 期。

② 韩建业：《涿鹿之战探索》，《中原文物》2002 年第 4 期。

③ 我 2015 年提出的亚欧大陆的三大文化圈，即以中国黄河和长江“大两河流域”为中心的“早期东方文化圈”，以底格里斯河和幼发拉底河“小两河流域”为中心的“早期西方文化圈”，以及东、西两大文化圈以北的“早期北方文化圈”。

晋西南、豫西及关中东部为中心区，即仰韶文化东庄类型—庙底沟类型分布区，最具代表性的花瓣纹彩陶线条流畅，设色典雅；双唇口小口尖底瓶、折腹釜形鼎等典型器造型规整大气。向外是主体区，即黄河中游地区（南侧还包括汉水上中游、淮河上游等），也就是除核心区之外的整个仰韶文化分布区，花瓣纹彩陶造型因地略异，线条稚嫩迟滞，其中偏东部彩陶多色搭配，活泼有余而沉稳不足。再向外是边缘区即黄河下游、长江中下游和东北等仰韶文化的相邻地区，包含诸多考古学文化，时见花瓣纹彩陶，但主体器类仍为当地传统，常见在当地器物上装饰庙底沟类型式花纹。庙底沟时代三层次的早期中国结构长期延续，至商周时期甚至发展为四层结构，与文献记载商周王朝的内外服制度吻合，成为秦汉直至现代中国多民族国家、多元一统政治文化的基础。

据《史记·五帝本纪》记载，黄帝曾经“东至于海，登丸山，及岱宗。西至于空桐，登鸡头。南至于江，登熊、湘。北逐荤粥，合符釜山，而邑于涿鹿之阿”。这与考古学上最早中国的范围何其相似！在《史记·五帝本纪》以及《大戴礼记》的《五帝德》和《帝系》所记载的古史体系中，五帝一脉且以黄帝为宗，传说中甚至连北狄也属于黄帝族系，正与东庄—庙底沟类型的深远影响吻合①。不管早期中国各区域文化后来发生了怎样的变化，但庙底沟类型的文化“基因”长期传承，黄帝作为人文共祖的思想深入人心，成为持久的民族记忆。换一句话说，中华民族各区域关于黄帝的记忆，可能很大程度上是真实历史背景的投影，而非如某些人所言只是后世编造、想

① 最近发表在《自然》杂志的一项语言谱系研究，认为原始汉藏语分化成现代语言的最早年代在距今约5900年前，地点可能在中国北方。这与庙底沟类型的扩张和庙底沟时代早期中国的形成在时空上都正相吻合。Menghan Zhang, Shi Yan, Wuyun Pan & Li Jin, “Phylogenetic evidence for Sino-Tibetan origin in northern China in the Late Neolithic”, *Nature*, 2019, DOI: 10.1038/s41586-019-1153-z.

象或者攀附的结果。

四　最早中国的文化特质

最早中国之所以成为一个相对独立的文化圈，就是因为她有独特的物质文化特征和文明特质。我曾论述过早期中国的特质有以农为本、稳定内敛、礼器礼制、整体思维、世俗观念、祖先崇拜等几项①，这当中最基本的特质是以农为本，最核心的观念是祖先崇拜。

早期中国处于气候适中的中纬度地区，拥有黄河、长江两大河流，占据适合耕种的广袤黄土地带，1 万多年前即发明稻作农业和粟作农业，形成互为补充的两大农业体系，至最早中国形成的庙底沟时代农业已成生业经济主体，以农为本的观念根深蒂固。发展农业需要长远规划和稳定的社会秩序，具有规范节制功能的礼制应时而生。比如中原核心区庙底沟类型和西王类型之交的灵宝西坡大墓，墓室阔大且有二层台，随葬精美玉钺以及成对大口缸、簋形器等陶器，彰显出墓主人具有崇高地位；但随葬品最多一墓不过 10 余件，且多为粗陋明器，显示出生死有度、重贵轻富、井然有礼、朴实执中的特质②。一般庙底沟类型的墓葬则基本不见随葬品，也当并非都是“贫困”所致，更应与其朴实节制的观念相关。这样的以农为本和礼制观念，经夏商周三代放大，一直传承到近世，很大程度上决定了中国的基本发展道路，塑造了中国的基本社会格局。

早期中国罕见埃及、西亚那样的大型神庙、神祠、偶像等神祇崇

---

① 韩建业：《早期中国——中国文化圈的形成和发展》，上海古籍出版社 2015 年版，第 269—271 页。

② 中国社会科学院考古研究所、河南省文物考古研究所：《灵宝西坡墓地》，文物出版社 2010 年版；韩建业：《西坡墓葬与“中原模式”》，《仰韶和她的时代——纪念仰韶文化发现 90 周年国际学术研讨会论文集》，文物出版社 2014 年版，第 153—164 页。

拜遗存，尤其中原核心地区更是如此。其原始宗教信仰主要蕴含在以农业为基础的日常生产生活当中，祖先崇拜应当是这个信仰体系的核心。早期中国墓葬基本都是土葬，讲究让先人“入土为安”，实质或许是为活着的人提供继承祖先土地长期农耕的合理性。中原等地自裴李岗文化以来，墓地就分区分组，排列有序，其空间秩序应当主要依据血缘辈分，体现对祖先的敬重和长久历史记忆，也应当是现实中重视氏族社会秩序的反映。参照文献传说，早期中国不像西方有那么丰富的创世神话，有的只是祖先们一代代传承奋斗的传说，考古与传说基本可互相印证。发展农业需要较为精确的天文、地理知识和相应的宗教观念，考古上也确有可能与早期天文有关的遗存发现①，但在传说中这些天文知识的拥有者基本都还是先祖。这样的“聚族而葬”习俗和祖先崇拜观念，可能对应现实中“聚族而居”的社会模式，至西周以后形成强大的宗法制度和孝道观念，并延续至今。

（本文原载《中原文物》2019 年第 5 期）

① 冯时：《文明以止：上古的天文、思想与制度》，中国社会科学出版社 2018 年版。

裴李岗时代与中国文明起源

一

关于中国文明起源的研究，自20世纪80年代以来渐成热潮。80年代中期，夏鼐和苏秉琦同时将探索中国文明起源的目光投向广义的新石器时代。夏鼐从宏观角度，指出文明起源“探索的主要对象是新石器时代末期或铜石并用时代的各种文明要素的起源和发展”①，他所说“新石器时代末期或铜石并用时代”，当指龙山时代。苏秉琦则具体提出在更早的红山文化后期，“原始公社氏族部落制的发展已达到产生基于公社又凌驾于公社之上的高一级的组织形式”②。80年代末90年代初，严文明通过对全国范围史前聚落形态的系统考察，明确提出“探索中国文明起源自然要从公元前3500年开始”③。苏秉琦在20世纪90年代初又先后有过距今8000年“文明的起步”④“上

---

① 夏鼐：《中国文明的起源》，文物出版社1985年版，第80页。

② 苏秉琦：《辽西古文化古城古国——兼谈当前田野考古工作的重点或大课题》，《文物》1986年第8期。

③ 严文明：《中国新石器时代聚落形态的考察》，《庆祝苏秉琦考古五十五年论文集》，文物出版社1989年版，第24—37页；严文明：《略论中国文明的起源》，《文物》1992年第1期。

④ 1991年，苏秉琦认为距今8000年左右的查海玉器的发现，显示已经出现了对玉的专业化加工和专用，“社会分工导致社会分化，所以是文明的起步”。见苏秉琦《文明发端玉龙故乡——谈查海遗址》，《华人·龙的传人·中国人——考古寻根记》，辽宁大学出版社1994年版，第127页。

万年的文明启步”[①]、距今6000年之后是“从氏族向国家发展的转折点”[②] 等富有启发性的提法。2003年，蔡运章和张居中根据贾湖遗址发现的“卦象文字”，明确提出距今8000年左右已有“中华文明的绚丽曙光”[③]。近年裴安平提到中国文明起源开始于距今7500年以后[④]，冯时更是认为“中国有着至少八千年未曾中断的文明史”[⑤]。2018年发布的“中华文明探源工程”研究成果，则认为“距今5800年前后，黄河、长江中下游以及西辽河等区域出现了文明起源迹象”[⑥]。可以看出，随着考古发现和研究的进展，多数考古学家眼中文明起源的时间点，从距今4000年左右的龙山时代，逐步提前到距今6000年左右的庙底沟时代，但也有的上溯到距今8000年左右甚至更早。

观点差异如此之大的原因，主要在于对“文明”这一概念的理解不同。夏鼐、苏秉琦以来的多数考古学家眼中的“文明”，基本就是西语中Civilization一类词的翻译，一般以恩格斯“国家是文明社会的概括”这一论断为据[⑦]，多数情况下将文明起源和国家起源当作大同小异的同一件事来研究。比如苏秉琦就曾明确表示，“文明起源，

---

① 1994年，苏秉琦更是从距今8000年玉器的发现，预测其起源不下万年，有了“上万年的文明启步”的说法。见苏秉琦《国家起源与民族文化传统（提纲）》，《华人·龙的传人·中国人——考古寻根记》，辽宁大学出版社1994年版，第132—134页。

② 1993年，苏秉琦从“酉瓶”（即小口尖底瓶）、彩陶器皿可能为特殊的宗教用品的角度，指出距今6000年之后的庙底沟期是“从氏族向国家发展的转折点”。见苏秉琦《迎接中国考古学的新世纪》，《华人·龙的传人·中国人——考古寻根记》，辽宁大学出版社1994年版，第238页。

③ 蔡运章、张居中：《中华文明的绚丽曙光——论舞阳贾湖发现的卦象文字》，《中原文物》2003年第3期。

④ 裴安平：《中国的家庭、私有制、文明、国家和城市起源》，上海古籍出版社2014年版，第345—346页。

⑤ 冯时：《文明以止：上古的天文、思想与制度》，中国社会科学出版社2018年版，“自序”第1页。

⑥ 《中华文明起源图谱初现》，《人民日报》（海外版）2018年5月29日第7版。

⑦ ［德］弗里德里希·恩格斯：《家庭、私有制和国家的起源》，人民出版社1999年版，第183页。

我意就等于恩格斯《家庭、私有制和国家的起源》的另一种简化的提法”①。但冯时所谓“文明”，则对接中国传统，取义《易传》《尚书》，定义为“人类以修养文德而彰明，而社会则得有制度的建设和礼仪的完善而彰明”，强调“观象授时”等天文学成就②。简言之，前者重视“文明”的社会属性，后者属意其文化成就。

一般来说，“文明”是与“野蛮”相对立的一种状态。而与“野蛮”相对立的，不仅是发达的物质文化，复杂的社会形态，更应包含信仰、知识、修养、礼仪等精神文化特质在内。如费尔南·布罗代尔就认为，“一个文明既不是某种特定的经济，也不是某种特定的社会，而是持续存在于一系列经济或社会之中，不易发生渐变的某种东西”③。塞缪尔·亨廷顿说，“正如雅典人所强调的，在所有界定文明的客观因素中，最重要的通常是宗教”“一个文明是一个最广泛的文化实体”④。前述苏秉琦也是从玉器、酉瓶和原始宗教礼仪的角度，指出距今8000年或距今6000年以后是文明起源的关键时期。如此，不妨从文化和社会两个方面，将“文明”定义为人类文化和社会发展的高级阶段的综合体⑤。

按照这样的定义，我们会发现，中国文明的起源实际应当开始于更早的裴李岗文化后期，或者裴李岗文化对周边地区产生较大影响的

---

① 苏秉琦：《在中国文明起源研讨会上的讲话》，《华人·龙的传人·中国人——考古寻根记》，辽宁大学出版社1994年版，第128页。

② 冯时：《文明以止：上古的天文、思想与制度》，中国社会科学出版社2018年版，“自序”第2—7页。

③ ［法］费尔南·布罗代尔：《文明史：人类五千年文明的传承与交流》，常绍民、冯棠、张文英等译，中信出版社2014年版，第68页。

④ ［美］塞缪尔·亨廷顿：《文明的冲突与世界秩序的重建》，周琪译，新华出版社2010年版，第21页。

⑤ 王巍指出：“文明是人类文化和社会发展的一个新的阶段。这一阶段的特征是：物质资料生产不断发展，精神生活不断丰富，社会不断复杂化，由社会分工和阶层分化发展成为不同阶级，出现强制性的公共权力——国家。”见王巍《对中华文明起源研究有关概念的理解》，《史学月刊》2008年第1期。

时期[①]，这个时期可称之为“裴李岗时代”[②]。在约距今8200年至7000年之间的裴李岗时代，或者新石器时代中期后段，黄河、长江和西辽河流域聚落和人口增多，物质文化显著发展，已出现较为先进和复杂的思想观念、知识系统和社会形态。

二

先看黄河、淮河流域的裴李岗文化、白家文化和双墩文化。

裴李岗文化前期遗存目前仅见于贾湖遗址，而后期则分布在河南省大部地区。

河南舞阳贾湖遗址的部分较大墓葬，常以组合的形式随葬装有石子的龟甲、骨规形器、骨笛等特殊器物，有的龟甲或骨规形器上还契刻有类似文字的符号[③]。而且这些随葬特殊器物的较大墓葬绝大部分都属于裴李岗文化后期。这当中一般作为乐器的精美骨笛，冯时认为实属天文仪器律管[④]。装有石子的龟甲，或认为是龟占用具[⑤]，或认为是响器[⑥]。

---

① 我认为《舞阳贾湖》发掘报告所划分的第1—4段为裴李岗文化前期，第5—9段为裴李岗文化后期，二者以约公元前6200年为界。见韩建业《裴李岗文化的迁徙影响与早期中国文化圈的雏形》，《中原文物》2009年第2期；韩建业《双墩文化的北上与北辛文化的形成——从济宁张山“北辛文化遗存”论起》，《江汉考古》2012年第2期。

② 栾丰实最早使用“裴李岗时代”的概念，用来表示整个裴李岗文化所处的那个时代，陈明辉有专门论述。他们所说“裴李岗时代”与本文意见略有差异。参见栾丰实《试论仰韶时代东方与中原的关系》，《考古》1996年第4期；陈明辉《试论裴李岗文化系统——兼谈中国裴李岗时代的文化格局》，《上山文化论集》，中国文史出版社2018年版，第136—200页。

③ 河南省文物考古研究所：《舞阳贾湖》，科学出版社1999年版；河南省文物考古研究院、中国科学技术大学科技史与科技考古系：《舞阳贾湖》（二），科学出版社2015年版；河南省文物考古研究院、中国科学技术大学科技史与科技考古系、舞阳县博物馆：《河南舞阳县贾湖遗址2013年发掘简报》，《考古》2017年第12期。

④ 冯时：《中国天文考古学》，社会科学文献出版社2001年版，第195—197页。

⑤ 宋会群、张居中：《龟象与数卜：从贾湖遗址的“龟腹石子”论象数思维的源流》，《大易集述：第三届海峡两岸周易学术研讨会论文集》，巴蜀书社1998年版，第11—18页。

⑥ 陈星灿、李润权：《申论中国史前的龟甲响器》，《桃李成蹊集——庆祝安志敏先生八十寿辰》，香港中文大学出版社2004年版，第72—97页。

考虑到有的龟甲上刻有字符，其含义可能与卦象[①]或者验辞[②]有关，则龟甲作为龟占用具的可能性更大。骨规形器因多置于成堆的龟甲之上，发掘者推测其用途可能与龟有关[③]。也有认为其是握在手中观测星象之“规”[④]。考虑到这些骨规形器下端因长期把握而圆滑光亮，有的甚至握在死者手中，则天“规”说似乎颇有道理。龟甲和骨规形器又常共存，推测龟甲或与骨规形器所观测的天象有关，甚至不排除以背甲象天、以腹甲形地的可能[⑤]。龟背甲较圆圜，腹甲稍方平，或者“天圆地方”的宇宙观已有雏形。

贾湖墓葬中的龟甲，多为偶数，上限为八[⑥]。龟甲中的石子，应也有一定之数[⑦]。以装石子的龟甲占卜，当属于八卦一类数卜的范畴[⑧]，体现“象数思维”[⑨]。占卜本身显示贾湖人对超自然力量的崇拜，属于原始宗教性质，但对“数”的执着又使其具有追求规则、

---

① 蔡运章、张居中：《中华文明的绚丽曙光——论舞阳贾湖发现的卦象文字》，《中原文物》2003年第3期。

② 贾湖M344中的一例类似眼睛的符号，冯时认为对应古彝文的“吉”。见冯时《中国古文字学概论》，中国社会科学出版社2016年版，第24—25页。

③ 河南省文物考古研究所：《舞阳贾湖》，科学出版社1999年版，第445—446页。

④ 姬英明提出贾湖骨规形器、骨板分别为古人观测星象的“规”“矩”，认为能够对应《周易·系辞下》“包牺氏之王天下也，仰则观象于天”的记载。见王楠、胡安华《印证神话传说：贾湖遗址发现骨制“规矩”》，《中国城市报》2019年7月22日第13版。

⑤ 在《列子·汤问》《淮南子·览冥训》等当中，有女娲“断鳌足以立四极”的记载；在《雒书》中有灵龟“上隆法天，下平法地”的记载（《初学记》鳞介部龟第十一引）；在古代玛雅也有以龟象征大地的现象。参见李新伟《中国史前玉器反映的宇宙观——兼论中国东部史前复杂社会的上层交流网》，《东南文化》2004年第3期；徐峰《中国古代的龟崇拜——以“龟负”的神话、图像与雕像为视角》，《中原文物》2013年第3期；李新伟《玛雅文明的大地之龟》，《光明日报》2018年5月12日第12版。

⑥ 贾湖第一至六次发掘的23座墓葬，每座墓葬随葬龟甲1、2、4、6、8副不等，多为偶数，随葬8副者6座（其中前期1座、后期5座）。第七次发掘的后期祭坑（H502）中也有8副龟甲。

⑦ 贾湖单副龟甲中的石子，在3—30粒之间，多数10余、20余粒。

⑧ 蔡运章、张居中等认为，贾湖的龟卜数卜现象，是伏羲氏“画八卦”的有力佐证。见蔡运章、张居中《中华文明的绚丽曙光——论舞阳贾湖发现的卦象文字》，《中原文物》2003年第3期。

⑨ 宋会群、张居中：《龟象与数卜：从贾湖遗址的“龟腹石子”论象数思维的源流》，《大易集述：第三届海峡两岸周易学术研讨会论文集》，巴蜀书社1998年版，第11—18页。

理性的一面。前述以“规”观测天象，同样也是既有神秘性，又适应观象授时的现实需要。

贾湖、裴李岗①、水泉②等裴李岗文化遗址，都有专门墓地，墓葬土葬深埋，装殓齐整，随葬物品，实行墓祭③，体现出对死者特别的关爱和敬重，说明已有显著的祖先崇拜观念。墓葬分区分组，可能对应现实社会的家庭、家族、氏族等不同层级的社会组织；墓葬排、列整齐，或许与辈分等有关，表明裴李岗文化已出现最早的族葬或“族坟墓”习俗④。祖先崇拜和族葬，当为现实社会中重视亲情人伦、强调社会秩序的反映。

裴李岗文化同一墓地同期墓葬相互间基本不见叠压打破，推测当时地表应有墓葬标记，族人对数十年以内的祖先墓葬及其谱系还有清楚记忆；有的同一墓地能够延续一二百年甚至数百年之久⑤，说明族人对远祖的栖息地有着长久的记忆和坚守，体现出对祖先的顽强“历史记忆”，为后世子孙在这块土地上长期农耕生活提供了正当理由和“合法性”。

裴李岗文化后期聚落已有一定程度的分化⑥，墓葬也有较为明显

---

① 中国社会科学院考古研究所河南一队：《1979 年裴李岗遗址发掘报告》，《考古学报》1984 年第 1 期。

② 中国社会科学院考古研究所河南一队：《河南郏县水泉裴李岗文化遗址》，《考古学报》1995 年第 1 期。

③ 如水泉墓地东、西两区之间的空白地带，有一较大烧土坑，内有石块，可能为针对整个墓地的墓祭遗迹，推测与祭祀整个氏族的先祖有关；在西区中另有一较小烧土坑，内有兽骨，或与祭祀西区家族先祖有关。贾湖第一至六次发掘中，发现 6 个犬坑位于墓地中间或边缘，也当为墓祭遗存。

④ 郑玄注《周礼·地官·司徒》“族坟墓”一词，说“族犹类也。同宗者，生相近，死相迫”。

⑤ 比如贾湖遗址西北区墓葬虽只有两期（第二、三期），但又可细分为五段，打破关系非常复杂，延续时间或达数百年。

⑥ 新郑唐户裴李岗文化遗存面积约 30 万平方米，贾湖裴李岗文化遗存面积约 5 万平方米，一般遗址则仅数千平方米。其中唐户遗址的资料，见河南省文物管理局南水北调文物保护办公室、郑州市文物考古研究院《河南新郑市唐户遗址裴李岗文化遗存发掘简报》，《考古》2008 年第 5 期；郑州市文物考古研究院、河南省文物管理局南水北调文物保护办公室《河南新郑市唐户遗址裴李岗文化遗存 2007 年发掘简报》，《考古》2010 年第 5 期。

的大小贫富之别①，尤其随葬龟甲、骨规形器和骨笛等特殊器具的基本都是较大墓葬，也以成年男性占绝对多数。可见社会存在一定程度的分化，男性地位已经相对较高。尽管这种分化可能是发生在宗教文化中心和普通村落之间，宗教文化领袖和普通人之间②，并未形成建立在家族之上的阶级分化。

裴李岗文化以西的白家文化或大地湾一期文化，就现有资料看，当为裴李岗文化后期西进渭河流域和汉水上游地区并融合当地土著文化传统而形成，年代大约距今8000—7000年。白家文化的发现虽远不及裴李岗文化丰富，但也存在“族葬”习俗③，在精美陶钵内壁还有较多彩绘符号。这些符号或许与裴李岗文化的契刻字符有一定关系。

裴李岗文化以东的双墩文化，当为裴李岗文化末期东向影响至淮河中游地区而形成，年代大约距今7300—7000年④。双墩文化发现有大量刻划符号⑤，其中不少被认为属于“文字性符号”或者“文字画”性质⑥；也有认为其中的“十”“井”“亞”等字形的刻符当表示四方五位、八方九宫等空间体系，其“天地定位”思想与八卦方位理论吻合⑦。

---

① 贾湖第一至六次发掘的327座能看出宽度的长方形土坑竖穴墓中，墓穴宽度1米以下的占89.9%，1米以上的占10.1%；所有349座墓葬中，随葬品1—10件或者无随葬品者占91.5%，10件以上随葬品者占8.5%。其中最大的墓葬M282墓穴长2.8、宽1.8米，面积约5平方米，随葬品包括龟甲、骨笛、骨板等在内共计60件。

② “这些特殊器物似乎与军权、礼制无涉，也不见得与贫富分化有关，却有浓郁的宗教意味，让人联想到卜筮乐医兼通的巫觋形象。”见韩建业《裴李岗文化的迁徙影响与早期中国文化圈的雏形》，《中原文物》2009年第2期。

③ 中国社会科学院考古研究所：《临潼白家村》，巴蜀书社1994年版；甘肃省文物考古研究所：《秦安大地湾——新石器时代遗址发掘报告》，文物出版社2006年版。

④ 韩建业：《双墩文化的北上与北辛文化的形成——从济宁张山“北辛文化遗存”论起》，《江汉考古》2012年第2期。

⑤ 安徽省文物考古研究所、蚌埠市博物馆：《蚌埠双墩——新石器时代遗址发掘报告》，科学出版社2008年版。

⑥ 王晖：《古文字与中国早期文化论集》，科学出版社2017年版，第2—72页。

⑦ 冯时：《文明以止：上古的天文、思想与制度》，中国社会科学出版社2018年版，第46—78页。

总体来看，裴李岗时代的黄河和淮河流域文化区，已经出现较为先进的思想观念和知识，包括较为先进的宇宙观、宗教观、伦理观、历史观，较为先进的天文、数学、符号、音乐知识等。而这些较为先进的思想观念和知识的形成，应当与其较为先进的生业经济，特别是其农业和家畜饲养业有关①。

三

再看长江中下游和西辽河流域的跨湖桥文化、高庙文化、兴隆洼文化等。这些文化与裴李岗文化虽无明显的文化交流关系，但同样存在较为先进和复杂的思想观念、知识系统和社会形态。

跨湖桥文化位于长江下游南岸，大约距今 8200—7000 年。在跨湖桥遗址曾发现 8 组刻划在鹿角器和木算筹上面的符号②，和距今 6000 多年海安青墩遗址骨算筹上的数字卦象③，以及商周时期的数字卦象基本一致④，应该就是记录占卜的原初形式的数字卦象符号⑤。令人称奇的是，在附近的义乌桥头上山文化遗址中，最近又发现了年

① 裴李岗文化、白家文化、双墩文化的生业经济虽以狩猎采集为主，但已明确存在稻作、粟作农业和家畜驯养，而且农业比重从早到晚不断上升。见罗运兵、张居中《河南舞阳县贾湖遗址出土猪骨的再研究》，《考古》2008 年第 1 期；张居中、程至杰、蓝万里等《河南舞阳贾湖遗址植物考古研究的新进展》，《考古》2018 年第 4 期；刘长江、孔昭宸、朗树德《大地湾遗址农业植物遗存与人类生存的环境探讨》，《中原文物》2004 年第 4 期。

② 跨湖桥遗址发现的卦象符号，刻在所谓木锥上面。看后来山东兖州王因三座墓葬随葬的龟甲，内分别置 7、11、17 枚骨锥，和贾湖龟甲内置石子的情况相似，可知这类骨锥或木锥当为龟占所用算筹。见浙江省文物考古研究所、萧山博物馆《跨湖桥》，文物出版社 2004 年版；中国社会科学院考古研究所《山东王因——新石器时代遗址发掘报告》，科学出版社 2000 年版。

③ 青墩遗址的八组数字卦象符号，刻在鹿角器和骨算筹（原文称为“簪”）上面，包括“三五三三六四”（艮下乾上，遁）等。见南京博物院《江苏海安青墩遗址》，《考古学报》1983 年第 2 期；张政烺《试释周初青铜器铭文中的易卦》，《考古学报》1980 年第 4 期。

④ 张政烺：《试释周初青铜器铭文中的易卦》，《考古学报》1980 年第 4 期。

⑤ 如“一一八一一八”等。见王长丰、张居中、蒋乐平《浙江跨湖桥遗址所出刻划符号试析》，《东南文化》2008 年第 1 期。

代更早的距今 9000—8500 年之间的卦象符号，只不过有的是彩绘的长、短横符号，六个一组①，类似于《周易》的阴阳爻卦画，有的又类似数字卦象符号。两类卦象符号同时出现于桥头，在跨湖桥之后则仅保留了数字卦象符号②。其与贾湖的龟卜都当属于八卦类的数卜大传统，只是桥头、跨湖桥以符号记录卦象而贾湖记录卜辞，跨湖桥以算筹而贾湖以石子计数，细节方面稍有差别。跨湖桥文化稻作农业占一定比重。

高庙文化位于长江中游洞庭湖西南，大约距今 7800—7000 年。在高庙遗址发现有非常重要的祭祀遗存，包括面积约 1000 平方米的大型祭祀场和精美的白陶祭器。祭祀场发现的 4 个边长约 1 米的方形大柱洞，复原起来可能是非常高的“排架式梯状建筑”，还有数十个祭祀坑（其中一个为人祭坑）、附属房屋等。白陶上戳印有复杂图案，包括可以和祭祀场主建筑对应的“梯阙”式图像，以及太阳纹、八角星纹、鸟纹、獠牙兽面纹等③。发掘者认为獠牙兽面纹两侧常带双“翼”，并在“梯阙”之间，表达的是有飞龙、天梯等在内的通天祭祀仪式；鸟纹常载日、“龙”、八角星纹，当为凤的形象；而八角星纹则与太阳历以及天圆地方的宇宙观有关④。姑且不论高庙的八角星纹是否与太阳历有关，至少其在表达八方九宫、天圆地方等空间观念方面，当与贾湖、双墩彼此接近。高庙文化基本是采集狩猎经济方式，尚未出现农业，这与其早熟的宗教祭祀和空间观念形成较大

---

① 《浙江义乌桥头新石器时代遗址》，《2019 中国重要考古发现》，文物出版社 2020 年版，第 23—27 页。

② 跨湖桥文化主要是在上山文化的基础上发展而来。见韩建业《试论跨湖桥文化的来源和对外影响——兼论新石器时代中期长江中下游地区间的文化交流》，《东南文化》2010 年第 6 期。

③ 湖南省文物考古研究所：《湖南黔阳高庙遗址发掘简报》，《文物》2000 年第 4 期；湖南省文物考古研究所：《湖南洪江市高庙新石器时代遗址》，《考古》2006 年第 7 期。

④ 贺刚：《湘西史前遗存与中国古史传说》，岳麓书社 2013 年版。

反差。

兴隆洼文化位于西辽河流域和燕山南北地区，大约距今8200—7500年。曾在查海遗址聚落中心发现长近20米的龙形堆石，以及10座“中心墓葬”[①]，说明兴隆洼文化也有龙崇拜，这些墓葬则或与祭祀仪式有关。塔尺营子遗址所出石牌形器上的獠牙兽面纹[②]，兽头两侧的“S”纹宛若龙身，不排除与高庙獠牙兽面纹一样属于飞龙形象的可能性。白音长汗遗址房屋AF19灶后发现女性石雕[③]，反映可能还存在女神崇拜。兴隆洼[④]、兴隆沟[⑤]、查海、白音长汗等聚落，多有环壕围护，房屋成排整齐分布，中心或近中心部位一般有大房子，体现出早熟的向心、凝聚观念[⑥]，在强调社会秩序方面和裴李岗文化有近似之处。兴隆洼文化的精美玉器也是社会有一定分工的产物。但兴隆洼文化未见与数卜、文字符号、天圆地方、族葬[⑦]等有关的遗存，与黄河、长江流域有较大区别。兴隆洼文化虽以狩猎采集为主，但已有旱作农业。

---

① 辽宁省文物考古研究所：《查海——新石器时代聚落遗址发掘报告》，文物出版社2012年版。

② 刘勇：《辽宁阜新查海遗址发现七千五百年前石雕神人面像》，《光明日报》2019年9月29日第11版。

③ 内蒙古自治区文物考古研究所：《白音长汗——新石器时代遗址发掘报告》，科学出版社2004年版。

④ 中国社会科学院考古研究所内蒙古工作队：《内蒙古敖汉旗兴隆洼遗址发掘简报》，《考古》1985年第10期；中国社会科学院考古研究所内蒙古工作队：《内蒙古敖汉旗兴隆洼聚落遗址1992年发掘简报》，《考古》1997年第1期。

⑤ 中国社会科学院考古研究所内蒙古第一工作队：《内蒙古赤峰市兴隆沟聚落遗址2002—2003年的发掘》，《考古》2004年第7期。

⑥ 陈继玲、陈胜前：《兴隆洼文化筒形罐的纹饰艺术分析》，《边境考古研究》第11辑，科学出版社2012年版，第313—327页。

⑦ 兴隆洼文化基本不存在排列整齐的专门墓地，已经发现的墓葬主要是可能与某种特殊的宗教祭祀观念有关的居室葬。见杨虎、刘国祥《兴隆洼文化居室葬俗及相关问题探讨》，《考古》1997年第1期。

四

裴李岗时代中国主体区域所表现出的较为先进的思想观念和知识体系，以及较为复杂的社会形态，将中国文明起源提前到距今8000年以前，可算作是中国文明起源的第一阶段。而恰好此时，处于中原地区的裴李岗文化对外强烈扩张影响，使得黄、淮河流域文化彼此接近起来，也可能通过上层在宗教祭祀、空间观念等方面的交流[①]，使得长江中下游和西辽河流域也和黄、淮河流域有了不少共性。从而有了“早期中国文化圈”或者文化上“早期中国”的萌芽[②]。距今6000年以后进入庙底沟时代，早先形成的思想观念和知识体系进一步发展，社会开始了普遍复杂化的过程，各区域逐步迈入前早期国家状态，可视为中国文明起源的第二阶段，同时文化上的“早期中国”正式形成[③]。距今5000多年已经正式形成由良渚等各区域文明组成的早期中国文明。

西亚地区在距今8000多年以前，出现灌溉农业、祭室、权杖头、铜器、印章、符号、原始筹码等[④]，已经孕育着神祇崇拜、权利象征、社会分工、文字、商业等早期西方文明因素，同样开始了文明起源的进程。但中国和西方从文明起源之初，就存在明显差别，裴李岗

① 李新伟用“中国史前社会上层远距离交流网”的模式，来解释约公元前3500年以后中国各地出现的文化和社会共性。这一模式对于解释裴李岗时代中国主体区域在思想观念和知识系统方面的共性更加有效。见李新伟《中国史前社会上层远距离交流网的形成》，《文物》2015年第4期。

② 韩建业：《裴李岗文化的迁徙影响与早期中国文化圈的雏形》，《中原文物》2009年第2期；韩建业：《双墩文化的北上与北辛文化的形成——从济宁张山“北辛文化遗存”论起》，《江汉考古》2012年第2期。

③ 张光直：《中国相互作用圈与文明的形成》，《庆祝苏秉琦考古五十五年论文集》，文物出版社1989年版，第1—23页；韩建业：《庙底沟时代与“早期中国”》，《考古》2012年第3期。

④ 杨建华：《两河流域：从农业村落走向城邦国家》，科学出版社2014年版。

时代在神祇崇拜的同时，还特别强调亲情人伦、祖先崇拜和历史记忆，文字符号和算筹主要与占卜、天文等相关，而缺乏表达贸易交换等的内容。这些文明的特质，连同数卜与象数、观象授时与天圆地方，以及龙、玉器等，都在中国这片大地上汇聚交融，绵延发展，成为夏商周三代乃至于秦汉以后古代中国宇宙观、宗教观、伦理观、历史观甚至政治观的文明基石。

（本文原载于《江汉考古》2021 年第 1 期）

裴李岗文化的迁徙影响与早期中国文化圈的雏形

早期中国文化圈，是指先秦时期中国大部地区文化彼此交融而形成的以中原为核心的相对的文化统一体，与张光直提出的“中国相互作用圈”①、严文明所说“重瓣花朵式的格局”② 和苏秉琦所说“共识的中国”③ 含义近同。虽然无法确定在虞夏之前是否有“中国”这一概念，但在中国大部却早已出现普遍的认同观念和以中原为核心的历史趋势④，早期中国文化圈实际成为秦汉帝国得以建立的地理、文化和政治基础。从这个意义上，我们将早期中国文化圈称为文化上的“早期中国”也未尝不可。这个文化圈至少从龙山时代以后可以分为两个大的阶段，即苏秉琦所提出的“古国”和“方国”阶段⑤。至于其形成时间，张光直认为是在公元前 4000 年左右的仰韶文化时

① 张光直：《中国相互作用圈与文明的形成》，《庆祝苏秉琦考古五十五年论文集》，文物出版社 1989 年版，第 6 页。

② 严文明：《中国史前文化的统一性与多样性》，《文物》1987 年第 3 期。

③ 苏秉琦：《中国文明起源新探》，生活·读书·新知三联书店 1999 年版，第 161 页。

④ 赵辉：《以中原为中心的历史趋势的形成》，《文物》2000 年第 1 期；韩建业：《论新石器时代中原文化的历史地位》，《江汉考古》2004 年第 1 期。

⑤ 苏秉琦：《国家起源与民族文化传统》，《华人·龙的传人·中国人——考古寻根记》，辽宁大学出版社 1994 年版，第 132—134 页。

期。本文试图论证，这一文化圈的酝酿萌动阶段至少可早到公元前6000年左右，至公元前5400年左右已见雏形，而且中原地区的裴李岗文化的迁徙影响在这一过程中曾起到至关重要的作用（图一）。

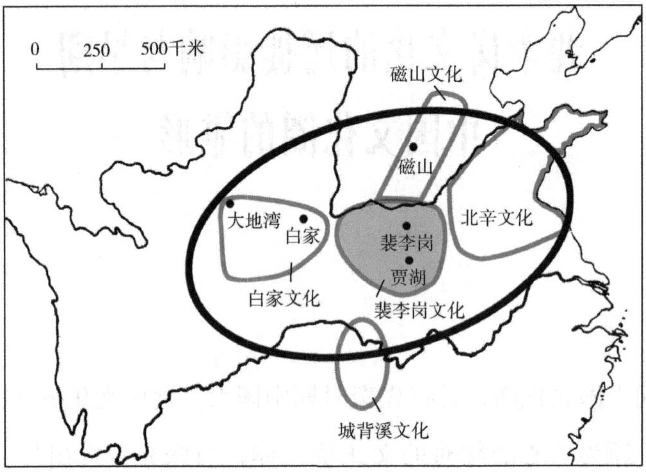

图一　早期中国文化圈雏形（前5400—前5000）

一

裴李岗文化1977年发现于河南新郑裴李岗遗址①，还包括舞阳贾湖、郏县水泉②、新郑唐户、新郑沙窝李③、密县莪沟北岗④、长葛

---

① 开封地区文管会、新郑县文管会：《河南新郑裴李岗新石器时代遗址》，《考古》1978年第2期；中国社会科学院考古研究所河南一队：《1979年裴李岗遗址发掘报告》，《考古学报》1984年第1期。

② 中国社会科学院考古研究所河南一队：《河南郏县水泉裴李岗文化遗址》，《考古学报》1995年第1期。

③ 中国社会科学院考古研究所河南一队：《河南新郑沙窝李新石器时代遗址》，《考古》1983年第12期。

④ 河南省博物馆、密县文化馆：《河南密县莪沟北岗新石器时代遗址》，《考古学集刊》第1集，文物出版社1981年版，第1—26页。

石固①、巩义瓦窑嘴②、孟津寨根③等重要遗址，分布于现在河南省大部地区。其中备受关注的舞阳贾湖遗存，被发掘者称为“贾湖文化”，其实和以往发现的裴李岗文化遗存大同小异，仍以称为裴李岗文化贾湖类型为宜④。发掘者将贾湖遗址分为3期9段，结合^{14}C树轮校正数据推测其绝对年代在公元前7000—前5800年之间。若仔细比较，会发现其最重要的分界应在第4、5段之间：之前常见直口角把罐、方口盆、深腹盆等陶器，之后常见折沿深腹罐、盆形或罐形鼎、划纹盆、三足钵、圈足钵（碗）等陶器；前后都流行的壶类也存在形态上的显著变化，之前颈腹分界不显，之后颈腹分界明显⑤。以此为据将贾湖遗存分为前后两期更能体现其阶段性特点。其绝对年代下限也应调整为公元前5500年左右（第8段H55的测年范围为公元前5750—前5520年）。贾湖以外其他裴李岗文化遗存虽然也有过若干分期方案，但总体面貌均类似于贾湖后期或者更晚，树轮校正年代则基本在公元前6200—前5400年之间⑥。这样看来，裴李岗文化从整体上也可以分为前后两个大的发展阶段，二者大致以公元前6200年为界。裴李岗文化的陶器素雅少纹，多壶无釜，这与华南以绳纹釜为代表的新石器早期遗存缺乏联系，与华北新石器早期的平底罐类遗存也明显不同，应当有自身更早的文化源头。

裴李岗文化的陶器形制规整、火候均匀、器类丰富，作为水器或酒器的壶类造型多样、功能细化，还发明了鼎这种中国最重要的炊

---

① 河南省文物研究所：《长葛石固遗址发掘报告》，《华夏考古》1987年第1期。

② 巩义市文物管理所：《河南巩义市瓦窑嘴新石器时代遗址试掘简报》，《考古》1996年第7期；郑州市文物工作队、巩义市文物管理所：《河南巩义市瓦窑嘴新石器时代遗址的发掘》，《考古》1999年第11期。

③ 河南省文物管理局：《黄河小浪底水库考古报告》（二），中州古籍出版社2006年版，第157—211页。

④ 张居中：《试论贾湖类型的特征及与周围文化的关系》，《文物》1989年第1期。

⑤ 河南省文物考古研究所：《舞阳贾湖》，科学出版社1999年版，第465—519页。

⑥ 河南省文物考古研究所：《舞阳贾湖》，科学出版社1999年版，第520—531页。

器；石铲、锯齿形石镰等工具磨制精整，石磨盘还多琢出四足，发展水平要明显高于周围文化。裴李岗文化聚落已小有分化，小的面积仅几千平方米，较大的舞阳贾湖遗址有5万平方米，新郑唐户遗址更是达30万平方米。贾湖墓葬随葬不少制作精致的骨镞、骨镖、骨笛、骨板、骨叉形器、绿松石饰品，还有随葬獐牙、龟甲、猪下颌骨的习俗，有的龟甲内装小石子或骨针，有的龟甲上有刻符。墓葬也小有分化，普通小墓的随葬品一般仅一至数件，较大的墓葬则达数十件，而且从前期到后期还有明显的发展。前期每墓随葬品最多不超过20件，后期最大的墓葬M282和M277随葬品都在60件以上。其中最为宽大的M282长2.8米、宽1.8米，随葬品中包括可以构成七声音阶的7孔骨笛和带石子的龟甲等。仔细分析，这些较大墓葬的绝大部分随葬品从种类和质量方面都和普通墓葬类似，只是其中常包含带石子的龟甲、骨笛、骨板、骨叉形器等。这些特殊器物似乎与军权、礼制无涉，也不见得与贫富分化有关，却有浓郁的宗教意味，让人联想到卜筮乐医兼通的巫觋形象。可见，较大墓葬的主人极可能主要只在宗教方面具有较高地位，宗教色彩浓重的贾湖聚落就可能是裴李岗文化的宗教中心和精神重镇。唐户遗址的裴李岗文化聚落已发现大约60座半地穴式房屋，有分区分组的现象，是郑州地区最重要的聚落遗址。大型聚落和较为复杂的宗教建立在较为发达的物质文化的基础之上，这为裴李岗文化对外产生较大影响准备了条件。

二

裴李岗文化受周围文化的影响有限，对外影响却十分显著，尤其是在其后期阶段：约公元前6200年进入后期以后，裴李岗文化西向对渭河流域和汉水上游、北向对冀南豫北地区的影响和渗透相当明显。

渭河和汉水上游地区的白家文化，以前曾被称为老官台文化，以陕西临潼白家村遗存和甘肃秦安大地湾一期遗存为代表①，还见于渭河流域的天水西山坪和师赵村②，宝鸡北首岭③、关桃园④，临潼零口⑤、渭南北刘⑥，以及汉水上游的西乡李家村、何家湾，汉阴阮家坝，紫阳马家营、白马石⑦，南郑龙岗寺⑧、商县紫荆⑨等遗址。该文化可以明确分为早晚两期，早期以白家村、大地湾一期、西山坪一期、北刘早期、紫荆一期遗存为代表，三足罐多为直腹筒形；晚期以西山坪二期、师赵村一期为代表，三足罐多弧腹，并且新出泥质平底钵、侈口鼓腹平底绳纹罐等。据已发表的出自秦安大地湾、临潼白家村、西乡李家村、渭南北刘遗址的树轮校正测年数据，白家文化的绝对年代在公元前5900—前5000年之间，仅相当于裴李岗文化后期偏晚⑩。白家文化遗址多仅数千平方米，大者不过1万—2万平方米，墓葬多数无随葬品，少数每墓随葬一两件日常普通器物，个别达6

---

① 中国社会科学院考古研究所：《临潼白家村》，巴蜀书社1994年版；甘肃省博物馆等：《甘肃秦安大地湾新石器时代早期遗存》，《文物》1981年第4期；甘肃省文物考古研究所：《秦安大地湾——新石器时代遗址发掘报告》，文物出版社2006年版。

② 中国社会科学院考古研究所：《师赵村与西山坪》，中国大百科全书出版社1999年版。

③ 中国社会科学院考古研究所编著：《宝鸡北首岭》，文物出版社1983年版。严文明先生将78H32类遗存从笼统的仰韶文化半坡类型中区别出来，见严文明《北首岭史前遗存剖析》，《仰韶文化研究》，文物出版社1989年版，第87—109页。

④ 陕西省考古研究所、宝鸡市考古工作队：《陕西宝鸡市关桃园遗址发掘简报》，《考古与文物》2006年第3期。

⑤ 陕西省考古研究所：《临潼零口村》，三秦出版社2004年版，第26—39页。

⑥ 西安半坡博物馆等：《渭南北刘新石器时代早期遗址调查与试掘简报》，《考古与文物》1982年第4期。

⑦ 陕西省考古研究所等：《陕南考古报告集》，三秦出版社1994年版。

⑧ 陕西省考古研究所：《龙岗寺——新石器时代遗址发掘报告》，文物出版社1990年版。

⑨ 商县图书馆、西安半坡博物馆等：《陕西商县紫荆遗址发掘简报》，《考古与文物》1981年第3期。

⑩ 数据均采用1988年国际^{14}C会议确认的高精度树轮校正表校正，出自中国社会科学院考古研究所编《中国考古学中碳十四年代数据集（1965—1991）》，文物出版社1991年版。

件，其社会发展程度明显低于裴李岗文化。

白家文化早期的圜底钵、三足钵、圈足钵、深腹罐等主要陶器都可在裴李岗文化中找到原型（图二），前者的锯齿形蚌镰或骨镰与后者的石镰也存在明显联系；两者均以简陋的半地穴式窝棚为居室，均流行仰身直肢葬且都有合葬墓，都有瓮棺葬。更为有趣的是，白家文化也有随葬獐牙和猪下颌骨的习俗，如白家村 M12 墓主人手执獐牙，大地湾 M15、M208 在墓主人胸前置猪下颌骨。如此多的共性，表明两文化存在密切联系。由于渭河流域和汉水上游并无更早的农业文化迹象，白家文化的初始年代又比裴李岗文化晚 1000 年左右，因此有理由推测，白家文化可能为裴李岗文化西向扩展并与土著文化融合的产物。当然，二者也存在相当的差别，如白家文化流行交错绳纹，有棕红色带、点、线纹彩，还有小口高领鼓腹罐等陶器，这些都是和裴

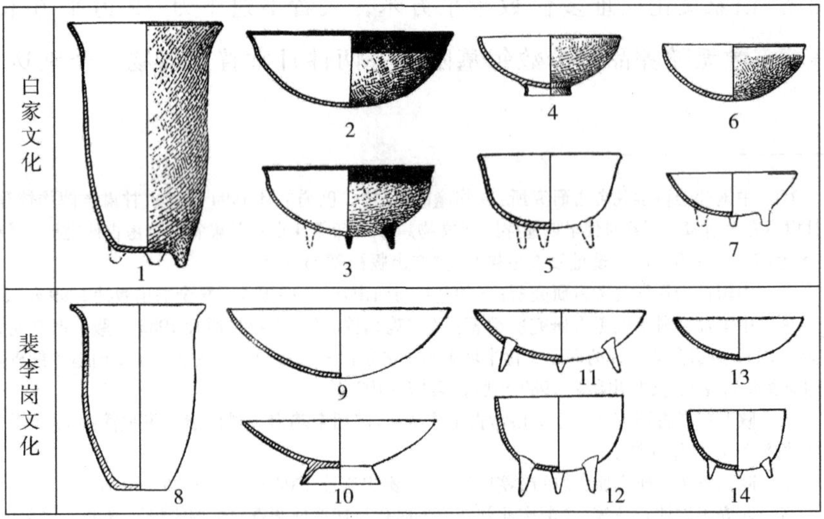

图二　白家文化与裴李岗文化陶器比较

1—7. 临潼白家（T309③:4、T204H25:1、T116H4:2、T117③:4、T121③:8、T305③:4、T308H15:5）　8—14. 郏县水泉（M96:5、M27:2、M2:2、M20:2、M59:4、M66:2、M33:2）（1、8. 深腹罐　2、6、9、13. 圜底钵　3、5、7、11、12、14. 三足钵　4、10. 圈足钵）

李岗文化不同的地方。尤其白家文化的绳纹、红褐彩、口沿外压光、唇面压印花边等特征，与裴李岗文化的素雅风格有异，却和峡江及洞庭湖地区的彭头山文化相似，少数屈肢葬或许也与此相关[①]。或者白家文化的另一个重要来源正是彭头山文化，汉水流域可能是两文化发生交流的通道。

三

豫北冀南地区的磁山文化，以河北武安磁山遗址为代表[②]，还见于附近洺河流域的牛洼堡、西万年[③]等遗址，以及河南淇县花窝遗址[④]。其中磁山遗存被发掘者分为“第一文化层”和“第二文化层”，实即早晚两期。据磁山、花窝遗址的测年树轮校正数据，磁山文化的绝对年代在公元前6000—前5600年之间。

磁山文化主要陶器可以分为甲乙两类，甲类是富有自身特色的多为夹砂绳纹的盂、支脚等，乙类是裴李岗文化流行的多为泥质素面的三足钵、圜底钵、壶、深腹罐等。据发掘报告，磁山早期共有复原实用陶容器99件，其中绝大多数为甲类，乙类仅占7%（7件）；磁山晚期共有复原实用陶容器269件，乙类占27%（73件）（图三）。可见裴李岗文化后期不但对磁山文化施加明显影响，而且力度逐渐加强。与白家文化不同的是，磁山文化的甲类本地陶器始终占据主流，其长方形窖穴、可能用于祭祀的“器物组”等也极富地方特色，可

---

① 湖北省文物考古研究所：《宜都城背溪》，文物出版社2001年版；湖南省文物考古研究所：《彭头山与八十垱》，科学出版社2006年版。

② 河北省文物管理处、邯郸市文物保管所：《河北武安磁山遗址》，《考古学报》1981年第3期。

③ 河北省文物管理处、邯郸地区文物保管所等：《河北武安洺河流域几处遗址的试掘》，《考古》1984年第1期。

④ 安阳地区文管会等：《河南淇县花窝遗址试掘》，《考古》1981年第3期。

见来自裴李岗文化的影响并未从根本上改变当地文化的土著属性。如果放大眼光，会发现在河北中部易水流域也有磁山文化遗存，如易县北福地一期、容城上坡一期遗存等①，只是这些遗存只见甲类器物，其陶面具和玉玦代表的特殊宗教习俗和装饰风格也都迥异于裴李岗文化，可见裴李岗文化的北向影响基本止于豫北冀南。

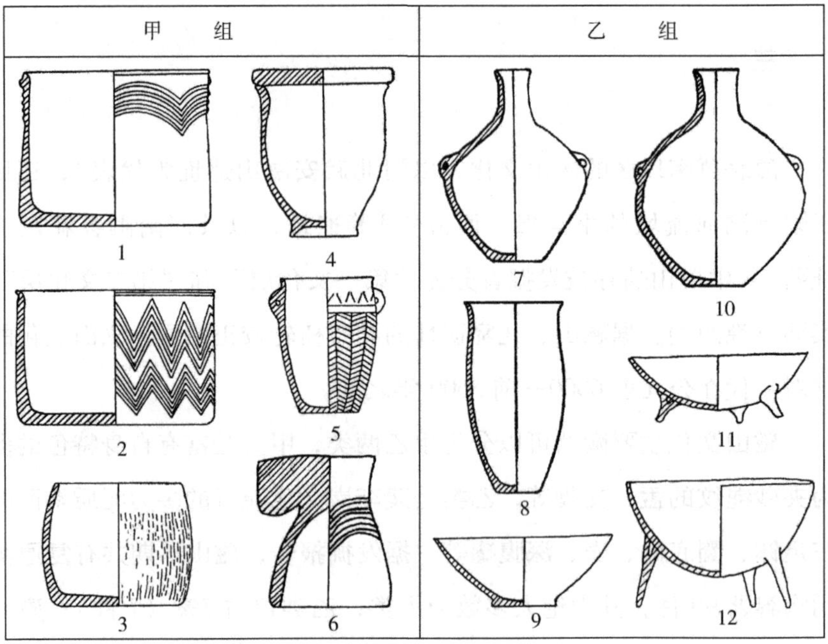

图三　武安磁山晚期遗存陶器分组

1—3. 盂（T87②:29、T96②:38、T8②:10）　4. 圈足罐（T104②:4）　5. 筒形罐（T96②:25）　6. 支脚（H453:7）　7、10. 壶（T87②:25、T96②:35）　8. 深腹罐（T106②:8）　9. 平底钵（H77:3）　11、12. 三足钵（T46②:30、T87②:32）

四

至公元前5400年以后，裴李岗文化的情况变得很不明朗。北部

① 河北省文物研究所：《北福地——易水流域史前遗址》，文物出版社2007年版。

巩义、孟津地区稍微清楚一些，已发现的瓦窑嘴、寨根类遗存的下限可能更晚，其黑衣陶、竖条纹等特征就不见于早先的裴李岗文化，某些碗、钵口部略折的特点则与仰韶文化早期有近似之处，其年代下限当接近仰韶文化。此外，方城大张庄遗址仰韶文化最早阶段的遗存中①，也有若干类似裴李岗文化的因素，如陶竖条纹圈足碗、假圈足碗、双耳壶和锯齿形石镰等，表明裴李岗文化和当地仰韶文化应当存在直接联系。不过不容否认，裴李岗文化此后的确已经进入没落阶段。恰巧此时或稍后，裴李岗文化因素却较多见于海岱地区。

海岱地区原本分布着和裴李岗文化基本同时的后李文化，至公元前5400年或稍后则转变为北辛文化，以山东滕州北辛②、汶上东贾柏③和泰安大汶口第一期遗存为代表④。后李文化的叠唇直腹圜底釜为代表的陶器群和裴李岗文化有明显差别，而北辛文化则多了双耳平底壶、三足壶、三足钵、圜底或平底钵这样一组裴李岗文化色彩浓厚的陶器，其釜形鼎也未尝没有受裴李岗文化影响的可能性。因此，栾丰实明确指出，“裴李岗文化是汶泗流域北辛文化的主要来源之一”⑤。其实几乎所有北辛文化遗存中都或多或少包含裴李岗文化因素，连山东半岛的白石类型也不例外⑥。实际上，可能正是在裴李岗文化部分人群东向迁徙的背景下，才促成了后李文化向北辛文化的转变。至于裴李岗文化因素同样常见于附近淮北的安徽濉溪石山子一期类遗

---

① 南阳地区文物队等：《河南方城县大张庄新石器时代遗址》，《考古》1983年第5期。

② 中国社会科学院考古所山东队等：《山东滕县北辛遗址发掘报告》，《考古学报》1984年第2期。

③ 中国社会科学院考古所山东工作队：《山东汶上县东贾柏村新石器时代遗址发掘简报》，《考古》1993年第6期。

④ 山东省文物考古研究所：《大汶口续集——大汶口遗址第二、三次发掘报告》，科学出版社1997年版。

⑤ 栾丰实：《北辛文化研究》，《考古学报》1998年第3期。

⑥ 烟台市文物管理委员会：《山东烟台白石村新石器时代遗址发掘简报》，《考古》1992年第7期。

存[①]，那更是情理之中的事情。

鲁中南、苏北的汶泗流域进入大汶口文化早期以后，墓葬中常见随葬龟甲、獐牙等的习俗，使人们不得不将其与早先的裴李岗文化贾湖类型相联系[②]，甚至二者人群的体质类型也十分接近。而汶泗流域早期大汶口文化又主要是在北辛文化基础上，接受龙虬庄文化强烈北向影响而形成。目前在龙虬庄文化和北辛文化墓葬均未发现随葬龟甲、獐牙的习俗，则贾湖类型这类习俗和早期大汶口文化之间的联系，还当有其他途径。

五

裴李岗文化强盛时对外扩张影响，将渭河流域、汉水上游和黄河中游以北地区与之紧密联系在一起；衰败时又东向迁徙，其文化因素深深渗透到黄河下游和淮北地区文化当中。可以看出，正是由于地处中原核心的裴李岗文化的强大作用，才使黄河流域文化紧密联结在一起，从而于公元前第九千纪形成新石器时代的“黄河流域文化区”；才使黄河下游、汉水上游、淮北甚至长江中游地区文化也与中原文化区发生较多联系，从而形成雏形的“早期中国文化圈”；才使黄河长江流域，尤其是中原地区文化此后的发展有了一个颇具共性的基础——这个基础暗含对中原腹地的一定程度的认同、彼此间的相互默契以及易于交流等多种契机。

（本文原载《中原文物》2009 年第 2 期）

---

① 安徽省文物考古研究所：《安徽濉溪石山子新石器时代遗址》，《考古》1992 年第 3 期。

② 栾丰实：《北辛文化研究》，《考古学报》1998 年第 3 期；河南省文物考古研究所：《舞阳贾湖》，科学出版社 1999 年版，第 539—541 页。

裴李岗时代的“族葬”与祖先崇拜

“族葬”一词出自《周礼·春官·墓大夫》：“掌凡邦墓之地域，为之图。令国民族葬，而掌其禁令；正其位，掌其度数，使皆有私地域。凡争墓地者，听其狱讼。”是说周代墓大夫的职责是管理普通“国民”之“邦墓”，使其各有“私地域”或独立的“墓地”，以实行秩序井然的“族葬”。另据《周礼·春官·冢人》，贵族之墓为“公墓”，由“冢人”管理。这里邦墓和公墓的区分主要在于级别，实质上都是要将基于父系的同族死者葬在同一墓地，也可以从广义上均称之为“族葬”。周代的族葬有明确的制度，属于周礼的重要组成部分，但族葬本身也是周人最重要的习俗之一，即如《周礼·地官·司徒》所说“以本俗六安万民……二曰族坟墓”，“族坟墓”即族葬。从考古发现来看，周代确曾普遍实行族葬，商代也是如此①，再往前从二里头时代、龙山时代倒推到仰韶文化时期，全国大部地区也都流行族葬。但族葬习俗的源头实际可追溯至公元前6000左右的

① 中国社会科学院考古研究所安阳工作队：《1969—1977年殷墟西区墓葬发掘报告》，《考古学报》1979年第1期；杨锡璋：《商代的墓地制度》，《考古》1983年第10期。

裴李岗时代[1]，当为祖先崇拜观念加强的反映。本文对其略作讨论。

一

最早的广义上的族葬，出现于新石器时代中期的黄河和淮河流域。公元前6200—前5000年之间，在裴李岗文化、白家文化和后李文化当中，都开始出现有一定秩序的公共墓地，而以黄河中游和淮河流域裴李岗文化中晚期的公共墓地年代最早、数量最多。

裴李岗文化的公共墓地，有河南新郑裴李岗[2]和沙窝李[3]、新密莪沟[4]、长葛石固[5]、郏县水泉[6]、舞阳贾湖[7]等多处。贾湖遗址多次发掘，已经发现500多座墓葬，人骨保存相对较好，年代延续最长，可分三期，其中早期墓葬和房址没有截然分开，中、晚期有五六片相对独立的公共墓地[8]。其他遗址的公共墓地基本都和贾湖中、晚期相

---

① 本文所说“裴李岗时代”，是和裴李岗文化有一定关系的中国大部地区文化所处的时代，绝对年代在公元前6200—前5000年之间。裴李岗时代的形成，与中原腹地裴李岗文化中、晚期的扩张影响有一定关系（韩建业：《裴李岗文化的迁徙影响与早期中国文化圈的雏形》，《中原文物》2009年第2期）。栾丰实最早使用“裴李岗时代”的概念，用来表示整个裴李岗文化所处的那个时代，陈明辉有专门论述，他们所说“裴李岗时代”与本文意见略有差异（栾丰实：《试论仰韶时代东方与中原的关系》，《考古》1996年第4期；陈明辉：《试论裴李岗文化系统——兼谈中国裴李岗时代的文化格局》，《上山文化论集》，中国文史出版社2018年版，第136—200页。）

② 中国社会科学院考古研究所河南一队：《1979年裴李岗遗址发掘报告》，《考古学报》1984年第1期。

③ 中国社会科学院考古研究所河南一队：《河南新郑沙窝李新石器时代遗址》，《考古》1983年第12期。

④ 河南省博物馆、密县文化馆：《河南密县莪沟北岗新石器时代遗址》，《考古学集刊》第1集，中国社会科学出版社1981年版，第1—26页。

⑤ 河南省文物研究所：《长葛石固遗址发掘报告》，《华夏考古》1987年第1期。

⑥ 中国社会科学院考古研究所河南一队：《河南郏县水泉裴李岗文化遗址》，《考古学报》1995年第1期。

⑦ 河南省文物考古研究所：《舞阳贾湖》，科学出版社1999年版；河南省文物考古研究院、中国科学技术大学科技史与科技考古系：《舞阳贾湖》（二），科学出版社2015年版。

⑧ 贾湖遗址的早、中、晚期，分别是整个裴李岗文化早、中、晚期的代表。韩建业：《早期中国——中国文化圈的形成和发展》，上海古籍出版社2015年版，第31—45页。

当。仔细分析裴李岗文化中、晚期墓葬，可有以下几项认识：

第一，有同族之人的专门墓地。墓葬区位于房屋、灰坑等居址区附近，当属同一群人“聚族而居，聚族而葬”的结果，强调了可能有血缘关系的同族同宗之人生死相依的亲属关系[①]；但居址和墓葬区在平面空间上有所分隔，可能是理性的“生死有别”观念的反映，大概不希望死者的鬼魂打扰活人的世界。

第二，同一墓地或分区分群，或成排成列，有一定空间秩序。可能是为了体现同一氏族（宗族）的人群在亲疏关系、辈分大小等方面的秩序和差别。比如裴李岗的 114 座墓葬，可明显分为东、西二区，东区还可以分为两群，每群墓葬成排成列，有的群中心是一座较大型的早期墓葬——可能是重要先祖墓葬。据分析，裴李岗墓地总共延续了 100 多年，每群墓葬所代表的日常人口数在 10 人左右，相当于一个小家族的规模，而整个墓地所代表的日常人口数最多的时候在 30 人左右，相当于一个小氏族[②]。郏县水泉墓地的 120 座墓葬，同样也是分东、西二区，东区再分为两群，但排列则要整齐得多，每群都有十余排、五六列，反映的人口常数和社会组织结构应该和裴李岗墓地近似。

第三，同一墓地同期墓葬相互间基本不见叠压打破，延续时间越长叠压打破关系越复杂。推测当时地表当有墓葬标记，族人对数十年以内的祖先墓葬及其谱系还有清楚记忆，所以建新墓的时候不会破坏早期墓葬；数十年以上或许标记消失，或许关于族谱的记忆模糊，因此叠压打破越来越多。但同一墓地能够延续一二百年甚至数百年之久，恰好说明族人对远祖的栖息地有着长久的记忆和坚守。比如裴李

---

① 郑玄注《周礼·地官·司徒》“族坟墓”一词，说“族犹类也。同宗者，生相近，死相迫”。

② 戴向明：《裴李岗墓地新探》，《华夏考古》1996 年第 3 期。

岗墓地，每期延续时间被推测在约30—60年，每期墓葬自身之间少见打破关系，墓地总共延续约100多年[①]。郏县水泉的情况类似。贾湖遗址西北区墓葬虽也只有两期（第二、三期），但又可细分为五段，打破关系非常复杂，延续时间或达数百年[②]。

第四，墓葬均为土坑竖穴墓土葬，多为单人一次葬，绝大多数为端正的仰身直肢葬，常以日常用品随葬，同一墓地墓葬头向大体相同。这在一定意义上当是为死去的族人营造地下的“永恒家园”[③]，即“事死如事生”观念的反映。以人骨保存最好的贾湖墓葬来说，一般墓主人双臂紧贴于身侧，有的双手或单手放在腹部，双脚并拢，显然死后有过整理装殓的环节，双脚或有过捆绑。贾湖、水泉等偏南区域的墓地墓主人头向多朝西，中间位置的石固墓地头向朝东，偏北的裴李岗、沙窝李、莪沟等头向朝南，反映小区域葬俗存在细微差异。随葬品一般分两类，一类是随身装饰品，一类是墓室内摆放的陶、石、骨类实用器。

第五，已经出现少数随葬较多特殊器物的大墓，显示族人社会地位有一定程度的分化。比如贾湖墓地M344等大墓，有精美骨规形器、骨板、骨笛、龟甲、绿松石饰等数十件随葬品，龟甲在好几例墓葬当中都是8个一组。龟甲内装石子，或与数卜和象数有关[④]，有的龟甲上有刻符[⑤]，当为类文字符号。这些大墓的主人，绝大多数为成

---

① 戴向明：《裴李岗墓地新探》，《华夏考古》1996年第3期。

② 发掘者所分贾湖第二、三期的绝对年代，约在公元前6600—前5800年之间。见河南省文物考古研究所《舞阳贾湖》，科学出版社1999年版，第518页。

③ 汉代明确存在为墓主人营造地下“永恒家园”的丧葬观念，实际上这种丧葬观念还可一直前溯至新石器时代。参见巫鸿《礼仪中的美术——马王堆再思》，《礼仪中的美术——巫鸿中国古代美术史文编》，生活·读书·新知三联书店2005年版，第110页。

④ 河南省文物考古研究院、中国科学技术大学科技史与科技考古系：《舞阳贾湖》（二），科学出版社2015年版，第511—528页。

⑤ 河南省文物考古研究院、中国科学技术大学科技史与科技考古系：《舞阳贾湖》（二），科学出版社2015年版，第529—539页。

年男性，很可能是天文、历法、卜筮、音乐、医疗兼通的大巫和部落领袖①。

第六，男女随葬品有所不同，儿童实行瓮棺葬。一般男性墓葬随葬斧、锛、铲等木工和挖掘工具，女性随葬石磨盘、石磨棒类食物加工工具，一定程度上体现出“男主外、女主内”的社会自然分工情况。在贾湖等墓地，儿童以陶器为葬具实行所谓瓮棺葬，推测正式墓地须成年死者方可葬入，这或许是现实生活中成年人才享有完整社会权利的反映。

第七，有的墓地有墓祭遗迹。如水泉墓地东、西两区之间的空白地带，有一较大烧土坑，内有石块，可能为针对整个墓地的墓祭遗迹，推测与祭祀整个氏族的先祖有关；在西区中另有一较小烧土坑，内有兽骨，或与祭祀西区家族先祖有关。

黄河上游的白家文化（或大地湾一期文化）族葬墓地，主要发现于陕西临潼白家②、甘肃秦安大地湾③等处。基本情况和裴李岗文化很近似。大地湾一期人骨保存较好的墓葬，墓主人双手交贴于胸前，很是特别。黄河下游的后李文化，也在小荆山遗址发现排列整齐的墓葬④。白家文化是裴李岗文化西进并与当地土著结合的产物⑤，其族葬习俗和裴李岗文化近似很容易理解。后李文化和裴李岗文化交流并不多，二者葬俗的相似，或许有其他渊源关系。

---

① “这些特殊器物似乎与军权、礼制无涉，也不见得与贫富分化有关，却有浓郁的宗教意味，让人联想到卜筮乐医兼通的巫觋形象。”见韩建业《裴李岗文化的迁徙影响与早期中国文化圈的雏形》，《中原文物》2009 年第 2 期。

② 中国社会科学院考古研究所：《临潼白家村》，巴蜀书社 1994 年版。

③ 甘肃省文物考古研究所：《秦安大地湾——新石器时代遗址发掘报告》，文物出版社 2006 年版。

④ 栾丰实：《试论后李文化》，《海岱地区考古研究》，山东大学出版社 1997 年版，第 1—26 页。

⑤ 韩建业：《裴李岗文化的迁徙影响与早期中国文化圈的雏形》，《中原文物》2009 年第 2 期。

二

把眼光放大到整个欧亚大陆，会发现在公元前6000年这么早的时候，其他地区还罕见黄河流域这样典型的土葬族葬习俗。

欧亚大陆至少在10多万年以前已经有了人类丧葬行为，四五万年以后的晚更新世晚期（旧石器时代晚期）至全新世早期（新石器时代早期）发现增多。但这些墓葬多数都是简单掩埋，空间分布也很零散。中国华南1万多年以前就有屈曲严重的蹲踞式屈肢葬①，估计存在肢解和捆绑行为，空间分布看不出明显规律。西亚地区同时期墓葬主要为居室葬②，有些成年人墓葬无头骨，但在居住面上摆放头骨，有的头骨敷泥、眼窝扣贝壳③。另外，中国华北和东北地区虽有万年左右的零星墓葬发现，北京东胡林甚至发现中国最早的仰身直肢葬，但不能确定是否有公共墓地。

公元前6000年前后，长江中游洞庭湖地区的彭头山文化有宽短长方形和不规则形竖穴土坑墓葬，人骨因酸性环境多不存，估计也是和华南一样的屈肢葬。这些墓葬都位于居址区，有的甚至在室内，分布较散乱④，应该存在房屋和墓葬共存的情况。东北地区西辽河流域的兴隆洼文化，既有专门墓地，也有居室葬。专门墓地发现于内蒙古林西白音长汗遗址⑤和辽宁阜新查海遗址⑥。白音长汗遗址属于“二

① 广西壮族自治区文物工作队等：《广西桂林甑皮岩洞穴遗址的试掘》，《考古》1976年第3期。

② 陈星灿：《史前居室葬俗的研究》，《华夏考古》1989年第2期。

③ 杨建华：《两河流域：从农业村落走向城邦国家》，科学出版社2014年版，第50页。

④ 湖南省文物考古研究所：《彭头山与八十垱》，科学出版社2006年版。

⑤ 内蒙古自治区文物考古研究所：《白音长汗——新石器时代遗址发掘报告》，科学出版社2004年版。

⑥ 辽宁省文物考古研究所：《查海——新石器时代聚落遗址发掘报告》，文物出版社2012年版。

期乙类"遗存的两片墓地，位于南部环壕聚落的外面，不排除族葬的可能性，但总共才14座，多屈肢，排列稀疏凌乱。查海聚落中心有10座墓葬，仰身直肢，排列也不整齐，且位于龙形堆石的"腹"下，似乎具有特殊的祭享含义。查海遗址以及内蒙古敖汉旗的兴隆洼[①]、兴隆沟[②]遗址都有居室葬发现，因为数量较少，发掘者推测这只是一种特殊墓葬形式[③]。居室葬更强调逝者和活人的现实联系，难以展现逝者之间的关系和秩序。但无论是居室葬还是室外葬，兴隆洼文化的墓葬和裴李岗文化等墓葬一样，有较规整的长方形竖穴土坑墓，随葬日用陶器、石器等，可见至少也同样存在"入土为安"的丧葬观念。至于东北地区此后大规模公共墓地的流行，既是社会发展的结果，也与黄河流域丧葬传统北上的影响有关。

西亚地区公元前6000年前后的墓葬，多数都是居室内的二次葬或者肢解葬，也有火葬，火化后将人骨放在陶器中埋葬。比如土耳其的恰塔尔·休于[④]、哈吉拉尔[⑤]和伊拉克的梭万[⑥]等遗址，居室葬多位于"神祠"平台下面及附近，多为屈肢葬，尸骨多不甚完整，估计有向神灵奉献的性质。从恰塔尔·休于遗址壁画来看，有鹰啄食人的图像，有的人头已经被啄掉，或许在描述天葬场景。在伊拉克耶里姆2号丘发现火葬遗迹，有专门的火葬灶、火葬罐等[⑦]。推测西亚地区

---

① 中国社会科学院考古研究所内蒙古工作队：《内蒙古敖汉旗兴隆洼聚落遗址1992年发掘简报》，《考古》1997年第1期。

② 中国社会科学院考古研究所内蒙古第一工作队：《内蒙古赤峰市兴隆沟聚落遗址2002—2003年的发掘》，《考古》2004年第7期。

③ 杨虎、刘国祥：《兴隆洼文化居室葬俗及相关问题探讨》，《考古》1997年第1期。

④ J. Mellaart, *Catal Hüyük: A Neolithic Town in Anatolia*, McGraw-Hill, New York, 1967, pp. 204 – 209.

⑤ J. Mellaart, editor, *Excavations at Hacilar* (1), Edinburgh University Press, 1970.

⑥ F. el-Wailly and B. Abu es-Soof, "The Excavations at Tell es-Sawwan: First Preliminary Report (1964)", *Sumer* 21, 1965, pp. 17 – 32.

⑦ N. I. Merpert and R. M. Munchaev, "Early Agricultural Settlement in the Sinjar Plain, Northern Iraq", *Iraq* 35, 1973, pp. 97 – 113.

当时以居室葬、天葬、火葬习俗为主，追求灵魂的净化和升华，和裴李岗等“入土为安”观念有所不同。或许天葬仪式上被鹰类啄食后，会选择部分尸骨奉献给神灵。直到公元前4000年前后，才在西亚、埃及等地开始较多出现族葬墓地。

三

裴李岗文化等将族人墓葬置于特别选择的墓地，有序排列，土葬深埋，装殓齐整，随葬物品，体现出对死者特别的关爱和敬重。公元前6000年左右，由于中原地区的裴李岗文化的强势扩张影响，使得黄河流域大部交融联系在一起，并与长江中游地区文化发生交流，“早期中国文化圈”或文化上的“早期中国”开始萌芽①。在这样的特殊时期，在以裴李岗文化为核心的黄河、淮河流域出现族葬，应当是当时祖先崇拜观念和现实社会秩序显著强化的反映，且应当已经出现对祖先的顽强历史记忆。

裴李岗墓地以第一代先祖为中心安排墓葬，或如水泉墓地那样在中心部位设置祭坑，都是祖先崇拜的明确反映。由于裴李岗文化等缺乏东北地区兴隆洼文化人面形器所代表的偶像崇拜传统，尤其是缺乏西亚地区神庙、神坛、神祠、神像所代表的神祇偶像崇拜传统，可称之为“无偶像祖先崇拜”传统。再往后，裴李岗文化这种祖先崇拜传统流行于仰韶文化、大汶口文化，并影响至中国新石器时代大部分文化。黄河流域的无偶像祖先崇拜还传承至夏、商，至西周形成严格的宗法制度或宗族制度，并延续至近代。

裴李岗文化等族葬墓地分区分组，可能对应现实中不同层级的社

---

① 韩建业：《裴李岗文化的迁徙影响与早期中国文化圈的雏形》，《中原文物》2009年第2期。

会组织。以裴李岗和水泉墓地来说，都至少有群、区和墓地三个层次，可能对应家庭、家族、氏族三级社会组织。族葬墓地还有排、列，或许与辈分和性别等有关。随葬品既有男女之分，而且随葬较多特殊品的也多为男性，说明不但远近亲疏分层、长幼男女有序，而且一些宗教领袖的地位已经很突出。这种十分注重秩序的社会发展到公元前4000年前后的庙底沟时代，出现了最早的礼制，形成"中原模式"，并一直发展延续到西周甚至以后。

裴李岗文化等能够短期内有序安排族人墓葬，并长期（数百年之久）坚持在一个墓地（祖坟墓）埋葬，体现出对祖先的顽强历史记忆，可能也为后世子孙在这块地方长期耕种生活提供了正当理由和"合法性"。这种历史记忆传统延续至新石器时代晚期以至于夏、商、周三代。因此，祖先的谱系传说在传世文献和出土文献材料占据核心位置，后世的家谱、墓志，也都着意追溯先祖——尤其是最远端的祖宗。需要强调的是，中国悠久发达的历史记述传统，应当主要源于以黄河流域华夏族团为核心的祖先历史记忆。不管后来社会怎样重组，政权如何变幻，但这种基于祖先崇拜的"根文化"依然长久延续①，裴李岗时代得以强化的祖先崇拜实际上成为古代中国"有中心多支一体"文化格局数千年连续发展的关键原因。

（本文原载《华夏考古》2021年第2期）

① 刘庆柱：《中华文明五千年不断裂特点的考古学阐释》，《中国社会科学》2019年第12期。

庙底沟时代与“早期中国”

仰韶文化东庄—庙底沟类型时期，中国大部地区的考古学文化文化首次交融联系形成以中原为核心的文化共同体，这个文化共同体所处的新时代即为本文所谓“庙底沟时代”①。仰韶文化庙底沟类型实力强盛且对外产生很大影响，这已基本成为学术界的共识。早在1965年，苏秉琦就注意到庙底沟类型“对远方邻境地区发生很大影响”②。此后严文明指出“庙底沟期是一个相当繁盛的时期，这一方面表现在它内部各地方类型融合和一体化的趋势加强，另一方面则表现在对外部文化影响的加强”③。张忠培认为此时是“相对统一的时期”④，庙底沟类型（或西阴文化）对周围同期考古学文化产生了积极作用⑤。王仁湘称庙底沟期的彩陶扩展是“史前中国的艺术浪

① “庙底沟时代”是与“龙山时代”相对应的概念。见严文明《龙山文化和龙山时代》，《文物》1981年第6期。

② 苏秉琦：《关于仰韶文化的若干问题》，《考古学报》1965年第1期。

③ 严文明：《略论仰韶文化的起源和发展阶段》，《仰韶文化研究》，文物出版社1989年版，第122—165页。

④ 张忠培：《关于内蒙古东部地区考古的几个问题》，《内蒙古东部区考古学文化研究文集》，海洋出版社1991年版，第3—8页。

⑤ 张忠培：《仰韶时代——史前社会的繁荣与向文明社会的转变》，《文物季刊》1997年第1期。

潮”①。在前人研究的基础上，本文试图论证，庙底沟时代是在东庄—庙底沟类型的强力扩张影响下形成，该时代的到来标志着“早期中国文化圈”或文化上“早期中国”的形成。

一

仰韶文化东庄类型和庙底沟类型主要分布在晋西南和豫西地区，时当新石器时代晚期，其绝对年代大约在公元前4200—3500年②。

东庄类型以山西芮城东庄村仰韶文化遗存③和翼城北橄一、二期④为代表，时代介于半坡类型和庙底沟类型之间⑤，绝对年代约在公元前4200—4000年。东庄类型是在当地仰韶文化枣园类型的基础上，接受东进的半坡类型的强烈影响而形成⑥。具体来说，其钵、盆、罐、瓮等主要陶器兼具枣园类型和半坡类型的特点，尖底瓶的雏形双唇口为仰韶文化枣园类型内折唇口和半坡类型杯形口的结合（图一，1—3）；杯形口尖底瓶和雏形双唇口尖底瓶的尖底特征，绳纹和宽带纹（图二，1、2）、三角纹、菱形纹、鱼纹等黑彩，以及头骨和肢骨成堆摆放的二次葬等特征⑦，都来自半坡类型；素面壶、鼎，尖底瓶的瘦长特征，墓葬基本不见随葬品的质朴习俗等，基于枣园类

① 王仁湘：《史前中国的艺术浪潮——庙底沟文化彩陶研究》，文物出版社2011年版。

② 严文明：《略论仰韶文化的起源和发展阶段》，《仰韶文化研究》，文物出版社1989年版，第122—165页。

③ 中国科学院考古研究所山西工作队：《山西芮城东庄村和西王村遗址的发掘》，《考古学报》1973年第1期。

④ 山西省考古研究所：《山西翼城北橄遗址发掘报告》，《文物季刊》1993年第4期。

⑤ 张忠培、严文明：《三里桥仰韶遗存的文化性质与年代》，《考古》1964年第6期。

⑥ 田建文、薛新民、杨林中：《晋南地区新石器时期考古学文化的新认识》，《文物季刊》1992年第2期；山西省考古研究所：《山西翼城北橄遗址发掘报告》，《文物季刊》1993年第4期。

⑦ 陕西华县元君庙墓地一期就流行摆放成仰身直肢葬式的二次葬，二期以后流行头骨和肢骨成堆摆放的二次葬（北京大学历史系考古教研室：《元君庙仰韶墓地》，文物出版社1983年版），这两种二次葬之间当存在演化关系。元君庙一、二期属于半坡类型早期，相对年代略早于北橄一期。

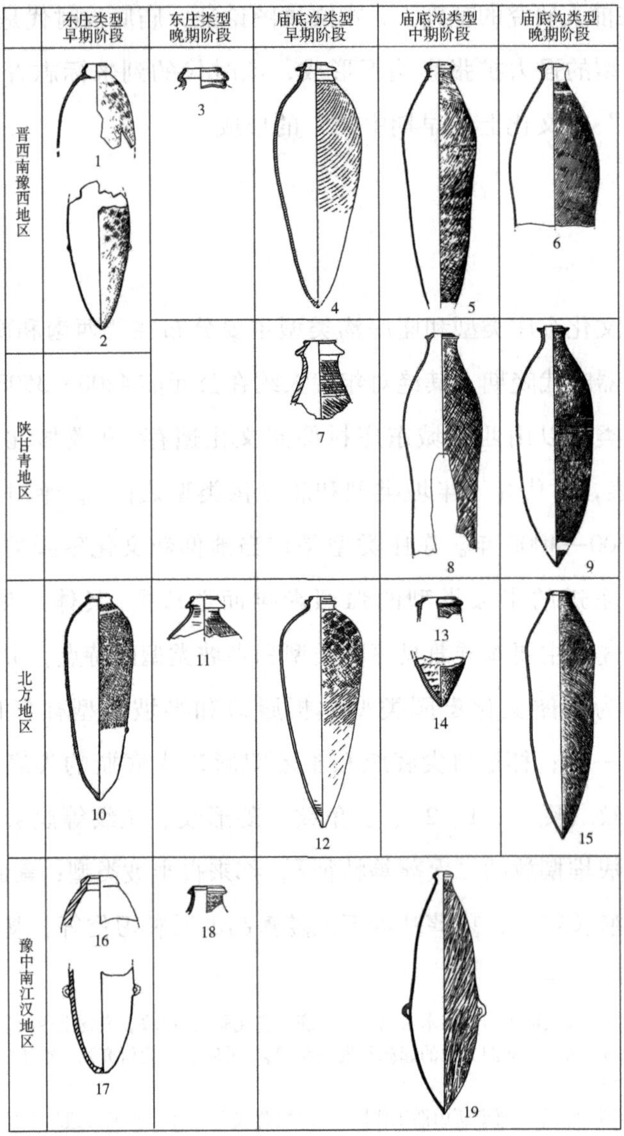

图一　庙底沟时代各地区的陶双唇口小口尖底瓶

1—3. 仰韶文化东庄类型（北橄 H34∶27、5、ⅡT1302④∶6）　4—6. 仰韶文化庙底沟类型（南交口 H90∶1、西阴 G1∶28、西坡 H110∶5）　7—9. 仰韶文化泉护类型（大地湾 T704③∶P50、案板 GNDH24∶7、福临堡 H37∶8）　10—15. 仰韶文化白泥窑子类型（白泥窑子 F1∶1，王墓山坡下ⅠF1∶21、ⅠF11∶13，段家庄 H3∶15、27，杨家坪 F1∶3）　16、17. 仰韶文化大河村类型（大河村 T56⑯∶27、28）　18. 大溪文化（关庙山 T63⑤A∶27）　19. 仰韶文化阎村类型（水地河 W1∶2）

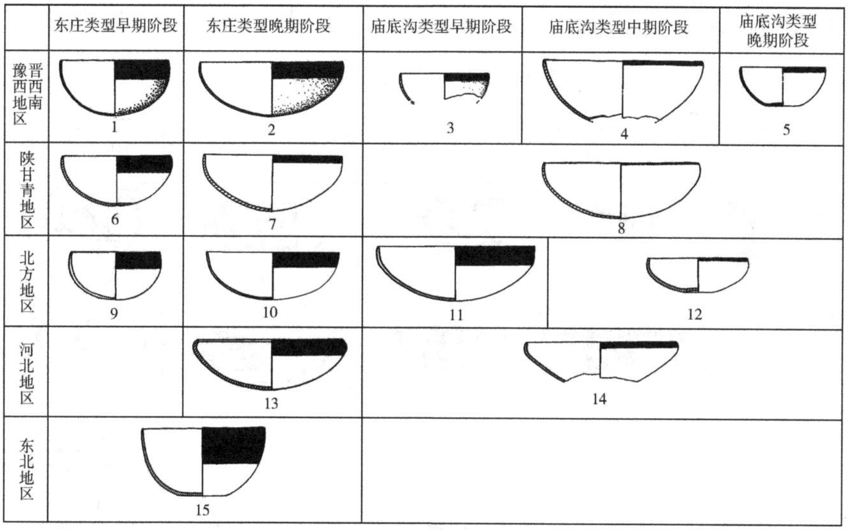
东庄类型早期阶段
东庄类型晚期阶段
庙底沟类型早期阶段
庙底沟类型中期阶段
庙底沟类型晚期阶段
晋西豫西南地区
陕甘青地区
北方地区
河北地区
东北地区
1
2
3
4
5
6
7
8
9
10
11
12
13
14
15

图二　庙底沟时代各地区的陶黑彩带纹钵

1、2. 仰韶文化东庄类型（北橄 H34∶20、H32∶2）　3—5. 仰韶文化庙底沟类型（北橄Ⅱ T402③∶2，西阴 H33∶54、H30∶9）　6、7. 仰韶文化史家类型（原子头 H126∶1、大地湾 T302③∶21）　8. 仰韶文化泉护类型（大地湾 F709∶1）　9—12. 仰韶文化白泥窑子类型（白泥窑子 F1∶11，王墓山坡下Ⅰ H1∶4、Ⅰ F6∶13，段家庄 H3∶5）　13，仰韶文化后岗类型（南杨庄 T40②∶1）　14. 仰韶文化钓鱼台类型（钓鱼台 H1）　15. 红山文化（西水泉 T7②∶20）

型；葫芦形瓶、火种炉以及豆荚纹、花瓣纹等彩陶纹饰（图三，1、2）则为新创。总体看，来自半坡类型的影响巨大，甚至从某种程度上可视其为半坡类型的关东变体①。其大口勾鋬罐的勾鋬呈鸟首状，暗示该类型或许有崇拜鸟的习俗。东庄类型大致可以细分为两期，早期以北橄一期为代表，尖底瓶无颈且雏形双唇口的下唇不突出；晚期以北橄二期为代表，尖底瓶出颈且雏形双唇口的下唇较突出。同属东庄类型的豫西陕县三里桥仰韶遗存②、三门峡南交口仰韶文化一期

① 严文明：《论半坡类型和庙底沟类型》，《考古与文物》1980 年第 1 期；戴向明：《试论庙底沟文化的起源》，《青果集——吉林大学考古系建系十周年纪念文集》，知识出版社 1998 年版，第 18—26 页。

② 中国科学院考古研究所：《庙底沟与三里桥》，科学出版社 1959 年版。

等①，仅见杯形口尖底瓶而不见雏形双唇口尖底瓶，也不见火种炉，推测东庄类型的核心当不在豫西而在晋西南地区。

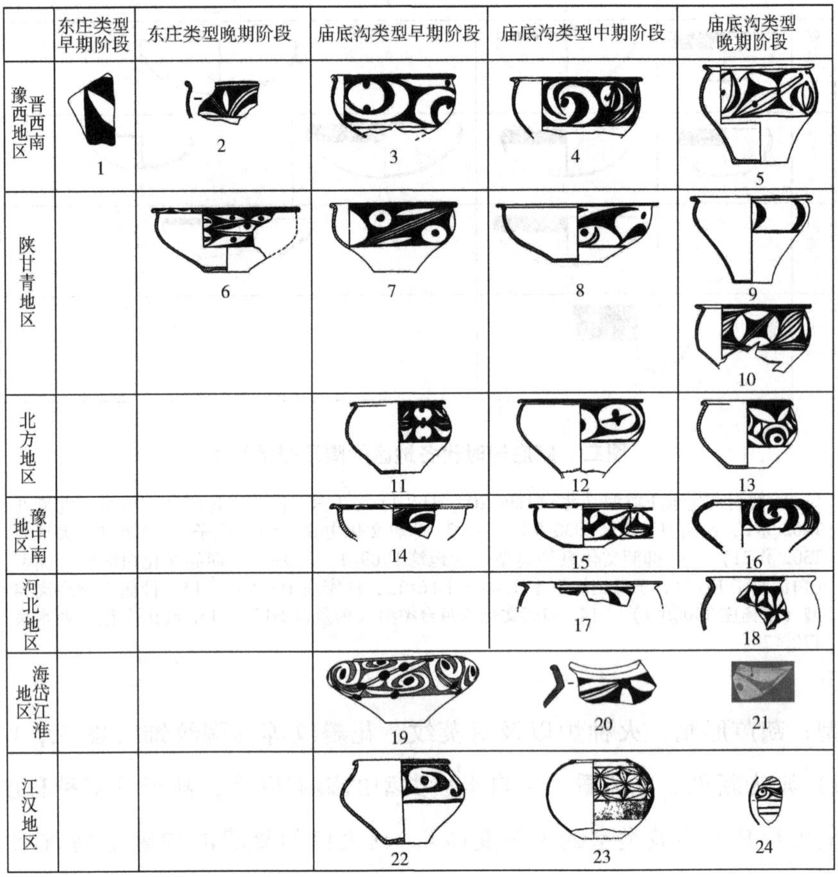

图三　庙底沟时代各地区的花瓣纹彩陶盆

1、2. 仰韶文化东庄类型（北橄 H38∶11、东庄 H104∶1∶01）　3—5. 仰韶文化庙底沟类型（北橄 T8⑨∶1，西阴 H33∶7、H30∶63）　6. 仰韶文化史家类型（原子头 H42∶1）　7—10. 仰韶文化泉护类型（大地湾 T700③∶19，泉护 H5∶192、H1127∶871，胡李家 H14∶2）　11—13. 仰韶文化白泥窑子类型（章毛勿素 F1∶4、段家庄 H3∶07、白泥窑子 A 点 F2∶2）　14—16. 仰韶文化阎村类型（大河村 T1⑥D∶113、点军台 F3∶7、大河村 T11⑤A∶83）　17、18. 仰韶文化钓鱼台类型（南杨庄 H108∶1、钓鱼台 T4②）　19. 大汶口文化（刘林 M72∶1）　20、21. 崧泽文化（青墩下文化层、草鞋山 T304∶6）　22—24. 大溪文化（螺蛳山 1 号墓，关庙山 T37④∶9、T4③∶9）

① 河南省文物考古研究所：《三门峡南交口》，科学出版社 2009 年版。

庙底沟类型以河南陕县庙底沟一期为代表①，绝对年代约在公元前4000—3500年（下限或许更晚），总体是在东庄类型基础上的继续发展，新出的直领釜和灶等陶器则体现出来自郑洛地区的影响。该类型流行鸟纹彩陶，见有鸟形鼎、灶、器盖等。庙底沟类型大致可以分为3期，北橄三、四期和南交口仰韶文化二期早段代表早期，庙底沟遗址一期和西阴村庙底沟类型主体遗存②代表中期，西坡墓葬和H110代表晚期③。小口尖底瓶先是上唇圆翘、下唇突出下垂而成为真正的双唇口，然后双唇逐渐尖平，最后上唇几乎消失而变为近于喇叭口，器底则由尖向钝变化（图一，4—6）；葫芦形瓶上部由斜弧向斜直转变，最后变为颈部出棱近似喇叭口。钵和宽沿盆由浅弧腹向深曲腹发展，罐、瓮的腹部由矮弧向深直演变，器鋬和附加堆纹越来越常见。彩陶中花瓣纹逐渐繁复，最后又趋于简化（图三，3—5），钵口沿先是由宽带纹变为窄带纹，最后彩带基本消失（图二，3—5）。就级别甚高的西坡墓地来看，至少晚期时庙底沟类型的核心已转移至豫西。

东庄类型形成以后，就以其极具活力的姿态迅速拓展；庙底沟类型青出于蓝而胜于蓝，进一步扩张影响。

二

东庄类型和庙底沟类型向周围邻近地区的扩张影响，造成仰韶文

① 中国科学院考古研究所：《庙底沟与三里桥》，科学出版社1959年版。

② 李济：《西阴村史前的遗存》，清华学校研究院丛书第三种1927年版；山西省考古研究所：《西阴村史前遗存第二次发掘》，《三晋考古》第二辑，山西人民出版社1996年版，第1—62页。

③ 河南省文物考古研究所、中国社会科学院考古研究所河南一队等：《河南灵宝市西坡遗址2001年春发掘简报》，《华夏考古》2002年第2期；中国社会科学院考古研究所、河南省文物考古研究所：《灵宝西坡墓地》，文物出版社2010年版。

化的“庙底沟化”和空前统一局势。

东庄类型一经形成，就迅速反馈影响关中地区，使半坡类型进入晚期亦即史家类型阶段①。陕西渭南史家墓葬②、临潼姜寨二期③等史家类型遗存，总体上继承半坡类型早期而有所发展，如钵、盆类器向尖圜底、折腹方向转变，小口尖底瓶、细颈壶变小退化等；但不少则为东庄类型因素，如葫芦形瓶以及彩陶中的花瓣纹、豆荚纹等。考虑到半坡类型尚鱼，而东庄类型崇鸟，则此时新出的鸟鱼合体纹不啻为半坡类型和东庄类型融合的象征④。这次文化浪潮还一直延伸到关中西部乃至于甘肃中东部，形成陕西陇县原子头仰韶一、二期遗存⑤、甘肃秦安大地湾第二期遗存等⑥（图二，6、7；图三，6），西北可能已延伸至河西走廊东缘⑦，只是这些西部遗存流行仰身直肢葬而基本不见东部的多人二次合葬，双腹耳罐、双腹耳钵、葫芦口小口尖底瓶、人头形口平底瓶等也具有一定地方特点。庙底沟类型向西影响更加强烈，使得关中和甘肃东部由史家类型发展为泉护类型，如陕西华县泉护一期⑧、白水下河一期⑨、扶风案板一期⑩、宝鸡福临堡

① 王小庆：《论仰韶文化史家类型》，《考古学报》1993年第4期。

② 西安半坡博物馆、渭南县文化馆：《陕西渭南史家新石器时代遗址》，《考古》1978年第1期。

③ 半坡博物馆、陕西省考古研究所、临潼县博物馆：《姜寨——新石器时代遗址发掘报告》，文物出版社1988年版。

④ 赵春青：《从鱼鸟相战到鱼鸟相融——仰韶文化鱼鸟彩陶图试析》，《中原文物》2000年第2期。

⑤ 宝鸡市考古工作队、陕西省考古研究所：《陇县原子头》，文物出版社2005年版。

⑥ 甘肃省文物考古研究所：《秦安大地湾——新石器时代遗址发掘报告》，文物出版社2006年版。

⑦ 在甘肃古浪三角城遗址曾采集到1件史家类型阶段的细黑彩带圜底钵。见甘肃省文物考古研究所、北京大学考古文博学院《河西走廊史前考古调查报告》第65页图三五，1，文物出版社2011年版，第65页。

⑧ 北京大学考古学系：《华县泉护村》，科学出版社2003年版。

⑨ 王炜林、张鹏程：《陕西白水下河新石器时代遗址》，《2010中国重要考古发现》，文物出版社2011年版，第18—20页。

⑩ 西北大学文博学院考古专业：《扶风案板遗址发掘报告》，科学出版社2002年版。

一、二期[①]、甘肃省秦安大地湾第三期等，花瓣纹、鸟纹彩陶和双唇口小口尖底瓶（图一，7—9；图二，8；图三，7—9）等典型因素和庙底沟类型大同小异，区别只在鼎较少等细节方面。类似遗存还向西北扩展至青海东部[②]和宁夏南部[③]，西南达陇南至川西北[④]，偏晚阶段彩陶明显繁缛化（图三，10），与关中东部逐渐简化的趋势正好相反，反映核心区和“边远地区”逐渐分道扬镳。至于汉中地区的陕西汉阴阮家坝、紫阳马家营等遗存[⑤]，流行釜形鼎而与泉护类型有所不同，当受到过晋南豫西核心区文化的直接影响。

东庄类型同时北向深刻影响晋中北、内蒙古中南部、陕北北部和冀西北——狭义的北方地区，形成仰韶文化白泥窑子类型和马家小村类型[⑥]。内蒙古中南部至陕北北部此前分布着仰韶文化鲁家坡类型和石虎山类型，一定程度上可视为后岗类型和半坡类型的融合体，此时却变为白泥窑子类型，早、晚期分别以内蒙古清水河白泥窑子 C 点 F1[⑦] 和凉城王墓山坡下第 1 段[⑧]遗存为代表，新出雏形双唇口小口尖底瓶（图一，10、11）和火种炉，钵、盆流行宽带纹（图二，9、10）和花瓣纹黑彩装饰，显然与东庄类型因素的大量涌入有关；甚至早、

① 宝鸡市考古工作队、陕西省考古研究所宝鸡工作队：《宝鸡福临堡——新石器时代遗址发掘报告》，文物出版社 1993 年版。

② 青海省文物考古队：《青海民和阳洼坡遗址试掘简报》，《考古》1984 年第 1 期；中国社会科学院考古研究所甘青工作队、青海省文物考古研究所：《青海民和县胡李家遗址的发掘》，《考古》2001 年第 1 期。

③ 北京大学考古实习队等：《隆德页河子新石器时代遗址发掘报告》，《考古学研究》（三），科学出版社 1997 年版，第 158—195 页。

④ 北京大学考古学系、甘肃省文物考古研究所：《甘肃武都县大李家坪新石器时代遗址发掘报告》，《考古学集刊》第 13 集，中国大百科全书出版社 2000 年版，第 1—36 页；成都文物考古研究所等：《四川茂县波西遗址 2002 年的试掘》，《成都考古发现（2004）》，科学出版社 2006 年版，第 1—12 页。

⑤ 陕西省考古研究所等：《陕南考古报告集》，三秦出版社 1994 年版。

⑥ 韩建业：《中国北方地区新石器时代文化研究》，文物出版社 2003 年版。

⑦ 崔璿、斯琴：《内蒙古清水河白泥窑子 C、J 点发掘简报》，《考古》1988 年第 2 期。

⑧ 内蒙古文物考古研究所等：《岱海考古（三）——仰韶文化遗址发掘报告集》，科学出版社 2003 年版。

晚期的尖底瓶口特征正好与北橄一、二期对应，充分显示其与晋西南亦步亦趋的关系。但白泥窑子类型缺乏鼎、釜、灶等，花瓣纹彩陶也较简单，仍体现出一定的地方特色。晋北和冀西北此前属后岗类型，此时则演变为地方特征浓厚的以山西大同马家小村遗存为代表的马家小村类型①，宽带纹和花瓣纹彩陶少而简单，小口尖底瓶个别卷沿外附加一圈泥条似双唇口，多数为单圆唇直口。至庙底沟类型早、中期，晋中北和冀西北文化面貌已与庙底沟类型基本相同②，而内蒙古中南部仍更多延续此前的风格（图一，12—15；图二，11、12；图三，11—13）。庙底沟类型晚期，由于红山文化的南下影响，冀西北孕育出最早的雪山一期文化③，岱海地区形成装饰较多红彩的王墓山坡下第3段遗存，北方地区文化与晋西南的关系日渐疏远。

东庄类型同样东南—南向对河南中南部及鄂北产生很大影响。郑洛及以南地区，此前为大河村前二期类遗存④，此时则转变为大河村类型遗存，新出雏形双唇口小口尖底瓶（图一，16、17）⑤ 和花瓣纹、豆荚纹黑彩等东庄类型因素，但流行釜形鼎、崇尚素面和红彩带等仍为当地传统的延续，小口折腹釜形鼎的出现当为北辛文化影响的结果，豆、杯等则体现与江淮地区的文化联系。豫西南和鄂西北地区，此前为仰韶文化大张庄类型⑥，此时则发展为以河南淅川下王岗二期下层⑦、

---

① 山西省考古研究所、大同市博物馆：《山西大同马家小村新石器时代遗址》，《文物季刊》1992年第3期。

② 如山西汾阳段家庄H3、柳林杨家坪F1（国家文物局、山西省考古研究所、吉林大学考古学系：《晋中考古》，文物出版社1999年版）、河北蔚县三关F3（张家口考古队：《1979年蔚县新石器时代考古的主要收获》，《考古》1981年第2期）等，只是仍少见鼎。

③ 以河北平山中贾壁遗存为代表。见滹沱河考古队《河北滹沱河流域考古调查与试掘》，《考古》1993年第4期；韩建业《论雪山一期文化》，《华夏考古》2003年第4期。

④ 郑州市文物考古研究所：《郑州大河村》，科学出版社2001年版。

⑤ 《郑州大河村》将其划分为M型罐。

⑥ 南阳地区文物队等：《河南方城县大张庄新石器时代遗址》，《考古》1983年第5期。

⑦ 河南省文物研究所等：《淅川下王岗》，文物出版社1989年版。

邓州八里岗 M53[①] 为代表的下王岗类型，新出宽带纹、豆荚纹、花瓣纹黑彩和多人二次葬等东庄类型因素，小口尖底瓶则多为杯形口。庙底沟类型的影响更加深入，花瓣纹彩陶成为这些地区的典型因素（图三，14—16），双唇口小口尖底瓶（图一，19）和葫芦形瓶也见于各地，只是距离豫西越远越少。但地方性特征仍然浓厚，郑洛地区的河南汝州阎村、郑州大河村一、二期、荥阳点军台一期[②]、巩义水地河三、四期[③]类遗存，小口尖底瓶更多为矮杯形口，浅腹釜形鼎发达，常在白衣上兼施黑、红彩，流行成人瓮棺葬，被称为仰韶文化阎村类型[④]。豫西南和鄂西北地区仍为下王岗类型的延续，以下王岗二期中、上层为代表，扩展至鄂西北的郧县、枣阳、随州一带[⑤]，流行圆腹釜形鼎，小口尖底瓶多为杯形口，彩陶黑、红、白搭配。偏晚阶段接受大汶口文化、大溪文化和崧泽文化影响，出现太阳纹、“互”字纹等彩陶图案，豆、杯、圈足碗、附杯圈足盘等陶器增多，与晋西南豫西核心区的差异逐渐增大。

东庄类型向太行山以东的影响最小，仅在河北正定南杨庄三期[⑥]、永年石北口中期四段和晚期的 H52 等遗存中，见有少量黑彩宽带钵（图二，13）、凹折沿绳纹罐和旋纹罐等东庄类型因素[⑦]，

---

① 北京大学考古实习队、河南省南阳市文物研究所：《河南邓州八里岗遗址发掘简报》，《文物》1998 年第 9 期。

② 郑州市博物馆：《荥阳点军台遗址 1980 年发掘报告》，《中原文物》1982 年第 4 期。

③ 张松林、刘彦锋、刘洪淼：《河南巩义水地河遗址发掘简报》，《郑州文物考古与研究》（一），科学出版社 2003 年版，第 220—254 页。

④ 严文明：《略论仰韶文化的起源和发展阶段》，《仰韶文化研究》，文物出版社 1989 年版，第 122—165 页；袁广阔：《阎村类型研究》，《考古学报》1996 年第 3 期。

⑤ 以郧县大寺 H98、枣阳雕龙碑第一期为代表，见湖北省文物考古研究所、湖北省文物局南水北调办公室《湖北郧县大寺遗址 2006 年发掘简报》，《考古》2008 年第 4 期；中国社会科学院考古研究所《枣阳雕龙碑》，科学出版社 2006 年版。

⑥ 河北省文物研究所：《正定南杨庄——新石器时代遗址发掘报告》，科学出版社 2003 年版。

⑦ 河北省文物研究所、邯郸地区文物管理所：《永年县石北口遗址发掘报告》，《河北省考古文集》，东方出版社 1998 年版，第 46—105 页。

这当与后岗类型的顽强抵制有关。公元前4000年左右庙底沟类型正式形成之后，其与后岗类型的对峙局面终于宣告结束。这时除磁县钓鱼台、正定南杨庄四期为代表的少量与庙底沟类型近似的钓鱼台类型遗存外（图二，14；图三，17、18）[①]，河北平原大部呈现出文化萧条景象，或许与庙底沟类型进入太行山以东引起的激烈战争有关。这也从另外一个侧面见证了庙底沟类型强势扩张的剧烈程度。

三

东庄类型和庙底沟类型对仰韶文化区以外的东北、东部沿海和长江中游地区都产生了较为深远的影响。

（一）东北地区

东庄类型和庙底沟类型东北向的影响渗透，导致了西辽河流域红山文化的兴盛。

约公元前4200年以前，东北西辽河流域分布着以内蒙古敖汉旗小山遗存为代表的晚期赵宝沟文化[②]和以赤峰魏家窝铺遗存为代表的初期红山文化，其中已经渗透进仰韶文化下潘汪类型和后岗类型的泥质红陶钵、盆类因素。东庄类型形成后向北方强烈影响，形成仰韶文化白泥窑子类型和马家小村类型，其中前者已扩展至内蒙古锡林郭勒盟境，后者到达冀西北[③]。这两个类型继续东北向强力渗透的

① 严文明：《略论仰韶文化的起源和发展阶段》，《仰韶文化研究》，文物出版社1989年版，第122—165页。

② 中国社会科学院考古研究所内蒙古工作队：《内蒙古敖汉旗小山遗址》，《考古》1987年第6期。

③ 以河北蔚县三关F4为代表。张家口考古队：《1979年蔚县新石器时代考古的主要收获》，《考古》1981年第2期。

结果，就是使西辽河流域的赵宝沟文化转变为以内蒙古赤峰蜘蛛山T1③[①]、西水泉H2[②]为代表的早期红山文化，面貌焕然一新，出现大量装饰黑彩的泥质红陶钵、盆、壶类，尤其宽带纹黑彩钵明确为东庄类型因素（图二，15）。庙底沟类型继续东北向施加影响，不但在冀西北地区留下蔚县三关F3那样与其很类似的遗存，而且使得以敖汉旗三道湾子H1[③]、赤峰西水泉F13为代表的中期红山文化开始流行涡纹彩陶，那实际上是花瓣纹彩的变体。

苏秉琦先生曾以“华山玫瑰燕山龙”的诗句，对中原和东北这种文化联系进行了高度概括。他指出花瓣纹等仰韶文化因素正是从华山脚下开始，经由晋南、北方地区而至于东北地区，并说红山文化“是北方与中原两大文化区系在大凌河上游互相碰撞、聚变的产物”[④]。但到以辽宁凌源牛河梁主体遗存为代表的红山文化晚期[⑤]，红山文化已经开始反向对仰韶文化产生较大影响[⑥]。

（二）东部沿海地区

东庄类型和庙底沟类型向东部沿海地区的扩张影响，使海岱地区刚诞生的大汶口文化的面貌发生一定程度的改观，刺激了江淮和江浙地区文化的“崧泽化”进程，并促进了中国东部区“鼎豆壶杯鬶（盉）文化系统”的形成。

大约公元前4100年，在江淮地区龙虬庄文化北向渗透的背景之

---

① 中国社会科学院考古研究所内蒙古工作队：《赤峰蜘蛛山遗址的发掘》，《考古学报》1979年第2期。

② 中国社会科学院考古研究所内蒙古工作队：《赤峰西水泉红山文化遗址》，《考古学报》1982年第2期。

③ 辽宁省博物馆、昭乌达盟文物工作站、敖汉旗文化馆：《辽宁敖汉旗小河沿三种原始文化的发现》，《文物》1977年第12期。

④ 苏秉琦：《中华文明的新曙光》，《东南文化》1988年第5期。

⑤ 辽宁省文物考古研究所：《辽宁凌源市牛河梁遗址第五地点1998—1999年度的发掘》，《文物》2001年第8期。

⑥ 韩建业：《晚期红山文化南向影响的三个层次》，《文物研究》第十六辑，黄山书社2009年版，第61—66页。

下，海岱地区增加了杯、豆、盉等崭新因素，从而由北辛文化发展为以山东泰安大汶口 H2003 为代表的最早期的大汶口文化[①]，东庄类型因素仅表现在兖州王因 M2558 那样的多人二次合葬方面[②]。约公元前4000 年以后，庙底沟类型的影响显著增强，在大汶口、王因等早期大汶口文化遗存中，除多人二次合葬外，突然新增较多花瓣纹彩陶以及敛口鼓肩深腹彩陶钵、宽折沿彩陶盆等庙底沟类型因素（图三，19），这使得大汶口文化的面貌发生了一定程度的改观。不过从其彩陶的黑、红、白组合，以及钵敛口较甚等情况来看，与阎村类型更为接近，说明庙底沟类型间接通过阎村类型对大汶口文化产生影响。

约公元前 4100 年以前，江淮地区为龙虬庄文化一期[③]或类似遗存[④]，江浙地区为马家浜文化；之后在马家浜文化向崧泽文化转变的同时，还出现北阴阳营文化、薛家岗文化、龙虬庄文化二期等与崧泽文化大同小异的遗存，本文暂称这些类似遗存的形成为“崧泽化”过程。这些遗存普遍新出小口鼓腹鼎，有的肩部还饰多周旋纹，当为受到庙底沟类型和阎村类型小口折腹釜形鼎的影响所致。安徽肥西古埂早期 H2[⑤]、江苏海安青墩下文化层[⑥]、吴县草鞋山 T304[⑦] 等所见的花瓣纹彩陶（图三，20、21），以及龙虬庄二期 M141 的葫芦形瓶等，

① 山东省文物考古研究所：《大汶口续集——大汶口遗址第二、三次发掘报告》，科学出版社 1997 年版；韩建业：《龙虬庄文化的北上与大汶口文化的形成》，《江汉考古》2011 年第 1 期。

② 中国社会科学院考古研究所：《山东王因——新石器时代遗址发掘报告》，科学出版社 2000 年版。

③ 龙虬庄遗址考古队：《龙虬庄——江淮东部新石器时代遗址发掘报告》，科学出版社 1999 年版。

④ 例如江苏高淳薛城遗址早期、江苏金坛三星村一期遗存等。南京市文物局、南京市博物馆、高淳县文管所：《江苏高淳县薛城新石器时代遗址发掘简报》，《考古》2000 年第 5 期；江苏省三星村联合考古队：《江苏金坛三星村新石器时代遗址》，《文物》2004 年第 2 期。

⑤ 安徽省文物考古研究所：《安徽肥西县古埂新石器时代遗址》，《考古》1985 年第 7 期。

⑥ 南京博物院：《江苏海安青墩遗址》，《考古学报》1983 年第 2 期。

⑦ 南京博物院：《吴县草鞋山遗址》，《文物资料丛刊》（3），文物出版社 1980 年版，第 1—24 页。

都更明确为庙底沟类型因素。由此推测东庄—庙底沟类型尤其是后者的影响在这次“崧泽化”进程中起到重要刺激作用。

（三）长江中游地区

东庄类型和庙底沟类型还向长江中游地区顽强渗透，不但为其增添了新的文化内容，而且使其文化活力大为增强。

约公元前4200年，长江中游地区文化可分为两个系统。汉江以东的湖北钟祥边畈类遗存①，流行高锥足釜形鼎、红顶钵、盆等，实际与豫西南和鄂北地区的下王岗一期遗存近似，大致属于仰韶文化系统；而在汉江以西则是以湖北枝江关庙山大溪文化一期②、湖南澧县城头山一期③为代表的早期大溪文化，流行釜、折腹钵、圈足碗等陶器。稍后约公元前4100年，大溪文化向东渗透，为汉江东部地区增加了大量圈足盘、圈足碗等器类，使其形成大溪文化油子岭类型④；与此同时，东庄类型的花瓣纹彩陶、雏形口小口尖底瓶（图一，18）、小口鼓腹旋纹鼎等因素也进入汉江两岸，见于关庙山二期、城头山二期等遗存。此时大溪文化中新出现的薄胎彩陶杯，也不排除是受到仰韶文化彩陶影响而产生。

庙底沟类型对长江中游大溪文化的影响更加深入，其典型因素花瓣纹、鸟纹彩陶装饰和多人二次葬，均发现于湖北宜昌中堡岛新石器时代Ⅰ期⑤、关庙山大溪文化三期（图三，23、24）、四川巫山大溪遗存等当中⑥，在湖北黄冈螺蛳山M1甚至还随葬庙底沟类型风格的

---

① 张绪球：《汉江东部地区新石器时代文化初论》，《考古与文物》1987年第4期。

② 中国社会科学院考古研究所湖北工作队：《湖北枝江县关庙山新石器时代遗址发掘简报》，《考古》1981年第4期；中国社会科学院考古研究所湖北工作队：《湖北枝江关庙山遗址第二次发掘》，《考古》1983年第1期。

③ 湖南省文物考古研究所：《澧县城头山——新石器时代遗址发掘报告》，文物出版社2007年版。

④ 张绪球：《长江中游新石器时代文化概论》，湖北科学技术出版社1992年版。

⑤ 国家文物局三峡考古队：《朝天嘴与中堡岛》，文物出版社2001年版。

⑥ 四川省博物馆：《巫山大溪遗址第三次发掘》，《考古学报》1981年第4期。

彩陶鼓腹盆[①]（图三，22）。通过这种交流影响，大溪文化进入蓬勃发展时期。

四

总体来看，由于公元前4000年前后仰韶文化东庄—庙底沟类型从晋南和豫西核心区向外强力扩张影响，使得中国大部地区文化交融联系形成相对的文化共同体[②]。其空间结构自内而外至少可以分为3个层次。核心区在晋西南豫西及关中东部，即仰韶文化东庄类型—庙底沟类型分布区及泉护类型东部，最具代表性的花瓣纹彩陶线条流畅，设色典雅；双唇口小口尖底瓶、折腹釜形鼎等典型器造型规整大气。向外是主体区即黄河中游地区（南侧还包括汉水上中游、淮河上游等），也就是除核心区之外的整个仰韶文化分布区，花瓣纹彩陶造型因地略异，线条迟滞，其中偏东部彩陶多色搭配；西北部多双唇口小口尖底瓶而少鼎，东南部少双唇口小口尖底瓶而多鼎，也体现出区域性差异。再向外是边缘区即黄河下游、长江中下游和东北等仰韶文化的邻境地区，时见正宗或变体花瓣纹彩陶，以及黑彩带钵、折腹釜形鼎、双唇口小口尖底瓶、葫芦形瓶等。这个三层次结构共同体初定于东庄类型，成熟于庙底沟类型，是一个延续达六七百年的相对稳定的文化共同体，其所处的时代构成庙底沟时代。这一文化共同体与东北亚地区的筒形罐文化系统、华南地区的釜文化系统在边缘地带略有交叉，但总体自成系统（图四）。

庙底沟时代是社会开始走向分化的时代，稍后铜石并用时代的

---

① 中国科学院考古研究所湖北发掘队：《湖北黄冈螺蛳山遗址的探掘》，《考古》1962年第7期。

② 张光直：《中国相互作用圈与文明的形成》，《庆祝苏秉琦考古五十五年论文集》，文物出版社1989年版，第1—23页。此文早已提出公元前4000年前开始形成“中国相互作用圈”。

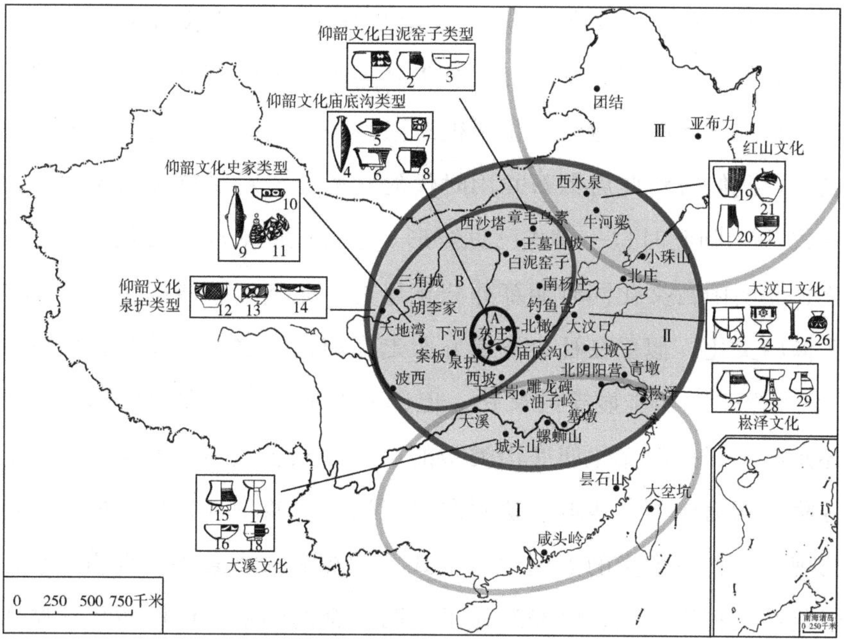

图四　庙底沟时代“早期中国”三层次文化结构图

Ⅰ. 釜—圈足盘—豆文化系统　Ⅱ. 早期中国文化圈　Ⅲ. 筒形罐文化系统
A. 核心区　B. 主体区　C. 边缘区

1、7、12、13. 盆（章毛乌素 F1:4、庙底沟 H11:75、胡李家 T1②:1、H14:2）　2、8、20. 罐（章毛乌素 F1:2、庙底沟 H322:66、蜘蛛山 T1③:47）　3、10、14、16、22. 钵（章毛乌素 F1:6、大地湾 T1③:1、胡李家 T1004②B:3、城头山 H210:3、西水泉 H4:2）　4、9、11. 瓶（庙底沟 T203:43、大地湾 F2:14、QD0:19）　5. 釜（庙底沟 H12:112）　6. 灶（庙底沟 H47:34）　15、23、27. 鼎（城头山 M665:2、大汶口 M1013:5、崧泽 M10:3）　17、24、28. 豆（城头山 M678:4、大汶口 M2005:49、崧泽 M30:4）　18、25. 杯（城头山 M679:3、大汶口 M2002:8）　19. 筒形罐（西水泉 F13:31）　21、26、29. 壶（西水泉 H2:21、大汶口 M1013:2、崧泽 M30:3）（均为陶器）

社会变革和复杂化趋势都于此开端。具体来说，东庄类型和庙底沟类型早、中期，核心区和主体区农业生产工具爪镰和石铲大增，表明农业有长足发展；作为专门武器的穿孔石钺已经少量出现，或许已经具有军权象征意义①，暗示战争在社会中的作用越来越重要。聚

① 河南汝州阎村遗址发现的“鹳鱼石斧图”，其“斧”身似有穿孔，当为石钺，此图或可称为“鹳鱼钺图”。严文明认为此斧（或钺）当为军权的象征（严文明：《〈鹳鱼石斧图〉跋》，《文物》1981 年第 12 期）。

落房屋大小有别，成排分布①，社会秩序井然，显示当时已有较为强有力的社会组织管理能力。至于其墓葬少见随葬品，一方面说明其贫富分化和社会地位分化还很有限，一方面也是社会平实质朴的表现。我们曾将此后铜石并用时代的此类社会发展模式称为“中原模式”②，则此时这一模式已见雏形。边缘区的大汶口文化、崧泽文化、北阴阳营文化同时期墓葬分化显著，尤其玉石器制作水平远高于仰韶文化，似乎在社会发展方面走在前面，这也是其社会发展的“东方模式”初步显露的反映。但归根结底，这些文化的迅猛发展还是离不开仰韶文化庙底沟类型的启发。到庙底沟类型晚期，核心区附近的河南灵宝西坡、陕西白水下河、陕西华县泉护等遗址已经出现二三百平方米的大型“宫殿式”房屋和大型墓葬，表明社会已经复杂到相当程度，已经站在了文明社会的门槛，但西坡大墓阔大特殊而一般仅随葬少量明器，重贵轻富，井然有礼，严于生死之分，仍体现“中原模式”的质朴习俗。而东部诸文化——大汶口文化、崧泽文化、北阴阳营文化、薛家岗文化、红山文化等，贫富分化、社会地位分化和手工业分化则愈加显著，“东方模式”的特点越来越明显。

庙底沟时代这个三层次的文化共同体，与商代政治地理的三层次结构竟有惊人的相似之处③。这一共同体无论在地理还是文化上，都为夏商乃至于秦汉以后的中国奠定了基础，因此可以称为“早期中国文化圈”，或者文化上的“早期中国”，简称“早期

---

① 以内蒙古凉城王墓山坡下Ⅰ聚落为代表，最大的F7居于最高处，其余房屋成排分布。见内蒙古文物考古研究所等《岱海考古（三）——仰韶文化遗址发掘报告集》，科学出版社2003年版。

② 韩建业：《略论中国铜石并用时代社会发展的一般趋势和不同模式》，《古代文明》第2卷，2003年版，第84—96页。

③ 宋新潮：《殷商文化区域研究》，陕西人民出版社1991年版。

中国”[1]。究其原因，中原东庄类型—庙底沟类型的崛起，大约与距今6000年前后全新世适宜期最佳的水热条件有关。而其强力扩张影响乃至于形成庙底沟时代，则得益于中原所处“天下之中”的特殊地理位置。

（本文原载《考古》2012年第3期）

① 其实质与严文明所说“重瓣花朵式的格局”（《中国史前文化的统一性与多样性》，《文物》1987年第3期）含义近同，与张光直提出的“中国相互作用圈”（《中国相互作用圈与文明的形成》，《庆祝苏秉琦考古五十五年论文集》，文物出版社1989年版，第1—23页）和苏秉琦所说“共识的中国”（《中国文明起源新探》，生活·读书·新知三联书店1999年版，第161页）也相近。

大汶口墓地分析

对中国文明起源的讨论已经成为目前学术界的热门话题，而讨论的焦点最后又往往集中在对近几年一些重大考古发现的认识上，比如大地湾的房子，龙山时代的城，良渚、陶寺的大墓，红山的“庙、坛、冢”，如此等等。但正如严文明先生所言，这些讨论就事论事者多，全面考察者鲜①。一方面，只有对中国新石器时代进行全面考察，才能置各个大发现于恰当的位置而不至于失之偏颇；《略论中国文明的起源》便是这样一项全面考察工作的总构思②。另一方面，也只有对各个重要遗址进行一番深入细致的剖析，才可望最大限度地挖掘出其中所包含的重要信息，得出较为符合实际的结论。本文拟以对大汶口墓地的分析为例，试图对大汶口文化晚期社会组织结构方面发生的巨大变化作些尝试性的论证，以期对中国文明起源的进程有点较为直观的理解。

大汶口墓地位于山东省泰安县和宁阳县交界处。该墓地随葬物品非常丰富，大小墓之间差别明显，故报告一出版便引起了学术界的普

① 严文明：《略论中国文明的起源》，《文物》1992 年第 1 期。

② 严文明：《略论中国文明的起源》，《文物》1992 年第 1 期。

遍重视，曾一度对它进行过热烈的讨论，产生了一些共识①。近些年，伴随着对中国文明起源的讨论，许多人多次在论文和讨论会上提及或论及它②。《大汶口——新石器时代墓葬发掘报告》（以下简称《报告》）出版于 1974 年。该报告选材全面合理，文后附有详尽的《墓葬登记表》（见《报告》表十三），是一部难得的优秀之作。本文即以《报告》为基础，对该墓地从范围、布局、年代分期、人口结构及其反映的社会状况等五个方面进行分析③。

一　墓地范围

据《报告》，大汶口遗址范围相当大，1959 年发掘的 133 座墓只是其中的一部分。就发掘部分看，墓葬多集中在发掘区的西半部，尤以西南部最为密集。绝大多数墓葬集中在一个长约 100、宽约 30 米的范围内。从《墓葬分布图》（见《报告》图二）看，M120 以南 10 米处只有一座空墓 M92；M14、M126 和 M117 以东 10—15 米处没有墓葬；M64 以北已发掘到边；唯西面 M128、M130、M131 三墓同其他墓葬有一段距离，但并不足以影响该墓地的相对完整性。1974 年又再次对大汶口遗址进行了发掘，发现了一批较早的墓葬，进一步证明 1959 年发掘的墓地基本上是一个相对完整、独立的墓地，它周围的墓葬在时代上要早于它④。

大汶口墓地保存较好。由于修筑铁路，墓地表土被挖去了 0. 5—1 米深，已经弄不清楚大部分墓葬原来从地表到墓口的深度，这就存

① 山东大学历史系考古教研室：《大汶口文化讨论文集》，齐鲁书社 1981 年版。

② 参见白云翔等整理《中国文明起源座谈纪要》，《考古》1989 年第 12 期；《中国文明起源研讨会纪要》，《考古》1992 年第 6 期。

③ 韩建业：《墓葬的考古学研究——理论与方法论探讨》，《东南文化》1992 年第 3、4 期。

④ 山东省博物馆：《谈谈大汶口文化》，《文物》1978 年第 4 期。

在个别浅墓被挖掉的可能性。比如一些小墓，像 M70、M76、M96、M118 和 M133 等，残存深度仅 0.1 米，如果还有比这些小墓更浅的墓葬，就可能被破坏掉。但大部分墓葬残存深度在 0.5—1 米之间，而且 M70 等几墓已经属于最小的墓，所以即使有被破坏掉的墓，其数目也必定不多，不会对我们的下一步分析产生多大影响。

二　年代分期

《报告》将大汶口墓地的墓葬分为早、中、晚三期，基本上是符合实际情况的，但要以此为基点进行墓地布局、人口等方面的分析，这种分法尚有过于粗略之憾；而且有些型式也有分得不尽合理之处，需要对其进行一些必要的调整。山东省博物馆的同志将大汶口文化分为十一期（段），该墓地墓葬属于其中的第五至九期：其第五、六期相当于《报告》的早期，第八、九期相当于晚期，第七期相当于中期。这种分法比较细致，但论述过于简略，我们无从知道每一座墓的期属情况①。此外还有一些分期文章，不过都是着眼于整个大汶口文化；就大汶口墓地来说，并没有突破前两种分期方案②。

本文将在《报告》所分型式的基础上，对一些主要陶器的型式依据插图和图版加以调整，并对墓地进一步进行分期。但由于大部分器物没有插图或图版，故难以对其一一订正。

大汶口墓地随葬陶器中数量最多而发展序列较清楚的是鼎；鬶、背壶和高柄杯虽然数量不算太多，但演变轨迹清楚，也具有分期意义。豆、宽肩壶、深腹罐、盉和瓶等器物在分期时也具有一定的参考

① 山东省博物馆：《谈谈大汶口文化》，《文物》1978 年第 4 期。

② 参见高广仁《试论大汶口文化的分期》，《考古学报》1978 年第 4 期；吴汝祚《论大汶口文化的类型与分期》，《考古学报》1982 年第 3 期。

价值。其余各类器物或者演变序列不清，如无鼻壶、圆腹罐、尊等；或者数量极少，如缸（《报告》作“盔形器”）、盆、钵、匜和觚形杯（《报告》作“器座”）等，在分期中意义不是太大。

鼎　数量最多。在89座墓葬中出现，占墓葬总数的70%。《报告》将其分为折腹鼎、圆腹鼎和其他类鼎三类。其中其他类鼎又分为十式，其实是十型，各三数件，分期意义不大。下面只将原折腹鼎和圆腹鼎调整为两型。

A型　即《报告》折腹鼎和Ⅰ式圆腹鼎。均为夹砂陶，折腹。又可分六式。

Ⅰ式　即原Ⅰ式圆腹鼎。敛口，窄折沿，腹微折，圜底或小平底，上半部磨光施红陶衣，如M106∶7即是。

Ⅱ式　即原Ⅰ、Ⅱ式折腹鼎。窄平沿，圜底或小平底，折棱位于器身中部。器身上半部磨光施红陶衣，如M54∶20即是。

Ⅲ式　即原Ⅲ式折腹鼎。窄平沿，小平底，折棱偏下。部分在折腹脊棱之上施红陶衣，如M110∶10即是。

Ⅳ式　即原Ⅳ、Ⅵ式折腹鼎。沿较宽，平底，折棱靠下并接近底部，部分在器身上半部施红陶衣，如M22∶4即是。

Ⅴ式　即原Ⅴ、Ⅶ、Ⅷ式折腹鼎。宽沿向外斜折，大平底，折棱近底部，足上端有一两个按窝，如M16∶3即是。

Ⅵ式　即原Ⅹ式折腹鼎。宽折沿或宽弧沿，器身上半部明显内凹，大平底，如M117∶53即是。

以上各式鼎所属墓葬的地层关系有：

M9（Ⅳ）→M23（Ⅲ）

M10（Ⅵ）→M26（Ⅱ）

M15（Ⅳ）→M33（Ⅲ）

M54（Ⅱ、Ⅲ）→M58（Ⅰ）

这些地层关系包括了本文所分除Ⅴ式以外的其余各式鼎，符合从Ⅰ式到Ⅵ式的演变顺序。

B型　即《报告》Ⅱ至Ⅴ式圆腹鼎。均为夹砂红陶，圆腹。又可分为两式。

Ⅰ式　即原Ⅱ式圆腹鼎。敛口，卷沿，小平底，如M73:9即是。

Ⅱ式　即原Ⅲ—Ⅴ式圆腹鼎。折沿较宽，大平底，足上有按窝，如M47:43即是。

BⅠ、BⅡ式鼎之间无直接的地层关系，只是BⅠ式鼎多与AⅢ式鼎共存，BⅡ式鼎多与AⅤ、AⅥ式鼎共存。因此BⅠ式鼎可能早于BⅡ式鼎。

鬶　《报告》分无足鬶、实足鬶和空足鬶三类。其中无足鬶仅一件。现将实足和空足鬶分别定为A型和B型。

A型　实足。又可分两式。

Ⅰ式　即原Ⅰ—Ⅲ式实足鬶。器身如壶，颈细长，小平底，如M13:12即是。

Ⅱ式　即原Ⅳ式实足鬶。短颈较粗，偏于腹背一侧，圜底，如M36:1即是。

B型　袋足。按《报告》所分三式为是。

几种鬶之间无直接的地层关系。但AⅠ式鬶常与AⅡ、AⅢ式鼎共存，AⅡ式鬶也有同AⅣ式鼎共存的情况；BⅠ、BⅡ式鬶常与AⅤ式鼎共存，BⅢ式鬶常同AⅥ式鼎共存。再参考西夏侯、大墩子和野店等地的材料，可知鬶的发展顺序是：AⅠ→AⅡ→BⅠ、BⅡ→BⅢ。

背壶　《报告》所分五式基本符合实际情况。原Ⅰ、Ⅱ式彩陶背壶分别同Ⅰ、Ⅴ式背壶形态相近，可分别归入其中。因为Ⅰ、Ⅱ式背壶常与AⅠ、AⅡ式鼎共存，Ⅲ式背壶与AⅢ、AⅣ式鼎共存，Ⅳ、Ⅴ式背壶常同AⅤ、AⅥ式鼎共存，故背壶可能有从Ⅰ式到Ⅴ式的发展顺序。

豆 《报告》分罐式盘豆、大镂孔豆、细柄豆、双层盘豆及筒形豆五类。其中罐式盘豆数量不多，序列不清，故不以其作为分期的参照物。以下将其他几类调整为四型。

A型 原大镂孔豆。可分两式。

Ⅰ式 原Ⅰ甲、Ⅰ乙、Ⅱ甲、Ⅱ乙及Ⅲ式大镂孔豆。形体较大，镂孔多而整齐，豆盘径大于豆柄径，如M12∶24即是。

Ⅱ式 原Ⅳ式大镂孔豆。形体小，镂孔少而凌乱，盘径小于柄径，如M54∶15即是。

这两式豆所属墓葬的地层关系有：

M54（Ⅱ）→M58（Ⅰ）

M78（Ⅰ）→M129（Ⅰ）

再从共存关系看，AⅠ式豆常与AⅡ、AⅢ式鼎共存，AⅡ式豆与AⅢ、AⅣ鼎共存。故可能有从Ⅰ式到Ⅱ式的发展序列。

B型 原细柄豆。原Ⅱ式共4件有插图或图版，其中M118∶2、M9∶2同Ⅰ式的M107∶4近似，而M123∶5、M47∶付12则与之明显不同，应区别对待。该型可分五式。

Ⅰ式 即原Ⅰ式细柄豆。直口或敞口，深盘矮圈足，如M107∶4即是。

Ⅱ式 原Ⅱ式细柄豆中M118∶2、M9∶2一类。唇边内卷，浅盘，柄部多有镂孔。

Ⅲ式 原Ⅳ式细柄豆，敞口双腹。如M100∶6即是。

Ⅳ式 原Ⅲ式细柄豆及Ⅱ式中M123∶5、M47∶付12一类。敞口，柄高直，下端呈喇叭状。

Ⅴ式 原Ⅴ式细柄豆及Ⅱ式双层盘豆。敞口浅盘，圈足下部起台座，如M25∶30即是。

B 型豆的地层关系只有 M123（Ⅳ）→M124（Ⅲ）一组。从共存关系看，基本没有与 AⅠ—AⅢ式鼎共存者；BⅡ—BⅣ式豆与 AⅣ—AⅥ式鼎共存，BⅤ式豆与 AⅥ式鼎共存。看来 B 型豆大致有从Ⅰ到Ⅴ式的发展序列。

C 型　原筒形豆。只在 4 座墓中出土，与 AⅤ、AⅥ式鼎共存。

D 型　原Ⅰ式双层盘豆。只出于两座墓中，与 AⅤ、AⅥ式鼎共存。

高柄杯　可分三型。

A 型　高喇叭形圈足，厚胎。又分五式。

Ⅰ式　原Ⅱ式。口微敛，小窄沿，圈足较矮，如 M49∶6 即是。

Ⅱ式　原Ⅴ式中的 M67∶11 一类。敞口，折沿，浅腹，柄较粗。

Ⅲ式　原Ⅴ式中 M5∶3 及Ⅵ式中 M3∶7、M47∶21 一类。口沿平折，杯腹较大，细高柄。

Ⅳ式　原Ⅵ式中 M10∶45 一类。细柄，薄胎。

Ⅴ式　原Ⅶ式。瘦高，腹、柄分界不显，多有盖，制作粗糙，如 M25∶43 即是。

B 型　原Ⅷ式。磨光黑陶，胎很薄，深腹，空心镂孔细柄，均有通心器盖，如 M10∶9 即是。

C 型　矮体。可分两式。

Ⅰ式　原Ⅲ式及Ⅳ式中 M98∶19 一类，空心柄。

Ⅱ式　原Ⅳ式中 M105∶3、M4∶2 一类，实心柄。

所有高柄杯均无直接的地层关系。从共存关系看，均不与 AⅠ、AⅡ式鼎共存。其中 AⅠ、AⅡ、CⅠ式高柄杯常与 AⅣ式鼎共存，AⅢ、AⅣ、CⅡ高柄杯与 AⅤ式鼎共存，AⅤ、B 型高柄杯只与 AⅥ式鼎共存。如此，高柄杯则可能有如下的发展序列：

AⅠ、AⅡ、CⅠ→AⅢ、AⅣ、CⅡ→AⅤ、B

盉　《报告》分平底盉和三足盉，原地层关系有 M10（平Ⅴ、三Ⅱ）→M26（平Ⅵ）一组，顺序颠倒。调整后分两型：

A型　原平底盉。又分四式。

Ⅰ式　原Ⅱ式。深腹较高，如M129∶3即是。

Ⅱ式　原Ⅰ式及Ⅵ式中M26∶4一类，也包括彩陶盉。腹较浅，宽大于高。

Ⅲ式　原Ⅲ、Ⅳ式。扁圆腹更浅，如M4∶43即是。

Ⅳ式　原Ⅴ式。下腹内收，如M10∶10即是。

B型　原三足盉。以《报告》两式为准。

调整以后，便有地层关系M10（AⅣ、BⅡ）→M26（AⅡ）；而且AⅠ、AⅡ式盉常与AⅡ、AⅢ式鼎共存，AⅢ式盉与AⅣ、AⅤ式鼎共存；AⅣ式盉仅一见，与AⅥ式鼎共存；BⅠ式盉与AⅢ式鼎、BⅡ式盉与AV、AⅥ式鼎共存，因此，盉的发展顺序大致符合式别顺序。

此外，宽肩壶只与AⅤ、AⅥ式鼎共存，且有一组地层关系M123（Ⅳ）→M124（Ⅱ）。瓶也只同AⅤ、AⅥ式鼎共存。

根据鼎等陶器的演变序列及其共存关系，可将这些墓葬分为六段（组）（表一）：

表一　　大汶口墓地各段器物组合表

期	段　器类／型	鼎	鬶		背壶	豆				高柄杯			盉	宽肩壶
		A	A	B		A	B	C	D	A	B	C	A	
第三期	第六段	Ⅵ		Ⅲ	Ⅳ、Ⅴ		Ⅳ、Ⅴ	√	√	Ⅴ	√		Ⅳ	√
第二期	第五段	Ⅴ		Ⅰ、Ⅱ	Ⅳ、Ⅴ		Ⅲ	√	√	Ⅲ、Ⅳ		Ⅱ	Ⅲ	√
	第四段	Ⅳ	Ⅱ		Ⅲ	Ⅱ	Ⅲ			Ⅰ、Ⅱ		Ⅰ	Ⅲ	
第一期	第三段	Ⅲ	Ⅰ		Ⅲ	Ⅰ、Ⅱ	Ⅱ						Ⅰ、Ⅱ	
	第二段	Ⅱ	Ⅰ		Ⅰ、Ⅱ	Ⅰ	Ⅰ						Ⅰ、Ⅱ	
	第一段	Ⅰ			Ⅰ、Ⅱ									

第一段：有 M21、M51、M56、M58、M82、M106、M107 共 7 座。

第二段：有 M8、M12、M20、M26、M38、M59、M66、M87、M99、M111 共 10 座。

第三段：有 M6、M7、M13、M18、M19、M23、M28、M29、M32、M33、M35、M42、M45、M49、M53、M54、M55、M76、M78、M81、M86、M88、M90、M91、M94、M102、M103、M109、M110、M112、M118、M129 和 M130，加上 M36、M44、M46、M93、M96 和 M97，共是 39 座。考察地层关系，被第三段墓打破的墓有 3 座：M31、M61 和 M62，当不会晚于第三段，具体段属不明。

此外，还有一些墓只能大致归入一至三段，但难以确定其具体段属。这些墓是 M11、M14、M27、M30、M34、M41、M43、M48、M52、M63、M65、M69、M71、M73、M79、M80、M84、M85、M89、M101、M108、M114、M115、M116、M119、M120、M131、M132，共 28 座。

第四段：只有 M9、M22 和 M98 等 3 座。

第五段：有 M1—M5、M15、M16、M17、M24、M47、M67、M75、M100、M104、M105、M121—M125 共 20 座。

第六段：有 M10、M25、M60、M64、M72、M77、M117、M126、M127 共 9 座。

以上六段式分法的主要依据是 A 型鼎。如果参以其他器物分为三期，则演变规律显得更清楚一些。如背壶Ⅰ、Ⅱ式见于第一、二段，Ⅲ式见于第三、四段，Ⅳ、Ⅴ式见于第五、六段；A 型盉的情况与此类似。第一、二、三段为第一期，第四、五段为第二期，第六段为第三期[①]。这样，可以分期的墓葬共是 119 座，一、二、三期分别为 87、23 和 9 座。还有 15 座墓由于无随葬品或未随葬陶器，又无

① 第一期相当于《报告》的大部分早期墓及部分中期墓，第二期相当于《报告》的部分中、晚期墓，第三期相当于部分晚期墓。

地层关系，故无法分期；不过从布局上看，似多应属于第一期（图一、二）。

三　空间布局

对墓地空间布局的观察必须在分期的基础上进行。从墓葬分布图（图一、二）上看，各期墓葬均有成片分布的现象。为谨慎起见，这里主要考虑明显集结的情况；对于较零散的墓葬一般不勉强归入某一区。下面我们将一期墓地划为四个墓区（见图一）。

（1）北一区　M13 以北为北一区，不包括东端的 M14。

（2）北二区　M40 以北、M48 以南为北二区。又可分两个墓群：M56 以西、M42 以东为第一墓群；M37、M39、M40 和 M50 这四座未分期的墓较整齐地排列在其西部边缘，大约亦属于该墓群。M51、M55、M65、M84 及未分期的 M57 为第二墓群。

（3）南二区　M20 以北、北二区以南为南二区。又可分为三个墓群。

（4）南一区　M120 以北、南二区以南为南一区。可分四个墓群：西北部 M27 至 M71 为第一墓群；M87 以东、M112 以西为第二墓群，北缘的未分期墓 M74 亦应属该墓群；M129 以南、M101 以北为第三墓群，位于南一区中心；M101 以南为第四墓群。

二期墓数量较少，大致可分三个墓区：M5 以南、M3、M17 以北为北区，M47 或可归入此区；南部 M105 等 8 座墓为南区；中部的 M24、M75 和 M98 也可勉强算作一区，为中区（见图二）。

三期墓也可分三区：M64、M72 和 M10 为北区，M25、M60 和 M77 为中区，M117、M127、M126 为南区。这三区在空间上区分得最清楚（见图二）。

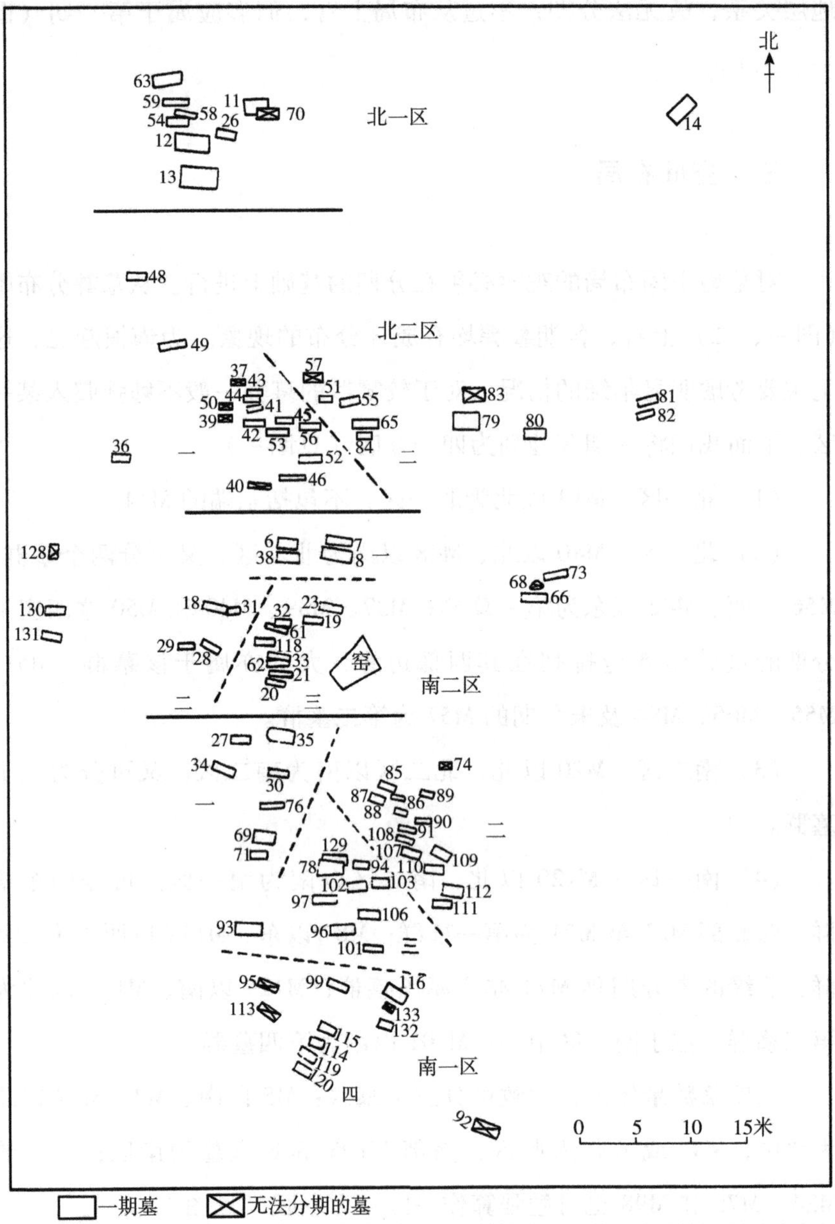

图一　墓葬分布图（一）

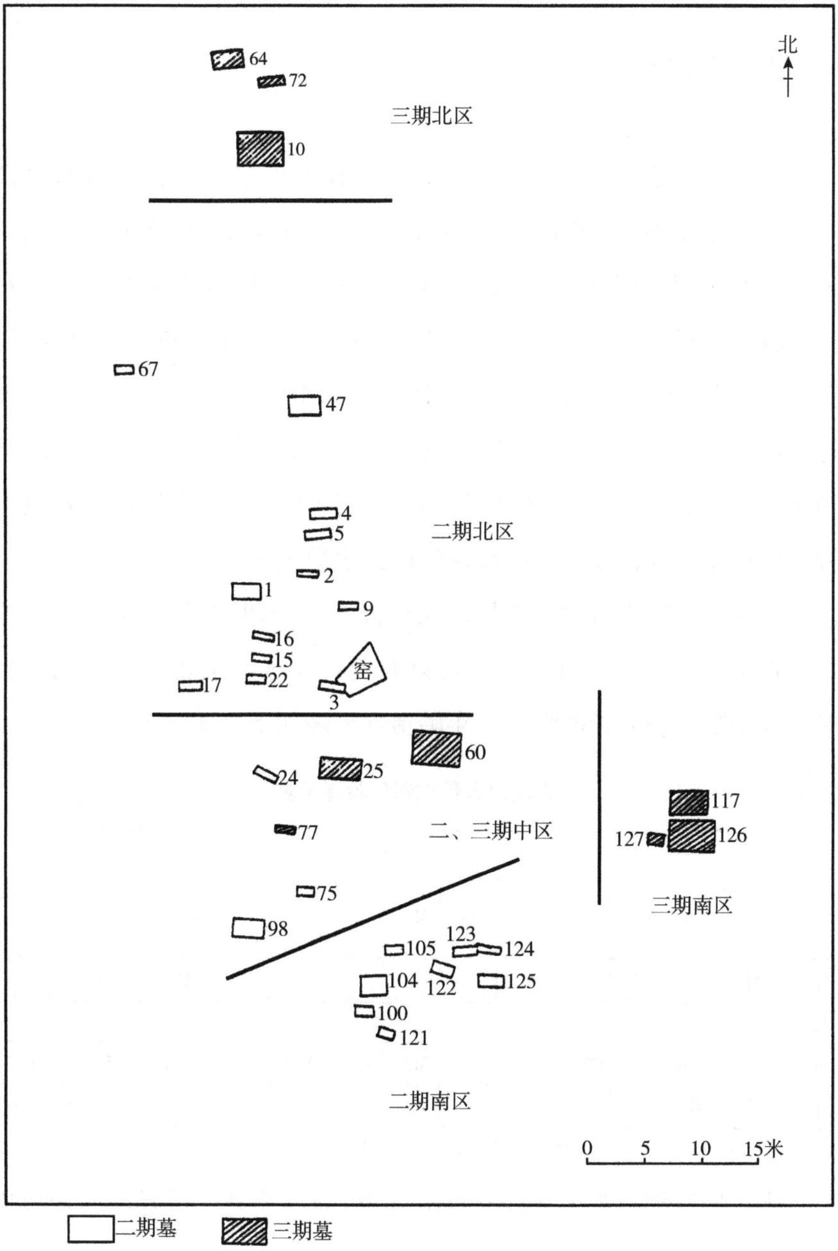
北
64
72
三期北区
10
67
47
4
5
二期北区
2
1
9
16
15
窑
17
22
3
60
24
25
117
77
二、三期中区
127
126
75
三期南区
98
123
105
124
104
122
125
100
121
二期南区
0 5 10 15米
二期墓
三期墓

图二 墓葬分布图（二）

四　人口统计

大汶口墓地的133座墓中，128座有人骨架，而且大多保存良好。据鉴定者颜訚先生讲，“由墓葬中取出并运回可供研究的有代表79个个体的头骨和体骨”①，但发表的几组鉴定数据略有不同。在《大汶口新石器时代人骨的研究报告》中，其《性别和年龄分析表》所列经鉴定人骨为37具，男19女18；同文的《大汶口新石器组人骨年龄》表所列为男女各17人②；而《报告》中则为男18女21共39人。但因为只有《大汶口新石器组人骨年龄》表中给出了各墓死者的年龄和性别，故以下的计算仅以此表数据为准。

大汶口墓地所跨时间较长，人口分析宜分期进行③。但由于经鉴定人骨中第三期仅1例，第二期只6例，故这里主要讨论一期的情况。现将第一期人骨的性别、年龄情况列表如下（表二）。

表二　　　　大汶口人骨性别年龄鉴定表

性别	男													
墓号	M13	M34	M35	M59	M73	M91	M99	M107	M108	M111南	M112			
年龄	壮	中	壮	中	壮	中	中	中	中	中	老			
性别	女													
墓号	M7	M28	M30	M35A	M35B	M55	M57	M82	M85	M102	M111	M115	M130	M131
年龄	中	壮	中	壮	中	中	壮	壮	老	中	中	中	壮	中

注：壮年（21—35岁），中年（36—55岁），老年（56—75岁）。

表二中所列均为成人标本。由《报告》《墓葬登记表》中还可以

① 颜訚：《大汶口新石器时代人骨的研究报告》，《考古学报》1972年第1期。

② 颜訚：《大汶口新石器时代人骨的研究报告》，《考古学报》1972年第1期。

③ 参见夏鼐《碳-14测定年代和大汶口文化》，《大汶口文化讨论文集》，齐鲁书社1981年版。

知道，在这128具人骨中有几具为儿童骨骼，占总数的8.6%。婴儿死者则仅有1例（M28）。这里孩童死者的比例显然低于正常水平①。这可能是不在此埋葬婴儿的缘故②。从西夏侯遗址两次发掘的情况看，其婴儿死者比率占到21.3%，儿童也有10.6%（表三）。当然，这个比例仍有些偏低。

表三　　　　西夏侯遗址人骨性别年龄统计表

遗址＼人数＼年龄	婴儿（0—3）	儿童（4—12）	青年（13—20）	壮年（21—35）	中年（36—55）	老年（56—75）
西夏侯第一次发掘	5	1	2	5	11	3
西夏侯第二次发掘	5	4	1	6	4	0

注：表三数据出自：颜訚：《西夏侯新石器时代人骨的研究报告》，《考古学报》1973年第2期；中国社会科学院考古所山东工作队：《西夏侯遗址第二次发掘报告》，《考古学报》1986年3期。

大汶口墓地和西夏侯遗址时代大体相当，因此我们便可以做些最保守的估计。假设大汶口墓地一期婴儿和儿童所占比例分别为25%和10%，则表二中25个成年个体中应加上13—14个婴孩个体才较符合正常情况。以下根据调整后的人骨数，对大汶口居民的平均寿命、死亡率和日常生活中的人口常数等加以估算。

（一）平均寿命和死亡率

为便于计算，儿童（4—12）、壮年（20—35）、中年（36—55）和老年（56—75）各取其中间值，分别为8、28、45.5和65.5岁。婴儿（0—3）的中间值为1.5岁，但考虑到从生到第四星期死亡的婴儿可能占了大部分，故以1岁计。大汶口墓地未分出青年（12—20）组，可能笼统包括在成年组之中；由于青年组所占比率极小

① 据统计，仰韶文化半坡类型婴儿死者的比率在40%左右。参见严文明《横阵墓地试析》，《文物与考古论集》，文物出版社1986年版。

② 仰韶文化中有将婴儿瓮棺葬区和成人土坑墓区分别安排的情况。参见严文明《半坡类型的埋葬制度和社会制度》，《仰韶文化研究》，文物出版社1989年版。

(西夏侯墓地中为6%),故可忽略不计。这样,将各年龄段的中间值依人数多少加权平均,便可求得大汶口居民的平均寿命为28.4岁,即:

$$\frac{9\times1+4\times8+8\times28+15\times45.5+2\times65.5}{38}=28.4\text{(岁)}$$

同样亦可求得男、女居民的平均寿命分别为28.9和28.0岁,二者相差无几。

在不考虑短期内人口增长率等的情况下,死亡率和平均寿命之间有倒数关系。以此便可求得大汶口居民的死亡率(R)为3.524%。

由表二可知,25名成年死者中的中年、壮年和老年分别为15人、8人和2人,分别占60%、32%和8%。这说明成年人大部分50岁以后才死亡。以上说明,同仰韶文化半坡类型相比,大汶口居民的平均寿命显著增长,人口结构趋于合理[①]。

(二)日常生活中的人口常数

要计算日常人口数,先得知道墓地的使用年限。一期墓虽可分为三段,但各段间器物变化幅度不大,则每段延续的时间不过三四十年[②],第一期就只持续了100年左右。一期共有成人墓87座,加上一些可能属于一期的未分期墓,总数接近100座。这些墓一般每墓一人,还有6座二人合葬墓和1座三人合葬墓,故一期埋葬的人数至少有100人;再按比例加入34个婴儿个体[③],总共134人,平均每年约死亡1.34人。按3.524%的死亡率计算,日常人口应在40人左右。如果考虑到还可能有个别未埋入该墓地的大汶口居民

---

① 仰韶文化半坡类型的平均寿命约为20岁,大部分居民在40岁前即已死亡。参见辛怡华《元君庙墓地所反映的人口自然结构之分析》,《考古》1991年第5期。据统计,仰韶文化半坡类型婴儿死者的比率在40%左右。参见严文明《横阵墓地试析》,《文物与考古论集》,文物出版社1986年版。

② 严文明:《横阵墓地试析》,《文物与考古论集》,文物出版社1986年版。

③ 一期婴儿比率以25%计。

的存在，则大汶口墓地一期所代表的人们共同体的日常人口数可达 50 人。

所有墓区和大部分墓群一至三段墓均有，其持续时间也应在 100 年上下；也有个别墓群仅有二、三段墓，延续时间应相对短些。这样，我们可以估算出各墓区、墓群所代表的人们共同体的人口常数（表四）。

表四　　大汶口一期墓葬所代表的日常人口数统计表

墓区	北一区	北二区		南二区			南一区			
墓群		一	二	一	二	三	一	二	三	四
日常人数	4	8	5	3	3	5	4	7	5	3
合计	4	13		11			19			
	47									

二、三期时的基本人口情况应该同一期相去不远，以下只对二、三期墓葬所代表的日常人口数作点推测。第二期共 23 座墓，除 M1 外，余皆每墓 1 人；再按比例加入婴孩的比例，二者共约 30 人。假定二期只延续了 80 年左右，人口死亡率仍以 3.524% 计，则二期时的日常人口数约为 15 人。三期有 3 座空墓，可能是给特殊死者留下的墓穴。这里仍以每墓一名死者计，再加入婴孩数，共有 11—12 名。三期分不了段，最多不过使用了四五十年，就代表着一个约 12 人规模的人们共同体。

五　社会状况

对于大汶口墓地所反映的社会状况曾多次讨论过，认为当时存在严重的贫富分化是大家的共识，只是在一些具体问题的认识上仍有不少差异。例如，对于当时的社会发展阶段的认识就有着分歧。有人坚持当时依然是氏族社会①，在一期时甚至同时具有母系氏族社会和父系氏族社会的双重特征②；有人则说当时出现了父权家长制家庭，已经是奴隶社会了③，或者已有了贵族家庭，出现了国家，只是还保留着氏族制度的外壳④。关于当时的所有制形式也有不同认识，有说私有制正在孕育或已有了萌芽，但仍以公有制为主的⑤；有说私有制已经形成了的⑥。产生以上诸多分歧的原因，固然由于对概念的把握有所不同，对材料的运用角度不一，但关键却在于观察问题的出发点不同。从为数不多的几座男女合葬墓推演出当时已进入父系氏族社会，从男女墓中随葬品的微小差异推断出妇女受压迫的情形……这在论证方法上是行不通的。严文明先生认为，“世系的变化不能成为原始社会发展的动力，不能说明原始社会何以能够向前发展，并且最终进入阶级社会”，“在考察一个考古学文化的社会性质或社会发展阶段时，应该首先考虑生产力和生产关系的状况，而不要从世系出发”⑦，这话是十分中肯的。考察当时的生产关系，也不能简单从事。比如在一个家庭内部当然谈不上什么贫富分化，但个人地位和经济境况的变化则会给墓葬之间造成一定差别。如果像通常所做的那样，以单个墓葬

---

① 彭邦炯：《是氏族社会不是奴隶社会》，《光明日报》1977 年 12 月 5 日《史学》；陈国强：《略说大汶口墓葬的社会性质》，《厦门大学学报》（哲学社会科学版）1978 年第 1 期。

② 蔡凤书：《关于大汶口文化时期社会性质的初步探讨》，《文史哲》1978 年第 1 期。

③ 唐兰：《中国奴隶社会的上限远在五、六千年前》，《大汶口文化讨论文集》，齐鲁书社 1981 年版。

④ 高广仁：《大汶口文化的社会性质与年代》，《大汶口文化讨论文集》，齐鲁书社 1981 年版；蔡凤书：《关于大汶口文化时期社会性质的初步探讨》，《文史哲》1978 年第 1 期。

⑤ 单达、史兵：《从大汶口文化遗存看我国古代私有制的孕育和萌芽》，《文物》1976 年第 4 期。

⑥ 山东省博物馆：《谈谈大汶口文化》，《文物》1978 年第 4 期；于中航：《大汶口文化和原始社会的解体》，《文物》1976 年第 5 期；魏勤：《从大汶口文化墓葬看私有制的起源》，《考古》1975 年第 5 期；鲁波：《从大汶口文化看我国私有制的起源》，《文物》1976 年第 7 期；黎家秀：《从大汶口文化葬俗的演变看其社会性质》，《大汶口文化讨论文集》，齐鲁书社 1981 年版；吴汝祚：《大汶口文化的墓葬》，《考古学报》1990 年第 1 期。

⑦ 严文明：《纪念仰韶村遗址发现六十五周年》，《中原文物》特刊《论仰韶文化》1986 年，第 348 页。

的大小来说明贫富分化，就会出错，“最初的贫富分化，它也不过是各家族之间的贫富分化而已”[①]。如果我们能在墓地中分离出各个家族，并互相加以比较，就可能对当时的贫富分化有些较切合实际的了解。

1. 一期墓地为氏族墓地

大汶口一期墓数量较多并集中分布。除 M128 外，其余所有墓葬均为东西向，并且头向朝东（M45 例外）；随葬品多放在死者的头前、脚下；野店等遗址流行的觚形杯在此只有两件，刘林、大墩子等遗址很流行的墓主手执獐牙勾形器的习俗在此仅见一例（M6）；这里还流行墓主口含陶（石）球而使颌骨变形的现象。这说明该墓地有自己较为独特的葬俗。它如拔牙、手执獐牙等大汶口文化的共同习俗在此也较普遍。我认为，这样一个有着共同墓地和独特葬俗的人们共同体极可能就是氏族，50 个左右的日常人口也正是一个小氏族的规模。

2. 家族之间的两极分化使氏族社会走向解体

如果进一步观察，就会发现一期墓地各墓区间存在着不少差别。那么形成这些差别的原因是什么呢？为了回答这个问题，我尝试着将该墓地的所有墓葬分成九个组，一期只有其中的一至七组墓。还可以进一步将它们合并为大、中、小三级（表五、六）。划分依据主要是随葬品的数量和种类，同时参以二层台和葬具等的情况。

可以看出，首先，各墓区在墓葬等级上存在差别。北一区主要为中级墓，其他三区则主要是小墓。

---

① 严文明：《纪念仰韶村遗址发现六十五周年》，《中原文物》特刊《论仰韶文化》1986年，第 348 页。

表五　　　　大汶口一期墓葬分组表

级别	组别	随葬品数量	墓号			
			北一区	北二区	南二区	南一区
小	一	0—5		36、41、42、43、44、46、48、51、52、55、82、84	20、21、29、31、61、62	27、30、71、76、85、86、88、89、90、91、96、108、114、120、132
	二	6—15	11	45、53、56、65、79、80	6、8、18、23、28、33、38、118、130	34、69、87、93、94、97、99、101、107、109、112、115、116、119
	三	16—20		49	7、32、66、73、131	110、111、129
中	四	21—30	12、58、63	81	19	35、78、102
	五	31—40	59			103、106
	六	41—50	13、54			
大	七	51—70	26			
	八	71—90				
	九	91—180				

表六　　　　大汶口一期墓葬部分随葬品统计表

器物＼墓号＼墓区	北一区	北二区	南二区	南一区
石（玉）铲	12、13、26、59		38、118	
雕筒	13、26、59、63		38	109、112
镞	11、12、13、59、63			34、103、106、109、110
斧			19	69、110、112
锛	26、54、63		19	87、101、103、106
纺轮		49、52、55、65	8、32、33	85、91、102、110、111、115、116
玉琮	13、26、59			
笄	12、13、26、54、58、59			78
指环	26		19	35、106、109、110、111、129

其次，是随葬品种类上的差别。一方面，北一区所出的玉琮和笄为其他区基本不见，铲和雕筒的数量也以北一区最多，显示了北一区在墓地中地位特殊。举例说，铲和雕筒在墓中有五类情况：

1类：一期仅见于M26，是在人骨右侧小臂下放一石铲，与其相距半米处的两腿间有一骨雕筒（《报告》图七）。实际上铲和雕筒原应为一套，中间以木柄相连，雕筒为其柄端饰①。

2类：雕筒位于人骨的双腿间、一侧或腰部，但无铲与之对应，如M63、M109、M112者即是。这类雕筒可能原来也实以木柄。

3类：只有石铲，但无雕筒作柄端饰。这一类情况最多。

4类：仅见于M38，雕筒压在腰下而铲置于腰上，显然并非一套。

5类：雕筒出在人骨的头或腰部，形体较粗，不能实以木柄，如M59:11、M13:付4者即是。

这五类情况都不同程度地体现了墓主人所具有的特殊地位，而反映最明显的第1类情况就仅见于北一区。

另一方面，斧和纺轮为北一区所不见，南一区较多的指环在北一区仅见于M26。这可能同北一区的主人多不从事直接的生产劳动有关，但也不排除风俗习惯上的些许差别。

总之，北一区的富裕程度和地位明显高于其他各区。北一区在空间上同其他三区相距甚远大概也与此相关。

除北一区外，其他几区间也有差别。例如，中型墓在南一区共有5座，南二区仅有1座，北二区则没有，北二区全为小墓，而且一组小墓占了73%，明显偏贫；南一区则是仅次于北一区的较富墓区。

既然一期墓地是氏族墓地，则这种贫富差别明显、葬俗大同小异的墓区所代表的人们共同体就应该是大家族了，这也同表四所示的人

---

① 类似于瑶山M7玉钺及其柄饰情况。参见浙江省文物考古研究所《余杭瑶山良渚文化祭坛遗址发掘简报》,《文物》1988年第1期。

口数相合。而墓区之间的差别也就是大家族之间的差别。

墓区往下便是墓群（北一区不分群），它所代表的人们共同体可以称之为家族，比大家族又低一级。在一定的时间范围内，一个墓群所代表的生活着的人们共同体实际上是一个家族，亦即表四中3—8人的规模；这些家族的死者在一段时间内埋在一起，便成为家族墓群。

家族之间也存在一定的贫富分化，并和墓群在墓区中的位置有些关系。比如，位于南一区中心的第三墓群以中型墓为主，其余三墓群则多为小墓；就连属于第三墓群的儿童墓M94也随葬了8件器物，并有葬具及二层台，这同一般儿童墓不随葬器物的情形明显不同。这也许暗示我们第三墓群代表的是老家族吧。

由上面分析可以看出，大汶口社会一期时确已出现了严重的贫富分化。这种贫富分化不仅明显地存在于各个大家族（墓区）之间，而且已渗透到了大家族之内各家族（墓群）之间。正是这样一些大家族和家族不断的两极分化，破坏、冲击着氏族社会的和谐和宁静，使氏族社会逐渐走向解体。

墓群内各墓葬间也并非毫无差别。家族中经济境况的变化和某些个人在家族、大家族、氏族即或更高的社会组织中所享有的特殊地位都会造成墓葬间一定程度的差别。也正因为如此，所以那些较大的墓总出在相应较富的墓区或墓群，绝无例外。例如，北一区的M26是一期唯一的一座大型墓，又出有带象牙雕筒柄端饰的石铲这种具有明显权力象征意味的东西，这似乎说明M26的墓主生前可能不仅是北一区所代表的家族的权力拥有者，而且可能是整个氏族甚至更高的社会组织的首领。又如，南二区的M38属于较为富有的第一墓群（无一组小墓），并出有不成套的雕筒和石铲，有二层台；同区的M19所在的第三墓群也较富，它是该区唯一的中型墓。南一区随葬品最丰富的M103和M106也出在该区最富有的第三墓群。

3. 男女二人一次合葬墓只是氏族墓地中的特例

除贫富分化外，对大汶口墓地所表现的男女地位及其男女二人合葬墓的性质问题同样存在争议。认为当时男女地位基本平等的人为数不多①，大部分人都倾向于认为当时男尊女卑。关于二人合葬墓，也有夫妻合葬和妾奴殉葬这两种观点②。现在看来，这些结论的得出都未免有些操之过急，还有待进一步分析。

大汶口墓地的合葬墓，除 M1 属二期，M70、M92 期属未定外，其余 5 座均在一期。经鉴定的四座（M1、M13、M35、M111）均为男左女右。但有些“合葬墓”的可靠性却是十分令人怀疑的。比如 M1，男性位于墓圹正中，女性一侧的墓圹向外凸出成龛形，且底部略高（《报告》图二四）。这种情形很可能是女性墓打破男性墓而非合葬③。M13 中，女性卧置的墓底比男侧墓底高出 7 厘米，很可能是晚于男性埋入而非一次葬（《报告》图六）。M35 属三人合葬。这样，较明确属于二人一次合葬的仅有 M111 一座。当然如果参以西夏侯等墓地的情况，就知道当时确实有过为数不多的几座男女二人一次合葬墓，这也并非全为巧合。但妾奴殉葬的解释总也站不住脚。《报告》所列几座“合葬墓”中，M31、M70 和 M92 三墓均一无所有，如何能有妾奴？M13、M35 和 M111 三墓均无随葬品偏于男侧的现象，又如何会是妾奴？至于说二人是夫妻关系倒也未尝不可，但既然看不出谁主谁次，又为什么一定要是女性为男性陪葬而非相反？

---

① 蔡凤书：《关于大汶口文化时期社会性质的初步探讨》，《文史哲》1978 年第 1 期；单达、史兵：《从大汶口文化遗存看我国古代私有制的孕育和萌芽》，《文物》1976 年第 4 期。

② 持夫妻合葬观点的有：魏勤：《从大汶口文化墓葬看私有制的起源》，《考古》1975 年第 5 期；单达、史兵：《从大汶口文化遗存看我国古代私有制的孕育和萌芽》，《文物》1976 年第 4 期；蔡凤书：《关于大汶口文化时期社会性质的初步探讨》，《文史哲》1978 年第 1 期；于中航：《略论大汶口的男女合葬墓》，《大汶口文化讨论文集》，齐鲁书社 1981 年版；王宇信：《关于大汶口文化社会性质探讨中的几个问题》，《大汶口文化讨论文集》，齐鲁书社 1981 年版。

③ 参见言明《关于濮阳西水坡遗址发掘简报及其有关两篇文章中的若干问题的商榷》，《华夏考古》1988 年第 4 期。

值得注意的是，所有7座合葬墓（不包括M1）多属一期，且均位于各墓区的边缘（见图一）；而且合葬墓以南一区最多，有M35、M69、M92和M111共四座。由下文可知，大汶口墓地只有一期才是氏族墓地，那么这种为数不多、位于墓区边缘而又在某一墓区较为集中的二人一次合葬墓就更像是氏族墓地中的特例，似乎不为当时社会所提倡。以这种特例来推断当时的社会发展阶段，岂不难以便人信服！我曾用经鉴定的男、女墓中所出的同性别有关的随葬品组合，对其余墓主的性别试作过一番推测①，发现了不少属同一段的男女墓并排排列的情况，比如同属第二段的M38（男）和M8（女），同属第三段的M6（男）和M7（女）。这种现象既然比较普遍，就更像是埋葬夫妻死者的一般形式。如此，就更无必要非得用合葬的形式来强调夫妻关系。

4. 二、三期墓地为家族墓地

二、三期各区间的葬俗非常相近，只是贫富差别依然显著。比如二期时，北区有5座中型墓、2座大墓，而南区仅有一座大墓M125，余皆为小墓（表七）。结合二、三期时十几人的日常人口规模，我认为二、三期墓地各代表一个大家族，而各墓区代表的是家族。

表七　　大汶口二、三期墓葬分组表

级别	组别	随葬品数量（件）	墓号					
			二期			三期		
			北区	中区	南区	北区	中区	南区
小	一	0—5						
	二	6—15	2、15、16		100、105			127
	三	16—20	5、22		121、122、123、124、104	64	77	

① 凡镞、斧、砺石、匕、牙刀、角坠和凿均出自经鉴定的男性墓，镖、铲、雕筒等也以男性墓占绝大多数；凡出颈饰、头饰者均为经鉴定的女性墓，纺轮、束发器也绝大部分出自女性墓。

续表

级别	组别	随葬品数量（件）	墓号					
			二期			三期		
			北区	中区	南区	北区	中区	南区
中	四	21—30	3、67	24、75、98		72		
	五	31—40						
	六	41—50	1、4、17				60	
大	七	51—70			125			
	八	71—90	9、47				25	117、126
	九	91—180				10		

5. 迈向文明门槛的关键性一步——家族墓地对氏族墓地的取代

二、二期墓同第一期墓比较。主要有以下几点不同：

第一，一期墓地是一个氏族墓地，各墓区、墓群分别代表的是大家族和家族；而二、三期墓地各代表一个大家族，各墓区代表的是家族。

第二，二、三期墓，尤其是三期墓，随葬品总体上比一期墓丰富。二、三期没有一组小墓，中型墓比例较大，而且出现了7座大墓（一期只有1座）（表七）。三期大墓以M10、M25和M117最为典型。三期北区大墓M10是大汶口文化所有墓葬中最富有的一座，置于人骨右腿部的带骨雕筒柄端饰的铲也不再是石铲而是玉铲（《报告》图一七）。中区大墓M25从墓圹大小到随葬品数量均不如M10，但却随葬了6把石铲5件雕筒。除棺外的石铲M25∶4外，腰部附近的5把石铲均各与一件雕筒对应。复原起来应该是在胸前、身后及腿侧摆放着5把带木柄和骨雕筒柄端饰的石铲（《报告》图一八），似乎比M10的墓主更威风。但M10随葬的是玉铲，也许意义更为特殊。无独有偶，南区大墓M117中也只摆放了一把带骨雕筒柄端饰的玉铲，而其他情况则于M25相若。要之，第三期只有M10、M25、M117三座大墓随葬成套的铲和雕筒；其余次于这三墓的大、中型墓，或只有石铲，或只有雕筒；小墓则一般不见铲和雕筒。这种现象不能不使人感到当时确实存在着某些礼制之类的东西。

第三，二、三期墓地，尤其是三期墓地，各墓区内大小墓相差悬殊，这同一期墓地的情况形成鲜明对照（表七）。

第四，二、三期有不少空墓及无头墓。如二期的 M24 为空墓，M2 为无头墓；三期的 M60、M126 和 M127 为空墓，每区各一，竟占了三期墓总数的三分之一，而且也看不出它们与普通墓在葬俗上有什么差别。

以上四点不同说明，大汶口社会在二、三期特别是三期时发生了重大变革，二期可看作是处于过渡状态。由于一至三期墓葬在葬俗上一脉相承，而且二、三期又出大墓，所以不好用外族侵入或文化中落来解释变革的原因。唯一可行的解释便是社会本身的发展阶段发生了巨大变化，正在向文明的门槛迈出关键性的一步。家族墓地对氏族墓地的取代说明，氏族社会已经崩溃或正在崩溃。这与同时期反山、瑶山良渚文化家族大墓群的情况何其相似①！实际情况可能是这样的：大汶口社会中一些富有家族的地位不断上升，到最后不仅成了整个氏族、部落，甚至是某个很大的人们共同体的权力拥有者②。这时候，不再需要用氏族墓地的形式来维护先前本已残破不堪的氏族社会的外壳，而开始赤裸裸地强调强有力和富有家族的特殊地位；这种家族将以前的氏族墓地区据为已有，而让其他的家族到别处埋葬。带木柄和雕筒柄端饰的石、玉铲这类具有明显礼制意味的东西的出现，暗示了当时不仅存在着自然的贫富分化，而且可能已经有了某种强制力来维持和强调这种等级关系。至于空墓和无头墓的出现也许确实同频繁的

① 类似于瑶山 M7 玉钺及其柄饰情况。参见浙江省文物考古研究所《余杭瑶山良渚文化祭坛遗址发掘简报》，《文物》1988 年第 1 期；浙江省文物考古研究所反山考古队《浙江余杭反山良渚墓地发掘简报》，《文物》1988 年第 1 期。

② 严文明：《略论中国文明的起源》，《文物》1992 年第 1 期。

战争有关①，但这种安排更重要的是出于家族的荣耀，即使尸骨无存也得为其营建堂而皇之的墓穴。这并非说此前便没有战争或因战争而尸骨无存者，只是氏族社会的特点之一便是区分凶死者和正常死亡者，它不必要也不想为战死未运回尸骨者保留空墓。氏族社会更强调氏族成员的共同利益，而新兴的家族则不然。另外，到底二、三期时各墓区内大小墓为何相差如此悬殊，则实在不好用家族经济境况的变动来解释；这或许同墓主的个人地位有关，甚至也不排除M64、M72、M77和M127这些小墓附属于同区大墓的可能性。

（原载《中原文物》1994年第2期）

① 山东省博物馆：《谈谈大汶口文化》，《文物》1978年第4期；于中航：《大汶口文化和原始社会的解体》，《文物》1976年第5期；魏勤：《从大汶口文化墓葬看私有制的起源》，《考古》1975年第5期；鲁波：《从大汶口文化看我国私有制的起源》，《文物》1976年第7期；黎家秀：《从大汶口文化葬俗的演变看其社会性质》，《大汶口文化讨论文集》，齐鲁书社1981年版；吴汝祚：《大汶口文化的墓葬》，《考古学报》1990年第1期。

良渚、陶寺与二里头

——早期中国文明的演进之路

良渚古城、陶寺古城和二里头古都面积都在300万平方米左右，是目前发现的商代以前最为宏大的聚落遗址。本文结合早期中国历史文化格局的变迁，拟对这三处超大型中心聚落的结构功能、统治和影响范围、形成和衰亡背景等进行比较分析，希望对理解早期中国文明的演进之路有所助益。

一

位于浙江省杭州市余杭区的良渚古城大致呈圆角长方形，总面积290余万平方米[①]。城的中心部位是人工堆筑的面积约30万平方米的莫角山宫室区[②]；其西北是良渚文化最高级别的贵族坟山反山墓地[③]，其中级别最高的M12仅玉器就有647件之多，出土大玉琮、大玉钺、

① 浙江省文物考古研究所：《杭州市余杭区良渚古城遗址2006—2007年的发掘》，《考古》2008年第7期。

② 浙江省文物考古研究所：《余杭莫角山遗址1992—1993年的发掘》，《文物》2001年第12期。

③ 浙江省文物考古研究所：《反山》，文物出版社2003年版。

镶嵌玉件的彩绘漆盘和漆杯，有完整的神人兽面“神徽”，“说明墓主人是一位掌握军政大权和宗教法权的首领”①。在良渚古城周围约50平方千米的区域内，分布着130多处祭坛、墓地、居址、作坊等，至少可以分成三个级别②。祭坛当中级别最高者当数古城外东北方的瑶山祭坛和西方的汇观山祭坛③。墓地当中仅次于反山墓地者为瑶山墓地，出土玉器上也见有完整神徽；其次为汇观山墓地，未见完整神徽，但仍有琮、钺、璧等玉礼器。与此形成对照的是，还发现数百座少见或不见玉器的小墓。此外，在良渚古城以北有人工堆筑的或许有防洪功能的塘山土垣，以南有卞家山码头遗址。整体来看，莫角山宫室区是良渚古城的核心，良渚古城可能又是良渚聚落群的政治、军事和宗教核心。良渚古城及其聚落群规模宏大、布局严整、结构复杂、等级分明、功能明确、规格颇高，完整神徽等礼制性标志物也绝不见于其他区域。莫角山超大型建筑群的建造需调动远不止一个聚落群的人力物力，反山、瑶山等墓地随葬大量精妙绝伦、凝聚了无数人心血的玉器，其制作可能在一套严密的组织内进行，且多被贵族阶层所垄断，专业化程度颇高。这样高程度的社会组织化，既需要浓厚的宗教氛围的感召，也离不开武装人员的强制。反山、瑶山、汇观山墓地既随葬象征军权的钺，又随葬象征神权的琮或璧，瑶山和汇观山墓地更是建在原来的祭坛之上，表明这些贵族生前可能既是左右神灵的大巫，又是统率“军队”的将军④，他们正符合良渚聚落群最高统治者的身份。更进一步来说，神徽、鸟纹、龙首形纹的普遍发

---

① 严文明：《一部优秀的考古报告——〈反山〉》，《中国文物报》2006年7月12日第4版。

② 浙江省文物考古研究所：《良渚聚落群》，文物出版社2005年版。

③ 浙江省文物考古研究所：《瑶山》，文物出版社2003年版；浙江省文物考古研究所、余杭市文物管理委员会：《浙江余杭汇观山良渚文化祭坛与墓地发掘简报》，《文物》1997年第7期。

④ 张忠培：《良渚文化的年代和其所处社会阶段》，《文物》1995年第5期。

现可能意味着整个良渚文化区已出现统一的权力①。而良渚聚落群毕竟规模最大、级别最高，反山、瑶山所出完整神徽又不见于它处，尤其刻纹玉器在兴盛期可能基本是从良渚聚落群向外分配②，故良渚聚落群或许为整个良渚文化的政治核心③。当时进入早期文明社会也自无疑问。

山西省襄汾的陶寺古城分两个时期。早期小城略呈长方形，面积约56万平方米④。城外西南部有大片墓地，其中6座大墓随葬玉钺、玉琮、玉璧、鼍鼓、石磬、石厨刀、木案、木匣、漆豆、彩绘蟠龙纹陶盘、彩绘壶等珍贵礼器⑤，墓主可能就是早期古城的统治者。中期大城略为圆角长方形，复原面积应在280万平方米左右。在其东北部发现面积上万平方米的大型夯土建筑基址，基础中发现奠基人牲，附近出土同期的砷铜容器口残片、石厨刀、彩绘陶器等⑥，该夯土宫殿建筑或许为陶寺古城的中心所在。中期小城的中部有半圆形的大型天文观象台类遗迹⑦，或兼具祭祀功能，西北部则有大片墓地。其中最高规格墓葬以ⅡM22为代表，仅残留随葬品就有玉钺、玉戚、玉琮、玉璧、玉兽面冠状饰、玉璜、彩绘陶簋、漆豆等贵重物品，以及整齐

---

① 张弛：《良渚文化大墓试析》，《考古学研究》（三），科学出版社1997年版，第57—67页。

② 秦岭：《良渚玉器纹饰的比较研究——从刻纹玉器看良渚社会的关系网络》，《浙江省文物考古研究所学刊》第八辑，科学出版社2006年版，第23—52页。

③ 严文明：《良渚随笔》，《文物》1996年第3期。

④ 中国社会科学院考古研究所山西队、山西省考古研究所、临汾市文物局：《山西襄汾陶寺城址2002年发掘报告》，《考古学报》2005年第3期。

⑤ 中国社会科学院考古研究所山西工作队、临汾地区文化局：《山西襄汾县陶寺遗址发掘简报》，《考古》1980年第1期；中国社会科学院考古研究所山西工作队、临汾地区文化局：《1978—1980年山西襄汾陶寺墓地发掘简报》，《考古》1983年第1期。

⑥ 中国社会科学院考古研究所山西队、山西省考古研究所、临汾市文物局：《山西襄汾县陶寺城址发现陶寺文化中期大型夯土建筑基址》，《考古》2008年第3期。

⑦ 中国社会科学院考古研究所山西队、山西省考古研究所、临汾市文物局：《山西襄汾县陶寺城址祭祀区大型建筑基址2003年发掘简报》，《考古》2004年第7期；中国社会科学院考古研究所山西队、山西省考古研究所、临汾市文物局：《山西襄汾县陶寺中期城址大型建筑ⅡFJT1基址2004—2005年发掘简报》，《考古》2007年第4期。

排列的成组石厨刀、木案、一劈两半的猪牲等[①]，墓主人或为陶寺古城的最高统治者之一。在陶寺古城周围也有若干早中期聚落，与陶寺古城组成聚落群[②]。附近的大崮堆山还有制备石料和磬、厨刀等石器毛坯的采石场[③]。再外围有包含中小型墓葬的临汾下靳墓地等[④]。这些聚落也有等级差异，级别较高者如下靳墓地，出土玉钺、玉璧、玉刀等，墓主人或为掌握一定权力的地方首领。但绝不见陶寺大墓出土的彩绘蟠龙纹陶盘、鼍鼓、石磬、玉兽面冠状饰、铜铃等高规格礼器，更不用说大型宫殿和观象台类设施了。可见陶寺古城不仅是陶寺聚落群的核心，也极可能是整个陶寺类型的核心。尤其近300万平方米的夯筑城址，或许要动用整个陶寺的人力才能完成，其玉器、漆器等的制作也有可能被陶寺古城集中控制。这是当时存在复杂的社会组织和发达的政治权力机构的表现，也是其进入早期文明社会的显著标志。

河南偃师二里头古都的二里头文化遗存可以分为4期。一期面积有100多万平方米，出土珍贵的白陶容器、青铜工具、象牙和绿松石制品等，但聚落布局尚不清楚。二期以后面积扩大到300多万平方米，中心出现面积达10多万平方米的宫殿区，先后营建10余座大型宫殿。其中最大的1号宫殿总面积接近1万平方米，台基中部偏北为900平方米大小的布局严整的长方形主体殿堂[⑤]。在宫城周围发现几

---

① 中国社会科学院考古研究所山西队、山西省考古研究所、临汾市文物局：《陶寺城址发现陶寺文化中期墓葬》，《考古》2003年第9期。

② 中国社会科学院考古研究所山西工作队：《晋西南考古调查报告》，《考古学集刊》第6集，中国社会科学出版社1989年版，第1—51页。

③ 陶富海：《山西襄汾县大崮堆山史前石器制造场新材料及其再研究》，《考古》1991年第1期。

④ 山西省临汾行署文化局、中国社会科学院考古研究所山西工作队：《山西临汾下靳村陶寺文化墓地发掘报告》，《考古学报》1999年第4期；下靳考古队：《山西临汾下靳墓地发掘简报》，《文物》1998年第12期。

⑤ 中国社会科学院考古研究所：《偃师二里头——1959年—1978年考古发掘报告》，中国大百科全书出版社1999年版。

十处中小型夯土建筑基址，当为贵族聚居区，遗址的西部和北部为一般居住区。此外，宫殿区以南还发现铸铜作坊，遗址中、东部有祭祀活动区，还有制陶、制骨作坊等①。值得注意的是，二里头遗址内的几百座墓葬分布零星，且与居住区无明显区分，应当并非该聚落墓葬主体；宫城发现的随葬绿松石龙形器的中型墓葬，也应当不是二里头古都的最高级墓葬。据对洛阳盆地偃师地段的系统调查，区域内二里头文化遗址125处，可以分成若干等级，但绝无第二处像二里头这样的超大型聚落②。二里头聚落以外的巩义稍柴等大型遗址最多有数十万平方米，出白陶鬶等珍贵器物，当为次级中心。而偃师灰咀很可能是主要服务于二里头中心聚落的大型石器加工场③。另外青铜器、玉器、漆器等珍贵用品的制作也可能被二里头古都所控制，尤其鼎、爵、觚、斝、鬶等青铜器礼器的铸造，是二里头文化区别于其他早期文化的重要标志。有人认为二里头国家已经建立贵族物品特别是青铜礼器的生产和分配网络，形成二里头"世界体系"④。这反映二里头古都的控制和管理的范围和力度明显扩大。可以看出，二里头古都在二里头文化一期已经是中原最大的中心聚落，二期以后在整个早期中国也具有无与伦比的地位。二里头二期以后的宫殿基址规模宏大而又体制严整，数量众多又高下有别，表明当时已形成较为严格的宫室制度。已发现的中型贵族墓葬虽与宏大的宫室不相对应，但也绝不见于其他遗址，仍能显示出其王都地位。当时应已进入成熟的文明社会。

---

① 许宏、陈国梁、赵海涛：《二里头遗址聚落形态的初步考察》，《考古》2004年第11期。

② 中国社会科学院考古研究所二里头工作队：《河南洛阳盆地2001—2003年考古调查简报》，《考古》2005年第5期。

③ 陈星灿、刘莉、李润权等：《中国文明腹地的社会复杂化进程——伊洛河地区的聚落形态研究》，《考古学报》2003年第2期。

④ 刘莉：《中国新石器时代：迈向早期国家之路》，文物出版社2007年版，第216—217页。

二

“早期中国文化圈”是指新石器时代至商代以前中国大部地区文化彼此交融连锁而形成的以中原为核心的相对的文化统一体，也可称为文化上的早期中国，简称早期中国。如果我们着眼于整个早期中国，会发现良渚文化、陶寺类型、二里头文化虽然都以一个超大型聚落作为中心，都具备文明社会的特征，但是分布范围、对外影响以及在早期中国中的历史地位却有着显著差异（图一）。

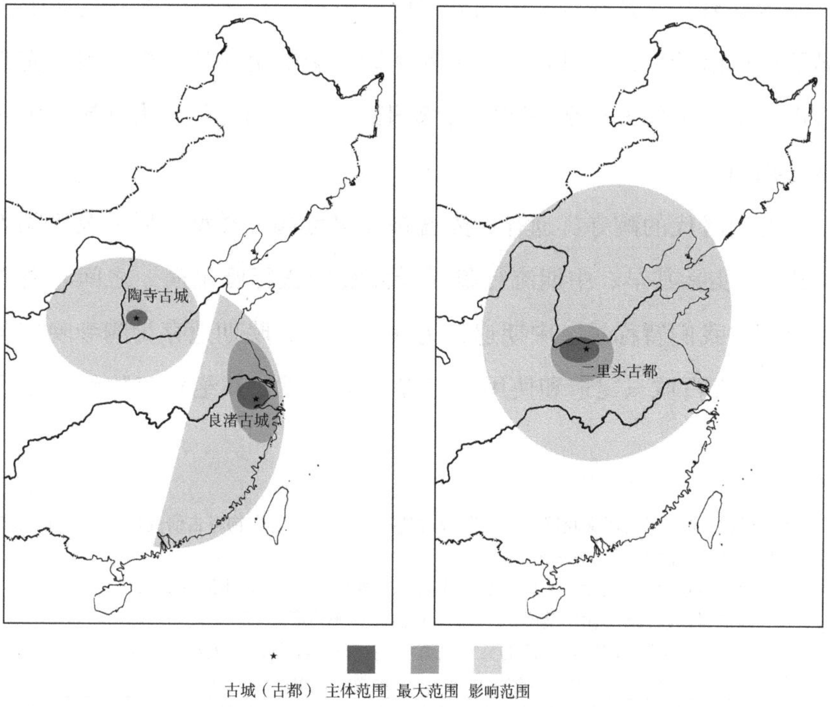

图一　良渚、陶寺、二里头古都城的影响范围

良渚文化曾被分为四期，绝对年代约在距今5300—4500年。加上年代更晚的上海广富林类良渚文化遗存——第五期良渚文化，年代下限就可晚至距今4300年左右[①]。虽然延续千年，但其兴盛期仅在中间三期，约距今5000—4500年之间。当时，其西的长江中游为势力强劲的屈家岭文化，拥有面积120万平方米的天门石家河古城等一批有城垣的中心聚落；其西北的黄河中游为幅员广大的末期仰韶文化，有郑州西山古城等中心聚落；其北的黄河下游为晚期大汶口文化，有泰安大汶口、莒县陵阳河等高等级墓地。良渚文化的范围主要在长江下游南岸的太湖周围，兴盛期扩展至江淮北部，最远到达鲁南临沂一带[②]。而影响则北达黄河下游[③]，西至皖西南和赣北[④]，向南甚至及于广东北江上游；反之，其他文化因素则绝少见于良渚文化[⑤]。这显示良渚文化具有较为内向和封闭的性格。由于良渚文化的影响仅局限在东南沿海，不具备主宰早期中国、影响全局的王权，因此充其量也只是一个偏安东南一隅的大邦国而已，我们可称之为良渚古国或良渚邦国。

龙山时代的陶寺类遗存，先曾被命名为陶寺类型，后又改称陶寺文化[⑥]。实际其早、中期流行釜形斝而晚期盛行肥足鬲，之间有着重大差别。我们暂称早、中期遗存为陶寺类型，晚期遗存为陶寺晚期类型[⑦]。陶寺古城只建造和使用于陶寺类型阶段，其绝对年代约在距今

---

① 杨晶：《关于良渚文化晚期较晚阶段的遗存》，《浙江省文物考古研究所学刊》第八辑，科学出版社2006年版，第62—73页。

② 南京博物院：《花厅——新石器时代墓地发掘报告》，文物出版社2003年版。

③ 栾丰实：《良渚文化的北渐》，《中原文物》1996年第3期。

④ 朔知：《初识薛家岗与良渚的文化交流——兼论皖江通道与太湖南道问题》，《浙江省文物考古研究所学刊》第八辑，科学出版社2006年版，第105—122页。

⑤ 宋建：《嵩山地区与太湖地区文明进程的比较研究》，《上海博物馆集刊》第六期，上海古籍出版社1992年版，第347—369页。

⑥ 高天麟、张岱海、高炜：《龙山文化陶寺类型的年代与分期》，《史前研究》1984年第3期；张岱海：《陶寺文化与龙山时代》，《庆祝苏秉琦考古五十五年论文集》，文物出版社1989年版，第245—251页。

⑦ 韩建业：《晋西南豫西西部庙底沟二期——龙山时代文化的分期与谱系》，《考古学报》2006年第2期。

4500—4200年[①]。当时，其周围分布着中原龙山文化诸文化和类型：运城、垣曲盆地为仰韶文化庙底沟二期类型末期遗存，晋中、陕北和内蒙古中南部为老虎山文化前期遗存，关中地区为客省庄二期文化前期遗存，太行山以东为后岗二期文化前期遗存，中原腹地为仰韶文化谷水河类型末期和王湾三期文化前期遗存。再向外围，黄河下游和长江中游还有势力强大的龙山文化和石家河文化。陶寺类型被局限在小小的临汾盆地，境况似乎比良渚文化还要艰难很多，但实际并非如此：其一，其政治控制不限于陶寺类型分布区，至少向南可达黄河沿岸。芮城清凉寺墓地从葬俗到玉器都与陶寺墓地很近似，精美的玉钺、玉琮、玉璧、玉牙璧等是该墓地级别较高的反映[②]，不排除这些玉器就是从陶寺古城分配而来的可能性。其二，其玉器、漆器等因素西向渗透到齐家文化早期和菜园文化当中[③]，表明至少西向影响已达甘宁地区。其三，文化构成上既有继承传统庙底沟二期类型的釜灶、盆形鼎、甑、深腹筒形罐、扁壶等因素，也出成套彩绘陶器、彩绘木器、玉石器、鼍鼓、石磬等具有鲜明东方色彩的因素，铜器尤其是砷铜冶炼技术又可能与河西走廊、新疆甚至西方存在联系[④]。这些决定了陶寺类型的多元文化特征和较为外向的性格。如果陶寺类型属陶唐

---

① 何驽则新提出“陶寺文化”早、中期（即本文早期）的年代为公元前2300—2000年，见何驽《陶寺文化谱系研究综述》，《考古学集刊》第16集，科学出版社2006年版，第151—177页。

② 山西省考古研究所、运城市文物局、芮城县文物局：《山西芮城清凉寺新石器时代墓地》，《文物》2006年第3期。

③ 如甘肃天水师赵村七期齐家文化遗存所见玉琮、玉璧，以及宁夏海原菜园林子梁遗存所见玉铲、玉凿、漆璜等。见中国社会科学院考古研究所《师赵村与西山坪》，中国大百科全书出版社1999年版；宁夏文物研究所、中国历史博物馆考古部《宁夏菜园——新石器时代遗址、墓葬发掘报告》，科学出版社2003年版。

④ Jianjun Mei, *Copper and Bronze Metallurgy in Late Prehistoric Xinjiang*, BAR international Series 865, Oxford: Archaeopress, 2000, pp. 39－40；潜伟、孙淑云、韩汝玢：《古代砷铜研究综述》，《文物保护与考古科学》2000年第2期。

氏遗存的推测可以成立[①]，则其偏晚阶段（发掘者所谓中期）当于尧的时代相当。据《尚书·尧典》等的记载，当时已设官吏对广大的中原地区进行一定程度的管理，已经存在以陶唐氏为核心的早期国家，其实际的政治影响或许能够涵盖早期中国大部地区。但毕竟影响深度不够、管理力度不强，早期中国仍是城堡众多、万邦林立的局面，还未形成世袭王权，最多达到雏形王国阶段。

据最新的测年研究，二里头文化的绝对年代大约在距今3750—3550年[②]。当时，其周围有豫北冀南地区的下七垣文化，关中甘青地区的晚期齐家文化，北方地区的朱开沟文化、夏家店下层文化，黄河下游的岳石文化，长江下游的马桥文化等。二里头文化正好占据着包括河南省大部和晋南在内的中原腹地。二里头青铜文明是在中原文化的基础上，接受西方文化的间接影响而兴起。而这个中原基础——王湾三期文化新砦类型，本身又吸收了海岱、江淮多种文化因素，具有鲜明的多元文化特点。这使得二里头文化极具包容性和开放性，对外拓展和影响的力度也远非良渚文化和陶寺类型所能及。尤其在二里头二、三期，它南向拓展到豫南，进一步渗透到江汉地区，东向波及江淮海岱，西向影响到甘肃东部，北向渗透进内蒙古中南部和西辽河流域。可见其对整个早期中国都具有深刻的影响能力。可作为二里头文化乃至于整个早期中国核心的二里头古都却偏偏没有城垣。其实这或许正是其不同于邦国而具有王者风范的表现，即如《左传·庄公二十三年》所言："古者，天子守在四夷……民无内忧，而又无外惧，国焉用城？"不仅如此，二里头文化时期城堡比龙山时代显著减少，也应是当时出现中央王权的表现。如果对照历史记载，二里头文化主

---

① 王文清：《陶寺遗存可能是陶唐氏文化遗存》，《华夏文明》第一集，北京大学出版社1987年版，第106—123页。

② 仇士华、蔡莲珍：《夏商周断代工程中的碳十四年代框架》，《考古》2001年第1期。

体的确当属夏文化[①]，但只是晚期夏文化；它之前还有王湾三期文化煤山类型所代表的早期夏文化和新砦类型所代表的中期夏文化[②]。早、中期夏文化虽已建立王朝并形成世袭王权，中原腹地对外的影响也更加扩大，但仍邦国林立，和陶寺类型还没有实质上的差别。只有到以二里头古都为核心的晚期夏文化时期，才达到四海之内唯我独尊的真正的王国阶段。

三

良渚古城、陶寺古城和二里头古都及其文化，其兴衰过程和背景也都有所不同。

据研究，欧亚大陆气候从约距今5500年开始渐趋寒冷，降水也有所减少，至距今5000年到达低谷[③]。气候寒冷事件会使气候带和植被带整体南移，造成大范围的文化格局的调整，早期中国从此进入铜石并用时代早期。在给长城沿线农业文化的发展带来严重考验的同时，却使得江淮地区水位下降，适于耕种和居住的平地大片出露，为江淮地区文化发展带来绝佳的机遇。良渚文化形成于约距今5300年，良渚古城兴起于距今5000年以后，正与这次气候事件对应。尤其良渚地区崧泽文化遗存极为少见，而良渚文化遗存却突然大量出现，无疑与该地区水位的大幅下降直接相关[④]。

良渚古城及其聚落群的出现，虽有当地文化的基础，但总体上

---

① 邹衡：《试论夏文化》，《夏商周考古学论文集》，文物出版社1980年版，第95—182页。

② 韩建业：《论二里头青铜文明的兴起》，《中国历史文物》2009年第1期。

③ 吴文祥、刘东生：《5500年气候事件在三大文明古国古文明和古文化演化中的作用》，《地学前缘》2002年第9卷第1期。

④ 崧泽文化时期的海平面要比马家浜文化和良渚文化时期高好几米，见王靖泰等《全新世长江三角洲的发育》，《地质学报》1981年第55卷第1期。

却应与太湖北岸末期崧泽文化的南向移动有关。不过就整个良渚文化来说，却基本是在本地崧泽文化基础上发展而来，很少吸收其他地区的文化因素。相对内向和保守的良渚文化将几乎全部注意力都放在社会内部，短期内造就了较为复杂发达的文明社会，同时也营造着淫祀鬼神、奢侈浪费的社会习气，为后来良渚古国的崩溃埋下了伏笔①。

不过良渚古国的衰亡更主要是由于自然环境的变迁。约距今5000年的气候事件过后不久，温度和降水又逐渐回升，至距今4500年左右到达新的顶点②。从而引起早期中国文化格局的重新整合，进入铜石并用时代晚期即龙山时代。良渚文化及良渚古国恰在这个关键的时间点衰弱，很可能与江淮地区的水面上升有关。据勘察，良渚文化晚期堆积普遍被一层浅黄色粉砂质淤积层覆盖，表明良渚文化末期这里可能曾发生过洪水③。不过即便没有突然的灾难，良渚人在水位逐渐抬升的过程中也只好选择向外迁徙。不过，良渚文化末期大汶口文化已经挺进至南京一线④，可见外来文化的压迫也可能是其衰亡的原因之一。无论如何，良渚文明在龙山时代到来的时候恰好衰落了。

龙山初期的水位上升不利江淮却利于中原，这正是陶寺类型在晋南崛起的背景。陶寺类型的釜灶、斝、深腹筒形罐、扁壶、盆形鼎等主要日常陶器种类为继承当地庙底沟二期类型早期而来，而高领折肩

---

① 赵辉：《良渚文化的若干特殊性——论一处中国史前文明的衰落原因》，《良渚文化研究——纪念良渚文化发现六十周年国际学术讨论会文集》，科学出版社1999年版，第104—120页。

② 韩建业：《中国西北地区先秦时期的自然环境与文化发展》，文物出版社2008年版。

③ 浙江省文物考古研究所：《杭州市余杭区良渚古城遗址2006—2007年的发掘》，《考古》2008年第7期。

④ 南京博物院：《北阴阳营——新石器时代及商周时期遗址发掘报告》，文物出版社1993年版。

尊和折腹尊、高领折肩瓶、折腹盆、侈口鼓腹或折腹罐、尖底尊、陶鼓、鼍鼓、钺、厨刀、琮、璧、璜等器类，以及陶、木器上的彩绘，大小墓的严重分化等因素，和庙底沟二期类型风格迥异，而与以良渚文化以至于大汶口文化晚期为代表的东方地区的文化面貌相当吻合。这就清楚地表明，陶寺类型的形成是东方文化西移，并与当地文化融合的产物。我们认为这次巨大的文化转变，关键在于颇具东方文化特点的陶寺类型对临汾盆地庙底沟二期类型的代替，对应《逸周书·史记解》所记载的“唐伐西夏”事件①。巧合的是，正是在良渚文化衰落的同时，陶寺类型在晋南兴起，而部分良渚文化因素也转移到陶寺。或许这个过程伴随着良渚文化人群的部分迁移。这也为庞大的良渚古城和陶寺古城之间找到了切实的联系。

与良渚文化相比，陶寺类型虽不算内向封闭，花费在玉器等奢侈礼器制作上的精力也比良渚文化少，但骨子里还是类似良渚文化的“东方模式”性格：过分强调等级分化和社会分工，仍显奢侈浪费②。这样的社会在传统上同以朴实为主的中原和北方文化显得格格不入，或许是其不能持久的原因之一。

但陶寺类型衰落的根本原因还是气候变迁。大约距今 4200 年前后，随着一次气候明显干冷期的逐渐来临，北方文化依次向南推进③。随着晋中和内蒙古中南部等地老虎山文化的强力南进，陶寺类型覆灭而陶寺晚期类型形成。表现为陶寺等遗址东方文化因素的基本丧失，以及老虎山文化斝式鬲的大量出现并进一步演化为鬲。我们曾认为这一文化变迁与“稷放丹朱”事件有关。后来发掘者注意到陶寺中期

---

① 韩建业：《唐伐西夏与稷放丹朱》，《北京大学学报》（哲学社会科学版）2001 年第 3 期。

② 韩建业：《略论中国铜石并用时代社会发展的一般趋势和不同模式》，《古代文明》第 2 卷，文物出版社 2003 年版，第 84—96 页。

③ 韩建业：《距今 5000 年和 4000 年气候事件对中国北方地区文化的影响》，《环境考古研究》第三辑，北京大学出版社 2006 年版，第 159—163 页。

和晚期之间发生过重大变故，表现为城垣被废、墓葬遭毁以及摧残女性等①，甚至与陶寺古城有密切关系的临汾下靳和芮城清凉寺墓地也有类似暴力现象。

同样在北方文化南进的大趋势下，不久就发生了王湾三期文化对石家河文化的大范围代替，对应禹征三苗事件，标志着夏王朝的诞生②。当时政治中心应在嵩山腹地的登封王城岗和禹州瓦店，属于王湾三期文化煤山类型。之后政治中心转移到嵩山以东，形成以新密新砦为代表的新砦类型。距今3800年以后，随着气候再度向暖湿方向的转变③，王湾三期文化新砦类型西进，与西方半农半牧文化的东进余波在洛阳盆地撞在一起，从而融合成面貌一新的二里头文化，二里头青铜文明于是兴起。一次大的气候事件，给各地文化都增加了一次大的变革契机，但结局却大不一样。最终中原文化拔得头筹，周围地区黯然失色。

苏秉琦先生讨论考古学文化的区系类型，将中国早期文化概括为面向内陆和面向海洋的两个大区④。面向内陆的西北地区以黄河上中游为核心，与欧亚大陆中西部颇多联系，面向海洋的东南地区以长江中下游和黄河下游为核心，与东南亚和太平洋诸岛颇多联系，而在中原兴起的二里头文化是东西两大文化传统汇聚融合的结晶。正是中原地区“天下之中”的优越地理位置，成为兼容并蓄的二里头文明兴起的前提。

---

① 何驽、严志斌、宋建忠：《襄汾陶寺城址发掘显现暴力色彩》，《中国文物报》2003年1月31日第1、2版。

② 杨新改、韩建业：《禹征三苗探索》，《中原文物》1995年第2期。

③ 北京大学考古学系、驻马店市文物保护管理所：《驻马店杨庄——中全新世淮河上游的文化遗存与环境信息》，科学出版社1998年版；洛阳市文物工作队：《洛阳皂角树——1992—1993年洛阳皂角树二里头文化聚落遗址发掘报告》，科学出版社2002年版。

④ 苏秉琦、殷玮璋：《关于考古学文化的区系类型问题》，《文物》1981年第5期。

四

从良渚古城、陶寺古城和二里头古都的发展变化，差不多可以勾勒出整个早期中国文明的演进之路：最先于距今5000年左右已经形成良渚古国为代表的各个邦国文明，虽各呈异彩，但都偏安一隅、互不统属，而当时的中原地区正处于较为低落的时期。距今4500年以后形成的陶寺类型——陶唐氏古国终于靠近中原腹地，其影响由局部变为接近全局，但终究范围有限、深度不够，且未形成世袭王权，最多也只进入雏形王国阶段。其后中原腹地以登封王城岗、禹州瓦店、新密新砦等大型遗址为代表的早中期夏文化，其社会发展阶段仍然和陶唐氏古国没有太大差别。只有距今3800年以后出现在中原腹地的二里头青铜文明——晚期夏王朝，能够海纳百川菁华而又播之四海，对周围影响的深度和广度空前提高，才算形成稳固的世袭王权，进入真正的王国阶段。这一从邦国到王国的发展历程，与苏秉琦先生提出的“古国—方国—帝国”的文明演进之路基本吻合①，与修正后的“古国—王国—帝国”的演进之路更加相近②。

（本文原载《考古》2010年第11期）

① 苏秉琦：《迎接中国考古学的新世纪》，《华人·龙的传人·中国人——考古寻根记》，辽宁大学出版社1994年版，第236—251页。

② 严文明：《黄河流域文明的发祥与发展》，《华夏考古》1997年第1期。

良渚：具有区域王权的早期国家

浙江余杭良渚遗址是中国第一个进入世界遗产名录的新石器时代（铜石并用时代）遗址，被视为中华文明5000年的实证，世界遗产委员会称其为“中国新石器时代晚期以稻作农业为经济支撑，并存在社会分化和统一信仰体系的早期区域性国家”。考古学家严文明和张忠培都认为良渚已进入国家阶段和文明社会。英国考古学家科林·伦福儒和浙江省文物考古研究所所长刘斌等称之为“东亚最早的国家社会”。

一 良渚文化确已进入文明社会

文明是最广泛的文化实体，指人类文化和社会发展的高级阶段，国家的出现一般被视为进入文明社会的最重要的标志。良渚遗址约30万平方米的宫城、300万平方米的内城、630万平方米的外城，以及十数座高、低水坝等，规模之宏大前所未见。科林·伦福儒和刘斌认为，其水利工程的规模可能比埃及和苏美尔的还要大，浙江省文物考古研究所王宁远估计所有工程的总土方量在1000万立方米以上。此外，制作大量珍贵玉、漆、象牙、陶器等所需的专业人工数量也很庞大。可见良渚有着非常强大的社会组织和动员能力，非国家无以为之。

据北京大学赵辉估算，占地约 1000 平方千米的良渚大遗址群，当时应该有大约 3000 个村落，才能生产出供养良渚古城大约 2 万人口所需的稻米。照此推算，数万平方千米的整个良渚文化分布区，同时期聚落当数以万计，人口或有百万之众。却只有良渚古城这样一个超级中心聚落和政治文化中心，城乡分野明晰，统一程度颇高，俨然国家景象。

张忠培将良渚墓葬分为四个等级：第一等级同时随葬玉琮和玉钺，推测墓主人生前既掌握神权又控制军权，可称“神王”，他们是良渚社会君临天下的最高统治者；第二等级者生前当掌握军权，死后以玉钺随葬；第三等级当为生前具有行使军事职能权力的兼职战士，死后随葬石钺；第四等级当为普通农业劳动者，死后无石钺随葬。这显示出当时存在明显的阶级分化和较为严格的礼制。良渚玉器上的完整神人兽面徽纹，基本仅见于反山、瑶山等最高级别大墓，稍低级别的墓葬只有简化徽纹。赵辉认为，神人兽面纹代表了“良渚人心目中共同尊奉的地位最高乃至唯一的神祇”，浙江省文物考古研究所方向明认为其是“维系良渚社会稳定的唯一标识”。高度统一、层级清楚的宗教崇拜当是维护良渚社会稳定统一和组织动员国力的强大武器，和“钺”所象征的军权互为表里。

良渚的精致玉器、嵌玉漆器、刻纹象牙器和刻纹陶器，以及高质量木作，显示贵族控制下的各类手工业技术已达很高水平，专业工匠的存在毋庸置疑。如北京大学秦岭所说，良渚玉器生产的“标准化”和使用的制度化，超过中国新石器时代任何文化，非文明社会无以当之。

此外，良渚陶器上面常见各种类似文字的符号，不少结体复杂，有的甚至数“字”成行，可能就是原始文字，这类原始文字当时可能多数写在竹木绢帛之上，难以保存至今。所以，我们不能轻易断言良渚为无文字的文明。

即便按照西方学者最早提出的标准来判断，距今5000年左右鼎盛时期的良渚社会，也与苏美尔文明、埃及文明一样，确已进入文明社会和早期国家阶段。

二　良渚古国具有区域王权

如果扩大视野，会发现距今5000年以后，在黄河流域和长江中游地区，存在至少三个与鼎盛期良渚文化同时且站在文明社会门槛的文化，那就是大汶口文化、屈家岭文化和仰韶文化，这几个文化也都有古城、大墓和“宫殿式”房屋。只是这三个文化各自内部并不统一，不像良渚文化有着唯一中心，而且物质文化的发展水平也不及良渚文化。当然，四个文化之间还存在文明模式上的差异。比如黄河流域的仰韶文化和大汶口文化都注重俗世和祖先崇拜，强调社会秩序，但大汶口文化的贫富差别更加明显；长江流域的良渚文化和屈家岭文化都宗教色彩浓厚，贫富分化明显，但良渚文化的社会秩序比屈家岭文化要严整许多。文明模式的不同也会影响我们对文明水平高低的判断。

虽然大汶口文化、屈家岭文化和仰韶文化的文明化程度稍逊于良渚文化，但其实力和良渚文化不相伯仲，它们之间相互交流和对外影响的幅度更非良渚文化可比。比如大汶口文化的尊、杯等因素向西可远达关中地区，屈家岭文化的斜腹杯等因素向北可传至晋南地区，仰韶文化的篮纹等因素则东达海岱、南抵江汉。甚至良渚文明的衰亡也可能与距今4300年以后造律台文化的南下有些关系。比较而言，富足而自信的良渚文化似乎颇为“内向”，良渚古城的统治者主要在良渚文化范围内实行统治，与黄河流域、长江中游地区诸文化呈现互相对峙、分庭抗礼的态势，而且彼此交流有限。如果和其他早期文明相比较，苏美尔文明各城邦统治范围狭小，被认为是一个个具有小王权的“城邦国家”；埃及早王朝已经对上、下埃及广大地区实行统治；二里头早期国家（晚期夏王朝）对多元一体的早期中国大部地区实行统治。埃及早王朝和二里头早期国家都被认为是具有大王权的“广幅国家”或“广域王权国家”。良渚古国的统治范围比苏美尔各城邦大，但比埃及和二里头早期国家却小许多，称之为“区域王权国家”，或许更加合适。

苏秉琦曾提出古代中国文明演进的“古国、方国、帝国”三大阶段的方案，严文明和王震中分别将之修正为“古国、王国、帝国”和“邦国、王国、帝国”三大阶段。从早期中国文化圈整体来看，良渚早期国家作为“区域王权国家”，仅相当于第一个“古国”或“邦国”阶段，二里头文化以后才进入“普天之下莫非王土”的“王国”阶段。

三　“早期中国”孕育良渚文明

中国的地理环境相对独立，使得早期中国文化具有土著性、统一性特征，保证了其有机会长时期稳定连续发展。中国文化从旧石器时代就有一定特色，至距今 8000 年左右的裴李岗时代已经有了“早期中国文化圈”的萌芽，初具稳定内敛、祖先崇拜等特质。距今 6000 年左右的庙底沟时代，在仰韶文化庙底沟类型的大幅扩张和强力影响下，包括江浙在内的中国大部地区文化的统一性空前增强，正式形成以中原为核心的多元一体的“早期中国文化圈”或文化上的“早期中国”，同时最早在中原地区迈开了早期中国文明起源的脚步，随后影响带动中国大部地区进入一个普遍趋于文明化的时期。

比如距今6000年稍后，中原腹地晋南、豫西和关中东部的仰韶文化庙底沟类型中，出现200—500平方米的大型房屋，以及上百万平方米的大型聚落，社会复杂化由此发端；稍后黄河、长江流域文明曙光四处涌现，如距今5300年前后甘肃秦安大地湾400多平方米的“殿堂”式房屋、河南灵宝西坡面积近20平方米的考究大墓、辽宁凌源牛河梁气势恢宏的“庙、坛、冢”祭祀遗存，以及山东章丘焦家、安徽含山凌家滩和江苏连云港东山村的豪华瘗玉大墓等，显示仰韶文化、红山文化、大汶口文化、崧泽文化等都已站在了文明社会的边缘。

同样是在大约距今5300年，崧泽文化蜕变为良渚文化，稍后大量人口移民至良渚地区。虽然在距今5000年左右气候干冷的背景下，良渚地区地下水位下降，初步具备了人居条件，但在那样低洼的小平原地区，“治水”可能仍是头等大事。大量人口的涌入还需要解决吃饭问题，刺激了灌溉稻作农业的迅速发展。大规模的土木水利工程和灌溉水稻农业，使得良渚社会生产力水平迅速提升，也极大地提高了良渚社会的组织动员能力和贵族首领的权力，从而催生出灿烂的良渚文明，这与苏美尔文明的形成原因类似。归根结底，良渚文明只是庙底沟时代以来长江下游地区持续文明化进程的结果，这一文明化进程的启动还与来自中原的推动有关，且与周边地区存在互动。因此，良渚文明形成于多元一体的早期中国各区域文化融合互动的背景之下，是早期中国文明的重要组成部分。

四　良渚文明影响“早期中国”

良渚文明时期主要向南扩张影响，浙江南部的好川文化、广东北部的石峡文化等，都深深打上了良渚文明的烙印。良渚北部有强大的大汶口文化，江苏新沂花厅殉人墓葬的发现，表明良渚人曾北扩至此，并与大汶口人发生战争，但这也是良渚文化向北扩张的最远地点。西—西北方向是屈家岭文化和仰韶文化的地盘，良渚文化无力染指。无论如何，兴盛期的良渚文明对作为早期中国文化圈主体的黄河流域和长江中游地区的影响还很有限。

良渚文明真正对黄河流域发生大的影响，是其进入晚期以后。大约距今4500年，在晋南临汾盆地出现陶寺文化，其琮、璧、钺、“V”字形厨刀等玉、石器，都明显属于良渚文化因素。陶寺近300万平方米的古城，此前中原从未有过如此超大规模的城，或许也是受到良渚筑城理念启发的产物。深受良渚影响的还有山西芮城清凉寺墓地、陕西延安芦山峁遗址等地精美玉、石器的大量出现。良渚文明的深远影响，应当不仅仅表现在物质层面。良渚式玉器的出现，使得黄河流域人群终于找到了一种绝佳的高等级社会身份标志物；良渚式大城出现的同时，良渚文明那套政治管理模式也可能相应渗透到中原和北方地区。可见良渚对中原和北方等地龙山时代的文明化进程有所促进。

更为重要的是，以陶寺文化为基点，琮、璧等玉器北向影响到老虎山文化石峁类型，西向影响到甘肃、青海、宁夏地区齐家文化，为这些粗犷的北—西北方文化平添了许多温润之气。良渚玉器对临近的大汶口文化、龙山文化当然会有更加明显的影响，至龙山文化已经形成自具特色的玉器风格，并深刻影响到龙山后期江汉平原地区肖家屋脊文化玉器的出现。良渚文化的玉器传统，还通过陶寺文化、龙山文化、肖家屋脊文化、石峁类型等，传承到更晚的二里头文化（晚期夏文化），以至于商、周文化。

良渚文化虽然并非夏、商、周三代文化的直接前身，良渚文明也在夏代建立前夕衰落了，但良渚文明本身就是多元一体的早期中国文明的重要组成部分，其对早期中国文明形成和发展所做出的巨大贡献，永远值得我们纪念。

（本文原载《中国社会科学报》2019 年 8 月 5 日，《新华文摘》2019 年第 20 期全文转载）

石峁：文化坐标与文明维度

近年石峁古城的重大发现令人震惊①。有人也许会问，气候干旱、沟壑纵横的陕北北部黄土丘陵地区，4000年前怎么会出现这样一座面积400万平方米的庞大古城？怎么会拥有如此高规格的建筑和精美的石雕玉器？它的文化根源在哪里？和周围地区有着怎样的互动关系？它达到了什么样的文明水平？在早期中国文明化进程中处于何种地位？本文拟就这些问题进行简略讨论。

一　源于中原而面向欧亚

考古学上考察人类物质遗存的文化属性，最常见的是通过陶

① 陕西省考古研究院等：《陕西神木县石峁遗址》，《考古》2013年第7期；陕西省考古研究院等：《陕西神木县石峁遗址后阳湾、呼家洼地点试掘简报》，《考古》2015年第5期；陕西省考古研究院等：《发现石峁古城》，文物出版社2016年版；陕西省考古研究院等：《陕西神木县石峁遗址韩家圪旦地点发掘简报》，《考古与文物》2016年第4期；陕西省考古研究院等：《陕西神木县石峁城址皇城台地点》，《考古》2017年第7期；陕西省考古研究院等：《陕西神木石峁遗址皇城台地点考古取得重要收获》，《中国文物报》2019年1月11日第8版；孙周勇、邵晶、邸楠等：《石峁遗址2018年考古纪事》，《中国文物报》2019年8月23日第5版；李政：《石峁遗址：石破天惊的新发现不断颠覆传统认知》，《中国文物报》2019年9月27日第5版。

器，因为陶器普通、易碎，变化敏感，又往往反映人们的文化习俗。石峁遗址所出陶器以双鋬鬲和敛口甗两种炊器最为典型。鬲是山西中部至内蒙古中南部一带发明的最具“中国”特色的陶质炊器之一，和斝相比有着硕大的三空足，食物完全盛放于三足内，能保证炊煮食物的时候有着最大的受热面积，高效节能，很适合半干旱的内蒙古中南部、山西中北部、陕北、河北西北部——狭义“北方地区”的农业人群使用。甗虽然最早源自长江下游地区，但传至北方地区后由三实足变为三空足，下可煮上能蒸，更加方便高效。我们曾将石峁这类狭义“北方地区”以农业为主的龙山遗存，统称为老虎山文化[①]。老虎山文化有不少地方性差别，可以分为若干地方类型，或者若干“亚文化”[②]；石峁所代表的陕北地区遗存有一定特色，如三足瓮出现最早且发达，可称之为老虎山文化石峁类型，当然称石峁文化也未尝不可[③]。发掘者将石峁古城主体遗存分为早、晚两期，早期流行宽裆的斝式鬲，晚期变为尖角裆的典型鬲，新出三足瓮、盉等陶器，绝对年代分别在大约公元前2300—前2100年和公元前2100—前1800年[④]，大致相当于我们划分的老虎山文化前期晚段和后期。

老虎山文化的前身是广义中原地区的仰韶文化。大约公元前4500多年的全新世中期气候适宜期，北方黄土丘陵地区的水热条件比现在好很多，地貌也应该比现在平整许多，比较适合发展旱作农

---

① 内蒙古文物考古研究所：《岱海考古（一）——老虎山文化遗址发掘报告集》，科学出版社2000年版；韩建业：《中国北方地区新石器时代文化研究》，文物出版社2003年版。

② 田广金最早提出“老虎山文化”的名称，但仅用以指称内蒙古中南部龙山遗存（田广金：《论内蒙古中南部史前考古》，《考古学报》1997年第2期）；魏坚称鄂尔多斯地区龙山遗存为永兴店文化（魏坚：《试论永兴店文化》，《文物》2000年第9期）；张忠培称晋中龙山遗存为杏花文化（张忠培：《杏花文化的侧装双鋬手陶鬲》，《故宫博物院院刊》2004年第4期）。

③ 张宏彦、孙周勇：《石峁遗存试析》，《考古与文物》2002年第1期；巩启明：《新世纪陕西史前考古的重要收获》（下），《文博》2018年第5期。

④ 邵晶：《试论石峁城址的年代及修建过程》，《考古与文物》2016年第4期。

业。仰韶文化后岗类型人群从太行山以东地区西北向迁徙，仰韶文化半坡类型人群从关中地区东北向迁徙，二者先后到达北方地区并碰撞融合[①]，形成具有一定特色的仰韶文化，延续发展了约2000年。到大约公元前2500年的龙山时代，陶斝从山西南部进入北方地区而特化为鬲，陶甗也自河北平原后岗二期文化传播而来，面貌一新的老虎山文化由此形成。可见包括石峁在内的老虎山文化源于中原，发展过程中又深受中原影响。但另一方面，老虎山文化却又是适应北方地区自然环境而形成的自具特色的文化，其主要文化基础是仰韶文化阿善类型、白燕类型等[②]。另外，北方地区内部的文化交融也是老虎山文化形成的重要原因，如白灰面窑洞式建筑从陕北和山西中部扩展至内蒙古中南部、山西北部、河北西北部等地，石城从鄂尔多斯、陕北地区扩展至山西中北部、岱海地区、河北西北部等。

石峁的玉器、兽面纹石雕的文化来源也应该在中原，更早的源头当在东方。石峁及其附近的神木新华等遗址发现的大量刀、钺、璧、环等玉器[③]，在陕北北部地区没有任何渊源，而和稍早的晋南陶寺文化的玉器近似，理应来自陶寺文化[④]。由于陕北南部的延安芦山峁遗址也有和陶寺类似的陶器和玉器[⑤]，也应该属于陶寺文化的势力范围，因此石峁玉器更可能是通过陕北南部地区传播而来。再进一步来

① 张忠培、关强:《“河套地区”新石器时代遗存的研究》,《江汉考古》1990年第1期；严文明:《内蒙古中南部原始文化的有关问题》,《内蒙古中南部原始文化研究文集》，海洋出版社1991年版，第3—12页；田广金:《论内蒙古中南部史前考古》,《考古学报》1997年第2期。

② 韩建业:《中国北方地区新石器时代文化研究》，文物出版社2003年版。

③ 陕西省考古研究所、榆林市文物保护研究所:《神木新华》，科学出版社2005年版；王炜林、孙周勇:《石峁玉器的年代及相关问题》,《江汉考古》2011年第4期。

④ 韩建业:《中国西北地区先秦时期的自然环境与文化发展》，文物出版社2008年版，第204页。

⑤ 陕西省考古研究院、西北大学文化遗产学院、延安市文物研究所:《陕西延安芦山峁遗址发掘取得重要收获》,《中国文物报》2018年11月16日。

说，陶寺文化的玉器也并非中原地区原创文化因素，而是源自东方地区的大汶口文化和良渚文化。石峁晚期还有较多玉牙璋，不见于陶寺，或来自海岱龙山文化[①]。当然，石峁遗址在墙体等处插玉器的现象，表明玉器的主要功能已经转变为给祖先神灵的奉献物[②]，这种情况并不见于陶寺文化、大汶口文化和良渚文化，表明用玉观念已发生很大变化，但由此并不能否定石峁玉器从文化上源自中原和东方的事实。石峁遗址所出兽面纹石雕，虽有粗犷雄浑的自身特色，但基本和江汉地区肖家屋脊文化的玉雕图案近似，主要源头都当在海岱龙山文化，更早还可追溯至良渚文化。

石峁的部分石人面形象、铜器以及羊、牛等家畜，则体现与欧亚草原的联系。石峁发现的一些人面雕塑[③]，与广义阿尔泰地区奥库涅夫文化（Okunev）、卡拉库尔文化（Karakol）、切木尔切克文化的石雕人面形象近似，类似的心形或“水滴状”人面形象还广见于阿尔泰山、天山、贺兰山、阴山等地区岩画之上[④]，暗示这个时候包括石峁在内的狭义北方地区和欧亚草原地带可能存在广泛的文化联系[⑤]。有人认为这类“水滴状”人面形象，源头在中国东北地区更早的兴隆洼—红山文化[⑥]。神木石峁晚期的环首刀范，刀柄位置见有塞伊玛·图尔宾诺（Seima-Turbino）式的“X”形花纹，年代约在公元前

---

① 李伯谦：《香港南丫岛出土的牙璋的时代和意义》，《中国青铜文化结构体系研究》，科学出版社 1998 年版，第 254—259 页。

② 何驽：《华西系玉器背景下的陶寺文化玉石礼器研究》，《南方文物》2018 年第 2 期。

③ 陕西省考古研究院等：《陕西神木县石峁遗址》，《考古》2013 年第 7 期；陕西省考古研究院等：《发现石峁古城》，文物出版社 2016 年版，第 122 页。

④ 韩建业：《略论新疆地区四千年前的萨满式人物形象——兼论康家石门子岩画的年代》，《西域研究》2018 年第 3 期。

⑤ 郭物：《从石峁遗址的石人看龙山时代中国北方同欧亚草原的交流》，《中国文物报》2013 年 8 月 2 日。

⑥ 只是公元前 2500 年前后红山文化早就衰亡，人形雕塑传统也已消失，如何却在龙山时代出现于其东的阿尔泰山、阴山等地区，仍然不得其解。参见肖波、A. Л. 扎伊卡《亚洲北部地区“水珠形”眼睛人面像岩画年代研究》，《北方文物》2017 年第 1 期。

1800年[①]，杰西卡·罗森认为其具体和阿尔泰地区艾鲁尼诺文化（Elunino）的青铜刀有关[②]。另外，神木石峁等老虎山文化后期遗存中，还发现大量绵羊、山羊、黄牛等家养动物的骨骼[③]。绵羊、山羊、黄牛有来自甘青地区和阿尔泰地区两种可能，进一步说明此时欧亚草原畜牧文化和中国北方地区农业文化之间开始出现文化交流，形成半农半牧性质的生业形态，为狭义北方地区晚商以后成为畜牧文化区奠定了基础。

二　邦国文明与北方模式

石峁石城400多万平方米的庞大体量，雄伟高大的皇城台，宏大复杂的城门，讲究的城墙砌筑技术，精美的玉器和石雕以及铜器等，都显示出存在强大的社会组织能力和一定的社会分工，社会复杂化程度较高。作为古城核心的皇城台出土60多件包含符号、人面、动物、“神面”“神兽”等题材的石雕，以及保留在原地的神面纹圆形石柱，营造出庄严恐怖的气氛；所出20多件骨质口簧，或为祭祀祖先神祇时鼓奏之用，此外还有20多件大型陶鹰、卜骨等，都凸显出皇城台极端神圣的宗教建筑性质。石峁古城至少应该是陕北石峁类型的宗教和政治中心[④]，甚至不排除对老虎山文化其他类型有一定统摄力，当

---

① 陕西省考古研究院等：《陕西神木县石峁城址皇城台地点》，《考古》2017年第7期。

② J. Rawson, “Shimao and Erlitou: New Perspectives on the Origins of the Bronze Industry in Central China”, *Antiquity*, 91 (355), 2017, pp. 1-5.

③ 胡松梅、杨苗苗、孙周勇、邵晶：《2012—2103年度陕西神木石峁遗址出土动物遗存研究》，《考古与文物》2016年第4期；杨苗苗、胡松梅、郭小宁、王炜林：《陕西省神木县木柱柱梁遗址羊骨研究》，《农业考古》2017年第3期。

④ 石峁聚落的中心地位是早就知道的，但没有想到这个遗址的规模会如此巨大。我以前这样说过：“石峁聚落面积达90万平方米，防卫设施完备并发现珍贵玉器，极可能就是陕北超级聚落群的中心。”韩建业：《中国北方地区新石器时代文化研究》，文物出版社2003年版，第254页。

已经迈入早期国家[①]或初级文明阶段。但石峁最多也只是北方至晋南地区的区域中心，石峁的统治者最多只在北方至晋南地区具有区域王权，而不具有统摄早期中国大部地区的广幅王权。关于中国国家或文明进程，苏秉琦曾提出“古国—方国—帝国”三阶段说[②]，严文明称其为“古国—王国—帝国”[③]，王震中修正为“邦国—王国—帝国”[④]。石峁显然属于古国文明或邦国文明范畴。

石峁和东方地区的良渚文化、龙山文化等，都进入邦国文明阶段，但仍存在较大差别。最明显的是，石峁现已发现的墓葬，随葬品普遍比较贫乏，少数面积10余平方米的有殉人的大型墓葬，也仅随葬为数不多的玉器、彩绘陶等[⑤]，或许这还是受到陶寺文化影响的结果，阔大的墓室和殉人着意强调墓主人高贵的社会地位，但随葬品的数量与其地位不甚相称，属于“重贵轻富”性质。而东方良渚文化、龙山文化的大型墓葬或棺椁成套，或随葬大量美玉美陶等，“富贵并重”。此外，石峁多处青年女性人头坑的发现，透露出石峁人残酷对待战俘的一面。我曾经提出，北方地区从约公元前3500年进入铜石并用时代以来，尤其自龙山时代的老虎山文化以来，石城猛增，战争频繁，父系家族凸现，显示和东方地区一样开始了社会变革，但贫富分化和社会分工不如东方沿海和长江中下游地区显著，墓葬少见随葬

---

① 戴向明：《陶寺、石峁与二里头——中原及北方早期国家的形成》，《夏商都邑与文化》（二），中国社会科学出版社2014年版，第46—60页；孙周勇、邵晶：《石峁：过去、现在与未来》，《发现石峁古城》，文物出版社2016年版，第9—23页。

② 苏秉琦：《迎接中国考古学的新世纪》，《华人·龙的传人·中国人——考古寻根记》，辽宁大学出版社1994年版，第236—251页。

③ 严文明：《黄河流域文明的发祥与发展》，《华夏考古》1997年第1期。

④ 王震中：《邦国、王国与帝国：先秦国家形态的演进》，《河南大学学报》（社会科学版）2003年第4期。

⑤ 如石峁遗址的韩家圪旦地点大墓M1、神木神圪挞梁遗址大墓M7。见陕西省考古研究院等《发现石峁古城》，文物出版社2016年版，第69页；陕西省考古研究院等《陕西神木县神圪挞梁遗址发掘简报》，《考古与文物》2016年第4期。

品，绝大多数石城不过是御敌之普通石围聚落[1]。我曾将这种长期延续的社会发展和文明化方式，简单概括为“北方模式”，以与“东方模式”和“中原模式”相别[2]。石峁石城聚落的新发现，让我们看到了一个更加复杂的北方。

三 南下中原和重塑文明

前期老虎山文化和周围地区文化基本是和平共处的局面，到后期却发生很大变化。可能是由于公元前2000年前后干冷气候事件的影响，后期老虎山文化向南强烈扩张影响。老虎山文化的南下，造成临汾盆地文化格局的巨变[3]，原本有斝无鬲的临汾盆地出现大量双鋬陶鬲，陶寺文化也就因此而变为陶寺晚期文化，还出现了大城被毁、暴力屠杀、疯狂毁墓等现象[4]，说明北方和晋西南之间发生了激烈的冲突战争[5]。石峁古城与陶寺古城都是三四百万平方米的特大聚落，二者或有短期共存，但基本态势是石峁兴而陶寺废，这一北一南，一兴一废之间，理当存在一定的逻辑关系。我曾从老虎山文化南下临汾与“稷放丹朱”、陶寺晚期文化的西北向迁移与不窋“自窜于

---

① 我曾认为北方地区龙山时代前后的带状分布的石城，可能与对抗更北方游猎采集人群的侵扰有关。最近石峁遗址发现的石人面像、铜刀（范）等又显示其与北方欧亚草原可能存在联系，石城的出现就更不能排除对抗欧亚草原人群的可能性。见韩建业《试论作为长城“原型”的北方早期石城带》，《华夏考古》2008年第1期。

② 韩建业：《略论中国铜石并用时代社会发展的一般趋势和不同模式》，《古代文明》第2卷，2003年版，第84—96页。

③ 韩建业：《晋西南豫西西部庙底沟二期——龙山时代文化的分期与谱系》，《考古学报》2006年第2期。

④ 中国社会科学院考古研究所山西队、山西省考古研究所等：《山西襄汾陶寺城址2002年发掘报告》，《考古学报》2005年第3期；高江涛：《试析陶寺遗址的“毁墓”现象》，《三代考古》（七），科学出版社2017年版，第345—354页。

⑤ 韩建业：《唐伐西夏与稷放丹朱》，《北京大学学报》（哲学社会科学版）2001年第3期。

戎狄之间”等方面，论证推测石峁类型可能属于黄帝后裔北狄的文化遗存①，而皇城台或者就是祭祀黄帝的圣台，石峁古城就是中华圣城之一。

包括石峁在内的老虎山文化的南下，阻断了晋南陶寺文化的文明步伐，为接下来豫中、豫西地区成为中原地区文明核心区创造了客观条件；老虎山文化的陶鬲、细石器镞和卜骨等，还进一步渗透进后岗二期文化、王湾三期文化等当中②，由此途径进入中原的或许还有小麦、羊、青铜器等源自西方的因素，给中原等地输送新鲜血液的同时也带来一定的压力，稍后王湾三期文化向豫南和江汉地区的剧烈扩张影响或所谓“禹征三苗”事件③，当可视为是来自北方压力的余波，而“禹征三苗”是夏王朝建立前最重要的政治统一事件之一。再往后，主要在王湾三期文化基础上发展起来的二里头文化——晚期夏文化，已经进入王国文明阶段。因此，石峁古城不仅是中华文明主根脉的重要组成部分，而且石峁及其老虎山文化对早期中国向成熟的王国文明的迈进，对于重塑早期中国文明，也做出了非常重要的贡献。

（本文原载《中华文化论坛》2019 年第 6 期）

① 韩建业：《“石峁人”或属北狄先民》，《中国社会科学报》2018 年 12 月 27 日；韩建业：《石峁人群族属探索》，《文物春秋》2019 年第 4 期。

② 韩建业：《老虎山文化的扩张与对外影响》，《中原文物》2007 年第 1 期。

③ 杨新改、韩建业：《禹征三苗探索》，《中原文物》1995 年第 2 期。

文明起源的北方模式、中原模式和东方模式

略论中国铜石并用时代社会发展的一般趋势和不同模式

中国史前文化既有统一性又有多样性，这已基本成为学术界的共识①。但在史前社会的演进和文明起源的研究上，除少数著作对某些文明的特殊性作过深入思考外②，很少有人辩证地论及中国大部地区社会发展的一般趋势和各地可能存在的不同模式间的关系。本文拟从聚落考古的角度，对这一问题略做探讨，以引起注意。

一

公元前3500年左右是中国史前文化的一个重要分界：此前属新石器时代，此后进入铜石并用时代③。相对于新石器时代（约前10000—前3500）而言，铜石并用时代（约前3500—前1900）中国大部地区社会普遍发生的变化主要有以下3个方面：

---

① 严文明：《中国史前文化的统一性与多样性》，《文物》1987年第3期。

② 赵辉：《良渚文化的若干特殊性——论一处中国史前文明的衰落原因》，《良渚文化研究——纪念良渚文化发现六十周年国际学术讨论会文集》，科学出版社1999年版，第104—120页。

③ 严文明：《略论中国文明的起源》，《文物》1992年第1期。

（一）父系家庭和家族组织的凸现

在日常生产、生活方面具有独立性的父系家庭成为主流，以及由父系家庭组成的父系家族地位的日渐突出并最终造成氏族社会的解体，是中国铜石并用时代社会组织结构方面的重大变化①。以园子沟聚落和大汶口墓地为例。

园子沟聚落位于内蒙古凉城县岱海地区，属于龙山后期的老虎山文化，又可分为2期。发现的100多座房屋的面积多在10平方米左右，一般应是一个包括夫妻及其未成年子女在内的核心家庭的居所。两三座这样的房屋连在一起组成院落，院落内有主房和偏房的区别，又共用一个厨房，可能与包括3代以上成员的具有完整意义的父系家庭对应。院落相对集中成群，群内房屋讲究对称，布局严谨，风格统一，可能代表父系大家庭。两群以上房屋成排分布，排内房屋建筑风格统一，房屋大小相若，可能与家族组织对应。整个聚落则构成一个家族公社。综合起来看，排所代表的家族是整个家族公社中最关键的一级社会组织：在家族之间才开始有风格习俗上的细微区别，家族内部完全一致，且井井有条；在家族之间才有一定程度的贫富差异，家族内部基本平等，但主次分明。这大概是因为凝聚族人的血缘关系，至家族一级形成第一个临界点，以内异常亲密，以外明显疏远②。

大汶口墓地位于山东泰安，第一次发掘的属于大汶口文化后期的墓葬共133座，还可分为3期。一期墓葬占大多数，可细分为4群，每群死者人数少者不到10人，多者达三四十人，应与现实社会中的

① 之所以称当时为父系社会，主要出于这样两个理由：其一，当时墓葬和聚落的情况和商周王朝大同小异，而商周王朝属父系社会；其二，在大汶口文化和齐家文化等中发现一些男女合葬墓，虽然并非强调夫妻关系的主要埋葬形式，但却透露出男尊女卑的信息，尤以齐家文化最为明显。

② 内蒙古文物考古研究所：《岱海考古（一）——老虎山文化遗址发掘报告集》，科学出版社2000年版。

家族组织对应；墓群之下还可以划分出代表父系家庭的墓组，整个早期墓地则代表一个父系家族公社。二、三期墓葬数量很少，也就和早期的某个中小型墓群相当，所以应当只是家族墓地。家族公社墓地被家族墓地的取代，形象地反映了家族突破家族公社的束缚而独立性增强的过程①。

其他布局较为清楚的聚落，如郑州大河村秦王寨类型聚落②、蒙城尉迟寺大汶口文化晚期聚落③、临潼康家客省庄二期文化聚落等④，在反映父系家庭和家族组织的凸现这一点上都和园子沟聚落大同小异。至于墓葬方面，在绝大多数墓地都能观察到家族组织的特殊地位以及家族之间的差异，只是有的还包括在整个家族公社的墓地之内，有的如良渚文化、龙山文化等则常常只有独立的家族墓地。

（二）家族公社群的普遍出现

和以前自然形成的聚落的疏密集聚不同，铜石并用时代聚落群已普遍出现⑤，这应当是各聚落所代表的人群间联系得到加强的反映。每个聚落群的占据面积一般在10—30平方千米，同时的聚落大致有十到几十处，人口或许在数千至几万，应当代表比家族公社更高一级的社会组织。它的出现可能主要以各家族公社成员的血缘关系为基础，实质上不过是家族公社的放大和延伸；它的形成当出于各家族公社成员的共同需要，因此一般不需要花很大力气去进行有效的社会管理。我们一时还找不到合适的称呼，只好暂时称其为“家族公社

---

① 山东省文物管理处、济南市博物馆：《大汶口——新石器时代墓葬发掘报告》，文物出版社1974年版；韩建业：《大汶口墓地分析》，《中原文物》1994年第2期。

② 郑州市文物考古研究所：《郑州大河村》，科学出版社2001年版。

③ 中国社会科学院考古研究所：《蒙城尉迟寺——皖北新石器时代聚落遗存的发掘与研究》，科学出版社2001年版。

④ 陕西省考古研究所康家考古队：《陕西临潼康家遗址发掘简报》，《考古与文物》1988年第5、6期。

⑤ 严文明：《仰韶房屋和聚落形态研究》，《仰韶文化研究》，文物出版社1989年版，第180—242页。

群”。聚落群还常常聚集成更大规模更高层次的“超级聚落群”。以老虎山聚落群与园子沟聚落群、良渚聚落群、石家河聚落群为例。

在岱海北岸的山坡上分布着至少20处老虎山文化聚落，并集聚成西部的老虎山聚落群和东部的园子沟聚落群。两聚落群的聚落数大约各为10个，占据面积各10余平方千米。每个聚落群内部联系紧密、文化面貌几乎完全一致，而两聚落群之间则存在一定的差别。其中老虎山聚落群中的面坡、板城聚落可能为从老虎山和西白玉聚落中分化出来，这充分说明聚落群的确是实际存在的，维系聚落群所代表的家族公社群的主要力量来自血缘关系①。老虎山聚落群、园子沟聚落群等还共同组成岱海地区超级聚落群。

良渚聚落群位于太湖南岸的浙江余杭良渚镇附近，占据面积30余平方千米；已发现良渚文化遗址100多处，多属墓地；其中最发达的中期的聚落估计得有几十处②。良渚聚落群与附近其他聚落群共同组成太湖南岸超级聚落群。石家河聚落群位于湖北天门石家河镇附近，占据面积不到10平方千米，已发现石家河文化聚落近30处③。石家河聚落群与附近其他聚落群共同组成超级聚落群。良渚聚落群和石家河聚落群所包含的聚落（墓地），在文化面貌上各自有相当的共性，各自聚落彼此间当有着密切联系，同样各代表一个家族公社群，只是规模不同而已。其他情况较明了的还有属于仰韶文化晚期的秦安

① 内蒙古文物考古研究所：《岱海考古（一）——老虎山文化遗址发掘报告集》，科学出版社2000年版；内蒙古文物考古研究所、日本京都中国考古学研究会岱海地区考察队：《板城遗址发掘与勘查报告》，《岱海考古（二）——中日岱海地区考察研究报告集》，科学出版社2001年版，第206—277页。

② 费国平：《余杭良渚遗址群概况》，《文明的曙光——良渚文化》，浙江人民出版社1996年版；中村慎一：《良渚文化的遗址群》，“聚落演变与早期文明国际学术研讨会”论文，北京大学考古文博学院，2001年。

③ 北京大学考古系、湖北省文物考古研究所、湖北荆州地区博物馆石家河考古队：《石家河遗址群调查报告》，《南方民族考古》第五辑，四川科学技术出版社1993年版，第213—294页。

大地湾聚落群、郑州大河村聚落群①，属于龙山文化的两城镇聚落群等②。

（三）战争频繁发生

从铜石并用时代开始，城址大量涌现。开始时主要发现了 3 群，分别分布在内蒙古中南部、黄河中下游和长江中游，20 世纪 90 年代以来又在长江上游地区发现另外一群③。尽管这些城址的性质和功能有诸多不同，但有一点是一致的，那就是它良好的防御性。这显然是人群间关系日趋紧张，战争逐渐成为日常重要事务的反映。以内蒙古中南部城址、郑州西山古城和屈家岭—石家河文化城址为例。

虽然内蒙古中南部城址的年代从庙底沟二期到龙山时代不一，还可分成几小群，但特征都差不多。均以石块垒砌，其选址一般比仰韶前期聚落升高很多，多位于山顶或山坡高处，以达到易守难攻的目的。多利用悬崖峭壁来加强防御，一般仅在平缓地段垒墙。其中准格尔寨子塔聚落在唯一可与外界相通的北侧筑有 2 道石墙、2 重城门，石墙之间还有瞭望台，城门两侧石墙明显加厚。这样重重屏障，道道关卡，加上瞭望台，对聚落的防务重视到了无以复加的地步④。内蒙古中南部自然资源有限，相邻的聚落群间就有可能为争夺资源而经常争战，再加上其北部可能存在的狩猎民族的威胁，就使人群间关系更加紧张，尽一切可能加强防务实在是迫不得已的大事。

郑州西山古城是目前发现的中原地区最早的一座城址，正好与仰

---

① 严文明：《仰韶房屋和聚落形态研究》，《仰韶文化研究》，文物出版社 1989 年版，第 180—242 页。

② 中美两城地区联合考古队：《山东日照地区系统区域调查的新收获》，《考古》2002 年第 5 期。

③ 严文明：《龙山时代城址的初步研究》，《中国考古学与历史学之整合研究》，台湾："中央研究院"历史语言研究所 1997 年版；赵辉、魏峻：《中国新石器时代城址的发现与研究》，《古代文明》第 1 卷，文物出版社 2002 年版，第 1—34 页。

④ 内蒙古文物考古研究所：《准格尔旗寨子塔遗址》，《内蒙古文物考古文集》第 2 辑，中国大百科全书出版社 1997 年版，第 280—326 页。

韶文化晚期的秦王寨类型相始终。秦王寨类型实际上是在大汶口文化和仰韶文化冲突和融合的过程中产生的，西山古城的建立正与这一背景有关，它的首要功能仍然是防御①。长江中游地区的城址，绝大部分正好创建在屈家岭文化代替大溪文化这个纷争的大背景之下，废弃在中原龙山文化侵凌石家河文化这个惨烈的时间点上，其兴废均和战争相关②。

战争频仍的另一个重要表现是专门化武器的增多和流行，以弓箭和钺最具代表性。弓箭作为远程武器，在战争中的地位无可比拟，此时石箭头在各地不但数量大增，而且形制多样。作为武器的钺也开始广泛见于各地，尤其在黄河、长江下游的墓葬中更加流行。此外，乱葬坑、无头墓、残肢墓等特殊现象的屡屡发现，也在诉说着残酷战争给人们带来的灾难。江苏新沂花厅墓地大汶口文化器物和良渚文化器物共存以及存在殉人等现象，更是良渚文化远征大汶口文化的直接表现③。

战争自然不是临近两个聚落之间的小冲突，它至少是两个超级聚落群或者更大范围内的争斗。战争涉及面广，卷入的人口众多，具有突发性和残酷性，自然需要十分有效而又应变迅捷的组织形式。上述家族公社群的普遍出现的原因之一就应当是应对战争，但战争引起的社会上的连锁反应却远不至于此。

二

铜石并用时代普遍发生的上述3项重要变化，表明中国大部地区

① 国家文物局考古领队培训班：《郑州西山仰韶时代城址的发掘》，《文物》1999年第7期；韩建业：《西山古城兴废缘由试探》，《中原文物》1996年第3期。

② 张绪球：《屈家岭文化古城的发现和初步研究》，《考古》1994年第7期；杨新改、韩建业：《禹征三苗探索》，《中原文物》1995年第2期。

③ 严文明：《碰撞与征服——花厅墓地埋葬情况的思考》，《文物天地》1990年第6期。

在文化发展和社会演进上基本同步，社会发展的总趋势大致相同。从这个意义上来说，中国早期文明可以看作是一个整体性发展的文明。但另一方面，各地具体的社会发展方式又存在明显的差异，尤以东方和北方地区之间的差别最为突出。

东方地区以黄河、长江下游为核心，还延伸到长江中游和西辽河流域。主要的考古学文化包括大汶口文化后期—龙山文化、崧泽文化后期—良渚文化、大溪文化晚期—屈家岭文化—石家河文化、红山文化晚期—雪山一期文化。这一地区社会分化异常明显，具体表现为以下3个方面：

（一）贫富分化严重

物质生产资料的多少好坏，直接影响到人类社会发展水平和人们生活质量的高低。因此，财产占有上的差异虽然不具有天然性，但对人类社会的影响却异常深远。在铜石并用时代的东方地区，日益加剧的贫富分化在墓葬方面有着广泛的体现。以大汶口文化后期和良渚文化的墓葬为例。

大汶口后期墓地可以分成几群，群所代表的各家族间存在极为显著的贫富差异：一期墓地的北部家族墓群绝大部分属中型墓，一般有几十件随葬品，还有唯一一座大墓；其余几群绝大多数属小型墓，不少一无所有。三期只有一个很富有的主要由大墓组成的家族墓地，其中最大的一座随葬品达180多件，个别小墓或许属陪葬性质。不仅如此，这几类墓葬在棺椁的有无、随葬品的种类和质量方面也存在明显的不同：木椁见于大、中型墓，玉器、象牙器以及精制的黑陶、白陶、彩陶器等则仅见于大墓。再进一步来说，大汶口墓地比聚落群内其他墓地都要富有，体现了家族公社间的贫富分化；大汶口聚落群又要比超级聚落群内其他聚落群富有，体现出家族公社群之间的贫富分化。

良渚聚落群既有少数反山、瑶山这样的随葬上千件（组）珍贵玉器的贵族墓地，也有大量由中型墓或小型墓组成的平民或贫民家族墓地，这是家族间或家族公社间存在贫富分化的具体体现[①]。与其临近的以浙江海宁荷叶地为中心的聚落群则总体上不如良渚聚落群富有，反映出家族公社群间的贫富差异。甚至还存在更大区域间的贫富差异，以良渚聚落群为中心的太湖南岸超级聚落群，就比以上海青浦福泉山聚落群为中心的太湖东岸超级聚落群和以江苏常州寺墩聚落群为中心的太湖北岸超级聚落群富有一些[②]。

（二）社会地位差异显著

单纯由于个人能力大小所带来的个人社会地位的差异，可能存在于任何形式的人类社会，它一般会随着个人能力的变化而发生变化，随着个人的死亡而自然消失，产生的社会影响也有所局限。而东方地区铜石并用时代产生的显著的社会地位差异，虽然可能仍与个人能力存在一定关系，但绝不仅仅是这样：它一般植根于父系家族，不会完全受制于个人境遇的变化，个人的社会地位在很大程度上是由其所在家族的社会地位所决定；拥有最高级别社会地位的家族可能会在社会上拥有极大的权利，产生非常大的影响力；社会地位常常与贫富差异联系在一起，受到贫富程度的影响而又反过来加剧贫富差别的扩大。这种社会地位的差异主要表现在对军权和神权的拥有方面，所谓“国之大事，在祀与戎”（《左传·成公十三年》）。有了军权和神权，行使政权就易如反掌。以大汶口文化、良渚文化、屈家岭—石家河文化、红山文化为例。

---

① 浙江文物考古研究所反山考古队：《浙江余杭反山良渚墓地发掘简报》，《文物》1988年第1期；浙江文物考古研究所：《余杭瑶山良渚文化祭坛遗址发掘简报》，《文物》1988年第1期。

② 严文明：《良渚文化与文明起源》，《农业发生与文明起源》，科学出版社2000年版，第186—190页。

从大汶口后期墓地的情况来看，一期墓地最富有的北部家族墓群拥有明显高于其他家族墓群的社会地位：该墓群拥有大部分石钺和雕筒，拥有全部几件琮。作为武器的钺不但具有实际功能，同时更具军事上的象征意义，北部家族墓群显然掌握着主要的军权；琮是典型的祭祀用法器，北部家族墓群又垄断了神权。所以北部家族墓群可谓集军神大权于一身，具有全公社最高的社会地位。其中最大的一座墓（M26）随葬有一期唯一一件带骨雕筒柄端饰的石钺，又随葬琮，可能为整个家族公社的全权首领。三期墓地实际上只是个有少数陪葬墓的贵族墓地，有的墓竟然随葬5把带骨雕筒柄端饰的石钺，有的墓更随葬带骨雕筒柄端饰的玉钺，此外还有琮、鼍鼓等，其社会地位只会比一期北部家族墓群更高。大汶口这样高规格的墓地，在整个鲁中南地区尚绝无仅有，因此大汶口贵族还可能是大汶口家族公社群乃至鲁中南地区超级聚落群的权利拥有者。与大汶口墓地相似的还有同时的莒县陵阳河墓地。该墓地河滩位置的一群墓几乎均属大墓，出有象征军权的带骨雕筒柄端饰的石钺和陶号角，出有象征神权的带有刻划图像文字的陶尊；其余几群多为小墓，不见钺、尊，可见河滩墓群在陵阳河墓地中具有毋庸置疑的崇高地位①。不仅如此，该墓群所代表的家族还可能在陵阳河聚落群乃至鲁东南地区超级聚落群中具有最高地位。陵阳河墓地所见特殊的有刻划文字的陶尊并不见于大汶口墓地，可能当时鲁中南和鲁东南地区还未出现统一的“王权”。

反山、瑶山墓地和莫角山超大型建筑群，不但在良渚聚落群中地位尊崇，而且在太湖南岸地区超级聚落群乃至于整个良渚文化区也无与伦比。反山、瑶山墓地随葬大量精妙绝伦、凝聚了无数人心血的玉

---

① 山东省考古所、山东省博物馆、莒县文管所：《山东莒县陵阳河大汶口文化墓葬发掘简报》，《史前研究》1987年第3期；王树明：《陵阳河墓地刍议》，《史前研究》1987年第3期。

器，莫角山超大型建筑群的建造则更需调动远不止一个聚落群的人力物力，表明这已是个组织化程度很高的社会①。这样高程度的组织化，既需要浓厚的宗教氛围的感召，也离不开武装人员的强制。反山、瑶山墓地既随葬象征军权的钺，又随葬象征神权的琮或璧，瑶山墓地更是建在原来的祭坛之上，表明这些贵族生前既是左右神灵的大巫，又是统率“军队”的将军②，他们正符合良渚聚落群乃至太湖南岸超级聚落群最高统治者的身份。更进一步来说，“神徽”、鸟纹、龙首形纹的普遍发现可能意味着整个良渚文化区已出现统一的“王权”③；而良渚聚落群毕竟规模最大、级别最高，反山、瑶山所出完整的“神人兽面像”又不见于它处，故可能为“王都”之所在④。

屈家岭—石家河文化时期的石家河聚落群的中央有一座气魄宏大的古城，城内有一定的规划和布局，显示出存在程度较高的社会组织化。北部谭家岭“宫殿区”的发现，体现出当时贵族阶层存在的可能；西南部出土数以万计红陶杯的三房湾“祭祀区”和西北部出土数以千计陶塑动物的邓家湾“祭祀区”的发现，显示了宗教在社会上的崇高地位⑤。城外肖家屋脊发现的墓葬，不见得包括城内最高阶层人物的墓葬在内，但也能透露出当时社会地位上的一些信息。如最大最富有的一座墓（M7），就拥有该墓地唯一一件石钺，其主人可能掌握一定军权。这与同遗址出土的手执大钺的刻划人像有异曲同工的

---

① 赵辉：《良渚文化的若干特殊性——论一处中国史前文明的衰落原因》，《良渚文化研究——纪念良渚文化发现六十周年国际学术讨论会文集》，科学出版社 1999 年版，第 104—120 页。

② 张忠培：《良渚文化的年代和其所处社会阶段》，《文物》1995 年第 5 期。

③ 张弛：《良渚文化大墓试析》，《考古学研究》（三），科学出版社 1997 年版，第 57—67 页。

④ 严文明：《良渚随笔》，《文物》1996 年第 3 期。

⑤ 北京大学考古系、湖北省文物考古研究所、湖北荆州地区博物馆石家河考古队：《石家河遗址群调查报告》，《南方民族考古》第五辑，四川科学技术出版社 1993 年版，第 213—294 页。

感觉①。可以推测，城内贵族不但掌握着石家河家族公社群的大权，而且还可能控制着江汉平原北部地区。因为该地区其他城址的面积均远远小于石家河古城。

红山文化晚期的牛河梁“庙、坛、冢”遗址群，具有中心聚落的恢弘气势。庙内主神为真人3倍大小，大型祭坛沿山梁依次排列，其规模和气魄已与某个家族公社或家族公社群不相适应②。它极可能是辽西地区红山文化超级聚落群的中心。大型积石冢与“坛、庙”组合成整体，其内中心大墓又随葬颇具宗教色彩的精美玉器，可见神权已被少数人垄断，已形成基于神权的巫觋贵族阶层。东山嘴祭祀遗址的规模要明显低于牛河梁，可能只是某个家族公社群的象征③。

（三）社会分工明确

与自然形成的男女分工不同，铜石并用时代东方社会普遍出现较为明确的社会分工，这主要是指农业和手工业的分工，手工业本身还有陶器、玉器、漆器、铜器、丝绸等制造业的分工。社会分工促进了发明创造，加速了社会发展，也刺激了贫富分化的加剧，加大了社会管理的复杂性，为社会地位差异的进一步扩大提供了有利条件。以龙山文化、崧泽—良渚文化、大溪文化晚期为例。

龙山文化大墓随葬不少异常精美的“蛋壳”黑陶杯，其制作需要高超的技巧，不是普通农民所能掌握，极可能具有某种保密性，属某些特定的家族或家族公社所独有。在东部沿海的莒县—日照一带应当存在几个“蛋壳”黑陶杯制作中心④。该文化一些精美玉器的制作

① 湖北省荆州博物馆、湖北省文物考古研究所、北京大学考古学系石家河考古队：《肖家屋脊——天门石家河考古发掘报告之一》，文物出版社2000年版。

② 辽宁省文物考古研究所：《辽宁牛河梁红山文化“女神庙”与积石冢群发掘简报》，《文物》1986年第8期。

③ 郭大顺、张克举：《辽宁省喀左县东山嘴红山文化建筑群址发掘简报》，《文物》1984年第11期。

④ 魏峻：《海岱地区史前墓葬研究》，博士学位论文，北京大学考古文博学院，2002年。

也可能具有专业性，如可能属玉器作坊残址的日照两城镇玉坑所反映的情况[1]。

崧泽—良渚文化最值得称道的当属其玉器制造业。在崧泽文化（包括所谓北阴阳营文化、薛家岗文化）时已存在苏皖区玉器工业制作区[2]，包括丹徒磨盘墩、戴家山等多处玉器制作中心[3]。良渚文化可能出现了规模更大、技术更先进的制作中心，甚至不排除存在只加工某些特定种类玉器的制作中心的可能性。良渚文化精致玉器的制作，从原料开采、加工到成品分配，可能都在一套严密的组织内进行，且多被贵族阶层所垄断，大概不可以随便进行交换。

大溪文化晚期存在明确的石器制作的专业化。峡江区的很多聚落都可能专门从事石器制作[4]，尤以宜都红花套、宜昌杨家湾石器制作场最为典型，其中有工棚、工具，数以万计的石料、废料、半成品、成品[5]。但这些石器均为普通生产工具，主要供应江汉平原等地的需要，其制作过程不见得有什么严格的组织，而且主要用于交换。

上述贫富分化、社会地位的分化和社会分工的明确化，使得东方社会出现了阶级，有了贵族、平民和贫民的区别。为了维护社会内部阶级秩序的稳定，为了控制重要资源和珍贵产品的生产和再分配，可能主要依靠宗教力量和原始礼制，也可能采取一定的强制措施。对外则依靠暴力进行扩张。这样复杂的社会，其地域范围早已经超出聚落

---

① 刘敦愿：《有关日照两城镇玉坑玉器的资料》，《考古》1988 年第 2 期。

② 张弛：《大溪、北阴阳营和薛家岗的石、玉器工业》，《考古学研究》（四），科学出版社 2000 年版，第 55—76 页。

③ 南京博物院等：《江苏丹徒磨盘墩遗址发掘报告》，《史前研究》1985 年第 2 期；镇江博物馆等：《江苏镇江市戴家山遗址清理报告》，《考古与文物》1990 年第 1 期。

④ 张弛：《大溪、北阴阳营和薛家岗的石、玉器工业》，《考古学研究》（四），科学出版社 2000 年版，第 55—76 页。

⑤ 红花套考古发掘队：《红花套遗址发掘简报》，《史前研究》（辑刊），1990—1991 年，第 309—317 页；林邦存：《宜昌杨家湾遗址的重要考古发现和研究成果》，《中国文物报》1994 年 10 月 23 日第 3 版。

群甚至超级聚落群的限制，又有相当成功的管理措施，与一般所谓“国家”的范畴已相去不远，可以称之为“古国”①。

三

北方地区以黄河中游为核心，分布着后期仰韶文化和中原龙山文化，包括半坡晚期类型—泉护二期类型—客省庄二期文化、义井类型—白燕类型、海生不浪类型—阿善三期类型、老虎山文化等文化或类型。这一地区社会分化不明显，在以下 3 个具体方面均与东方地区有所不同：

（一）贫富分化不严重

北方地区各级社会组织、各地区间贫富分化的程度均十分有限，绝大部分墓葬仅能容身且没有任何随葬品。以老虎山文化和泉护二期类型—客省庄二期文化为例。

老虎山文化园子沟聚落所代表的家族公社，仅在排所代表的家族间存在极为有限的贫富差别，如房屋稍大、装饰稍好，这么微小的差别或许只是暂时经济状况的反映，很难说一定会影响多远。岱海地区其他聚落的情况与园子沟近同。同样，没有充分的证据显示岱海地区老虎山聚落群、园子沟聚落群内部及相互间存在明显的贫富差异。这些聚落所发现的少数土坑竖穴墓均仅够容身，没有任何随葬品。

属仰韶文化泉护二期类型的武功浒西庄聚落的房屋大小和功能几乎完全一致，墓葬也均仅能容身，除个别随葬一枚骨镞或几枚贝壳外，其他均无随葬品，也不见葬具②。客省庄二期文化康家聚落

① 苏秉琦：《中国文明起源新探》，生活·读书·新知三联出版社 1998 年版。

② 中国社会科学院考古研究所：《武功发掘报告——浒西庄与赵家来遗址》，文物出版社 1988 年版。

的房屋之间也同样没有明显的大小之别，一般墓葬也不见随葬品，仅个别随葬一件骨镞。没有证据显示泉护二期类型—客省庄二期文化区存在其他更富有的聚落或聚落群。至于宝鸡石嘴头等关中西部遗址能够发现随葬玉器、陶器的墓葬，是因其靠近齐家文化区的缘故。

（二）社会地位差异不显著

仍以老虎山文化和泉护二期类型—客省庄二期文化为例。

岱海地区各聚落内部社会地位的差异十分有限。大家均住差不多一样的房子，用同样的东西，死后都随便一埋，显示出基本平等的社会场景。我们只能从家族的居住位置等方面，才勉强看出某些家族的地位稍高，或许起到领导公社的作用。老虎山、板城等一些聚落，在山顶部位有祭坛类设施，其中未发现任何特殊用品，也没有任何与个人或家族存在关联的迹象，可能是全聚落进行宗教仪式的场所，是全家族公社精诚团结的象征。老虎山聚落群和园子沟聚落群内部及相互间也没有明显的社会地位上的差别。这些聚落的面积从 7 万到 30 万平方米不等，虽存在一定的大小之别，但与其内房屋面积大小缺乏相关性：其中较小的西白玉聚落存在较多稍大的房屋，最大的园子沟聚落反而有更多小型房屋。至于老虎山等聚落周围有石墙，不过是防御外敌的需要，并非社会地位高的表现；修不修城墙，可能主要取决于聚落在聚落群总体防御中的战略地位。浒西庄和康家聚落中仅个别骨镞的随葬显得有些特别，其实最多不过是其主人曾参与战斗的标志，并不能说明其地位更高。

（三）社会分工不明确

北方地区铜石并用时代普遍缺乏高技术物品，如玉器[①]、精致的

① 岱海地区海生不浪类型的个别玉器当为从红山文化传入。

陶器、漆器等。该地区流行的各类普通器物均无须专门化的生产。以老虎山文化为例。

岱海地区老虎山文化聚落已发现300座左右的房屋，但几乎每座房屋均为普通住宅，发现有普通生活用具、农业生产工具、狩猎工具、木工工具、建筑工具、石器加工工具、纺线工具等，没有充分证据证明哪些房屋内的主人专门从事某种生产。其中园子沟聚落在好些房屋旁边就设置有陶窑，可见陶器制作非但没有专业化，而且每个普通的以农业生产为主的家庭都可以制作。老虎山和面坡等聚落均在聚落外缘设置窑厂，只能说明全聚落的陶器在集中场合生产，不能成为某些家族专门从事陶器生产的证据，更不能说明当时存在地区性陶器生产中心。园子沟还发现同一座房内出土的数件石纺轮风格完全一致，但与另一座房内的石纺轮风格不同的情况；在不少房屋地面上还发现石器半成品，每房也就一两件。由此推测，石器也主要以家庭为单位制作，至少细加工是在家庭内部进行的。这种自给自足、缺乏分工的自然经济，是北方地区的普遍现象。

没有出现明显的贫富分化、社会地位分化和社会分工，使得北方地区社会内部基本平等，没有阶级差别，对外则以防御为主。这样的社会地域范围一般局限在超级聚落群内，有的甚至局限在聚落群内，社会的管理可能更多依靠成员的自觉，基于血缘关系和共同的利害关系，与所谓“国家”还有相当距离。

四

处于东方和北方两大区之间的包括晋南、河南大部、河北中南部在内的中原地区以及西北的甘青地区，有西王类型—庙底沟二期类型、秦王寨类型—谷水河类型—王湾三期文化、大司空类型、后岗二期文化、大地湾晚期仰韶文化—常山类型—齐家文化、马家窑文化等文化或类型。这一地带在社会发展形式上兼有东方和北方的特点。以庙底沟二期类型、王湾三期文化、大地湾晚期仰韶文化、马家窑文化、齐家文化为例。

在孟津妯娌遗址，发现有属仰韶文化庙底沟二期类型的聚落和墓地。聚落内房屋组所代表的家族间看不出明显的贫富差异，墓葬也一般没有随葬品，即使唯一一座达20平方米左右的大墓，也仅在主人手臂上套一象牙箍而已。能够拥有象牙箍，说明主人有能力随葬更多物品，现实中也还存在一定的贫富分化；之所以不随葬更多物品，显然是这个社会不强调贫富差别，社会风尚在有意无意地限制着贫富分化的进一步加剧。另一方面，这座大墓的规模、二层台的设置、象牙箍的存在，都显示出主人具有较高的身份和地位①。

王湾三期文化已发现新密古城寨古城那样建造精整的城址②，又出有一些精致的黑陶制品，还可能已能铸造青铜器，说明其社会已有相当的组织能力和一定的专业分工，聚落之间的地位也有较为明显的差异③。王城岗等城址中较多奠基人牲的发现，则更是聚落内部人们之间存在社会地位差异的反映④。但墓葬绝大多数没有随葬品⑤，还没有家族之间存在显著贫富分化的证据。偏南的汝州煤山、襄城台王、上蔡十里铺等遗址之所以能够发现随葬数件陶器的墓葬，可能是由于接受了更多龙山文化、石家河文化影响的缘故。

仰韶文化晚期的大地湾遗址规模宏大，其中最大的一座房屋已具

---

① 河南省文物局等：《黄河小浪底水库文物考古报告集》，黄河水利出版社1998年版。

② 蔡全法等：《龙山时代考古的重大收获》，《中国文物报》2000年5月21日第1版。

③ 赵春青：《郑洛地区新石器时代聚落的演变》，北京大学出版社2001年版。

④ 河南省文物研究所、中国历史博物馆考古部：《登封王城岗与阳城》，文物出版社1992年版。

⑤ 高炜：《中原龙山文化葬制研究》，《中国考古学论丛》，科学出版社1995年版，第90—105页。

殿堂风格，当时显然已有中心聚落和一般聚落的差别，但贫富分化似乎仍很有限①。马家窑文化半山、马厂类型和齐家文化的墓葬显示，家族间存在一定程度的贫富分化和地位差别，但远不如东方地区明显；石（玉）璧、玉琮、铜器、精致彩陶等的较多发现，说明存在一定的专业分工，兰州白沟道坪更是一处专门的陶器制作中心②，但其专业性和技术性不能和东方地区相提并论。

可见，中原地区也已出现一定的贫富分化、社会地位的分化和社会分工，只是程度稍低；也需要采取维护社会内部阶级秩序稳定的措施，需要控制重要资源和珍贵产品的生产和再分配，但宗教气氛不浓厚；对外扩张则并不比东方地区逊色。这样的社会其范围也一般超出聚落群的限制，有的可能超出超级聚落群的限制，也应当进入了“古国”阶段。

晋南的陶寺类型实属例外。陶寺类型明确存在中心聚落和一般聚落的差别，中心聚落陶寺有规模很大的城址和墓地，墓地中大墓墓群所代表的家族极其富有，大墓有彩绘棺椁，随葬大量彩绘木器、彩绘陶器、精美玉器等，其中尤以彩绘龙纹陶盘、特磬、玉钺、鼍鼓最引人注目，颇具象征性的兵器、乐器、宗教器齐备，有一定的“礼器”性质，将主人全权在握的崇高地位表露无遗，社会存在专业化分工更是没有问题③，其社会状况和良渚文化差可比拟。但陶寺类型绝非晋南庙底沟二期类型的自然发展，而是东方文化西渐的产物；它仅局限于临汾盆地，只存在了二三百年时间；作为特例，自然不能代表中原地区社会发展的一般状况。

① 甘肃省文物工作队：《甘肃秦安大地湾901号房址发掘简报》，《文物》1986年第2期。

② 严文明：《仰韶房屋和聚落形态研究》，《仰韶文化研究》，文物出版社1989年版。

③ 中国社会科学院考古研究所山西工作队、临汾地区文化局：《1978—1980年山西襄汾陶寺墓地发掘简报》，《考古》1983年第1期。

五

如果单从是否进入“国家”或“文明”社会的角度看，这三种地区性的社会发展形式当然存在一定的“先进”与“落后”的差别。但问题并非这么简单：

第一，铜石并用时代以来，中国大部地区存在大致相同的社会发展趋势，并不存在全方位的“先进”与“落后”。

第二，每种地区性的社会发展特点都持续了大约1500年的时间，和今天距魏晋南北朝的时间长短差不多，不能简单视为只是进入文明社会的时间互有参差。

第三，每个区域都长期相对稳定，并没有东方文化扩大到逐渐占领或代替其他两区的情况，说明他们各有生存之道，各自有一套社会的调控和运行机制。

第四，每种区域性特点都对中国文明产生了深远影响，从青铜时代开始明显加强了融合，至秦汉时期则基本融为一体。

对于这样一些社会发展方式上的差异性，我们曾使用过“东方模式”“北方模式”这样的概念来加以表述①，现在看来还有必要加上一个介于二者之间的“中原模式”。

三种模式的形成，虽然有其文化和族体上各自相一致的一面，但最根本的原因还是自然环境。东方大部地区（西辽河除外）为平原丘陵区，气候温暖，雨量充沛，适合精耕细作，农业发展水平很高。这样就容易出现贫富分化和社会分工，以及建立在此基础上的社会地位的显著差异。北方大部地区为黄土高原，气候较干冷，变化敏感，

① 韩建业：《中国北方地区新石器时代文化研究》，博士学位论文，北京大学考古文博院，2000年。

适合粗放经营，农业发展水平不高。这样就不容易出现贫富分化、社会分工和社会地位的显著差异。中原地区（甘青地区除外）地貌类型复杂，环境和文化发展特点都介于二者之间。

北方模式从表面上看比较迟缓、落后，但却与较严酷的自然环境相适应，可以在很大程度上避免资源的过度浪费，而能量的有效蓄积也显然更有利于长期的发展。东方模式虽然显得技术先进、发展迅速，但却容易使社会养成铺张浪费、坐享其成、不思进取的风气，并不见得利于长远的发展。所以北方地区诸文化的发展是持续性的，没有明显的中断或衰落，到龙山后期还对周围地区产生了极大影响；东方地区的红山文化、良渚文化在龙山时代以前即已衰亡，石家河文化在龙山前后期之交也告衰败，它们的文化因素虽然为后来所继承，但整体上却中断或衰落了。只有中原地区兼采二者之长：存在一定的社会地位差异但不强调贫富分化；社会秩序井然但不靠严刑峻法；生产力逐步提高但不尚奢华；关注现实而不是沉溺于宗教；依靠血缘关系，重视集体利益，不疾不徐，稳中求健，终于发展到二里头文化所代表的成熟的文明社会——晚期夏王朝阶段。而东方模式和北方模式在互相借鉴了对方的许多优点后，其主体成分为后来的商和先周社会分别继承。

（本文原载《古代文明》第2卷，文物出版社2003年版）

西坡墓葬与“中原模式”

2005 年和2006 年，在河南灵宝西坡遗址发掘出34 座仰韶文化墓葬①，其阔大的墓葬规模与简陋的随葬品形成鲜明反差，引起考古界关注和讨论。2009 年，李伯谦先生就提出西坡墓葬代表着中国文明演进两种模式之一的观点：“在这里我们看到的是王权的凸显和神权的渺小，是尊者的朴实无华，是尊者与卑者虽有区隔但仍存在的千丝万缕的联系。”② 2010 年，李新伟和马萧林等撰写的《灵宝西坡墓地》发掘报告出版，不但全面详尽地发表了这批资料，而且还对墓地做了深入细致的分析，指出“西坡墓地代表的庙底沟类型社会选择了更简朴的‘物化’社会等级的方式，既无奢华的随葬品，也无浓厚的宗教气氛。这一在社会复杂化初期形成的传统，对中原地区后来的文明化进程产生了深刻影响”③。李伯谦文和《灵宝西坡墓地》

---

① 中国社会科学院考古研究所河南一队、河南省文物考古研究所等：《河南灵宝市西坡遗址2006 年发现的仰韶文化中期大型墓葬》，《考古》2007 年第2 期；河南省文物考古研究所、中国社会科学院考古研究所河南一队等：《河南灵宝市西坡遗址 2005 年春季墓地发掘简报》，《考古》2008 年第 1 期；中国社会科学院考古研究所、河南省文物考古研究所：《灵宝西坡墓地》，文物出版社 2010 年版。

② 李伯谦：《中国古代文明演进的两种模式——红山、良渚、仰韶大墓随葬玉器观察随想》，《文物》2009 年第 3 期。

③ 中国社会科学院考古研究所、河南省文物考古研究所：《灵宝西坡墓地》，文物出版社 2010 年版，第 208 页。

都没有给这种模式或方式一个名称，我以为不妨就叫“中原模式”①。本文拟从对西坡墓葬分期年代、墓葬结构、空间布局的分析入手，对其所反映的丧葬思想和社会状况做尝试性讨论，并对其所代表的“中原模式”的内涵特征和形成过程做进一步论述。

一

从“墓葬平面分布图”来看，西坡这34座墓葬大致集中为3群，即北群20座（M5、M6、M8—22、M30、M31、M34）、西群（M23—29）和南群（M1—4、M7、M32、M33）各7座，群与群之间间隔11—28米（图一）②。从M2、M29、M30等墓葬紧靠发掘区边缘来看，不能排除周围还存在其他墓葬的可能性，因此已经发掘的墓葬可能还不是一个相对完整的墓地。

所有墓葬均被第2层叠压，缺乏有分期意义的打破关系，因此发掘报告只能依据对其中16座墓葬出土陶器的类型学分析将其分为3组，并在与周围相对年代较明确的同类遗存做了一番比较后，才慎重做出3组墓葬依次早晚的可能基本符合实际的推测。只是这些随葬的陶器多属明器，数量既少而制作又糙，不是每种都适合做类型学分析。以变化最明显的釜灶和单耳壶来说，发掘报告所分Ⅰ、Ⅱ式釜灶均是釜口径小于腹径、灶口如覆盆而前下部斜弧，与Ⅲ式釜口径大于腹径、灶口扁平而前下部斜直区别明显；单耳壶也是只有颈部带一周

① 韩建业：《略论中国铜石并用时代社会发展的一般趋势和不同模式》，《古代文明》第2卷，2003年版，第84—96页。

② 北群最西的M34和西群最北的M28所在探方相连，二者间距15米；北群最靠东南的M18、M20与M6所在探方相连，二者间距12米；M6和南群最北的M1所在探方相连，二者间距22米。因此，虽然该墓地中间部位还有较大面积没有发掘，不排除其间还存在墓葬的可能性，但必定不会多，几个墓群的划分可能基本反映墓地的实际情况。

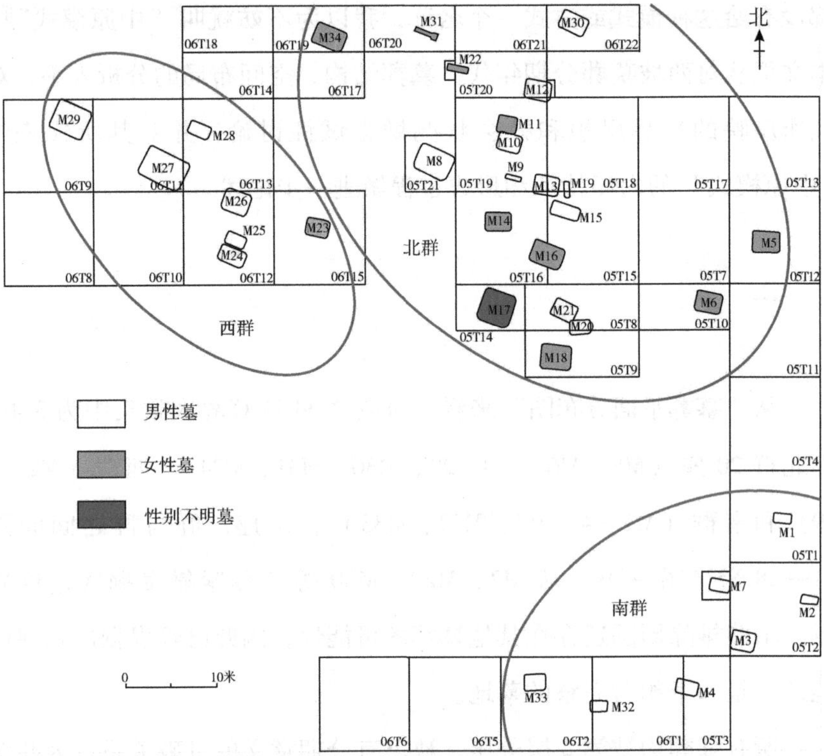

图一　西坡墓葬分群图

凸棱者和无凸棱者两式。因此还不如分 2 组或 2 段更为清楚。

通过与陕西华县泉护村等遗址的比较，发掘者推测西坡墓地的相对年代处于仰韶文化庙底沟类型和西王类型的过渡阶段。不过要确定这一点最好还是先建立西坡遗址本身的分期。我们可根据 2000—2002 年 3 次发掘的情况①，将西坡仰韶文化居址遗存分为 3 组：第一组以 H22、F102、F105、G102 等为代表，流行典型双唇口小口尖底瓶、

① 中国社会科学院考古研究所河南一队、河南省文物考古研究所等：《河南灵宝市西坡遗址试掘简报》，《考古》2001 年第 11 期；河南省文物考古研究所、中国社会科学院考古研究所河南一队等：《河南灵宝市西坡遗址 2001 年春发掘简报》，《华夏考古》2002 年第 2 期；河南省文物考古研究所、中国社会科学院考古研究所河南一队等：《河南灵宝西坡遗址 105 号仰韶文化房址》，《文物》2003 年第 8 期。

花瓣纹曲腹盆、凹沿方唇深腹罐等，敛口钵口腹过渡圆滑并常饰花瓣纹或窄带纹，釜小口矮直颈且上腹满饰旋纹，还有斜直腹碗和捏压出假圈足的杯。第二组以 H20、H110、H116、H133 等为代表，小口尖底瓶唇部退化出尖，少见花瓣纹曲腹盆，深腹罐翻沿尖唇，敛口钵口部略折，釜颈基本消失，杯变为平底，仍有斜直腹碗。第三组以 H143、H144 为代表，深腹罐窄折沿尖唇且常带双鋬及附加堆纹，杯花边口且饰绳纹，新出带流盆。由于存在第二组的 H116 打破第一组的 F102、F105 等地层关系，是知 3 组为依次早晚的关系，实即 3 期（图二）。

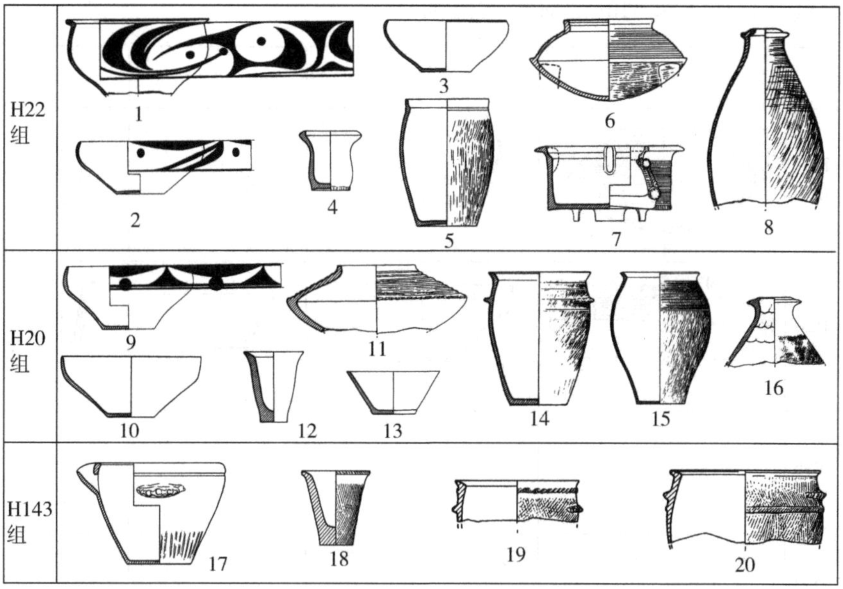

图二　西坡居址陶器分组

1. 盆（H22:71）　2、3、9、10. 钵（H22:76、H22:77、H20:22、H20:17）　4、12、18. 杯（H22:5、H20:43、H144:2）　5、14、15、19、20. 深腹罐（H22:74、H20:6、H20:12、H143:1、H143:2）　6、11. 釜（G102:1、H20:46）　7. 灶（H22:103）　8、16. 小口尖底瓶（H22:102、H20:45）　13. 碗（H20:25）　17. 带流盆（H144:3）

将墓葬两段与居址前两期比较，会发现墓葬第一段与居址第二期大致衔接，如敛口钵前者口部转折明显而后者略折，釜前者大口无旋纹而后者小口带旋纹，斜直腹碗、杯彼此大同小异（图三）。至于墓葬和居址第三期只共见杯一种陶器，仅此不足以论定其早晚关系。但在黄河北岸山西芮城西王村 H4 等仰韶晚期遗存①中，却见有与西坡墓葬基本相同的口部略折的钵，与其共存的还有窄平折沿带双鋬和附加堆纹的深腹罐、敛口折盘豆、双腹盆、双唇退化近平的小口尖底瓶等，其中深腹罐的形态与西坡第三期者基本相同（图四）。由此推测西坡墓葬应和西坡居址第三期及西王村 H4 同时，已经进入西王类型早期阶段，而西坡居址第一、二期则属于庙底沟类型中晚期阶段。西坡墓葬 13 个人骨样品的^{14}C数据校正年代为公元前 3300—前 2900 年，也基本在西王类型的绝对年代范围之内。

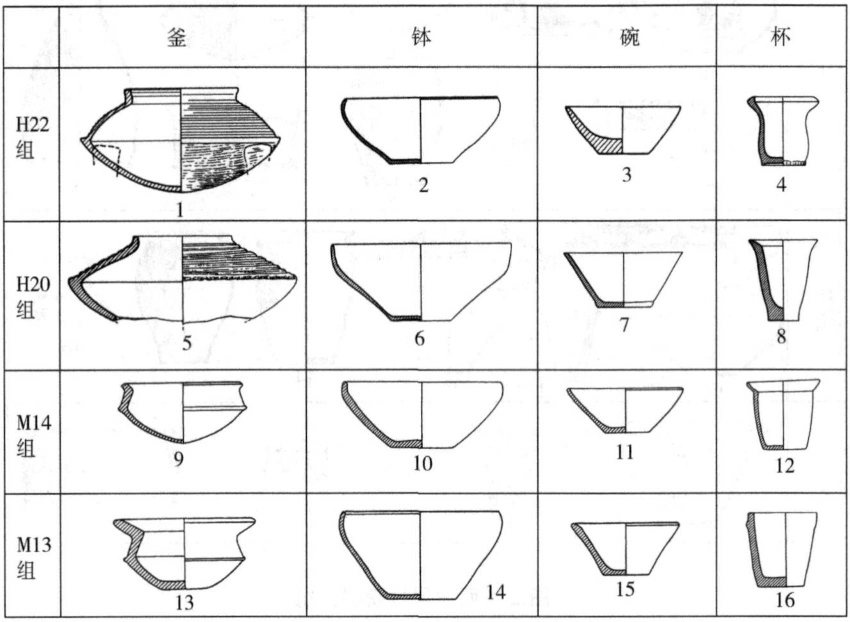

图三　西坡居址和墓葬陶器分组比较

1、5、9、13. 釜（G102∶1、H20∶46、M14∶4－1、M29∶3）　2、6、10、14. 钵（H22∶77、H20∶17、M14∶7、M34∶3）　3、7、11、15. 碗（H105∶4、H20∶25、M6∶3、M13∶4）　4、8、12、16. 杯（H22∶5、H20∶43、M31∶3、M24∶4）

① 中国科学院考古研究所山西工作队：《山西芮城东庄村和西王村遗址的发掘》，《考古学报》1973 年第 1 期。

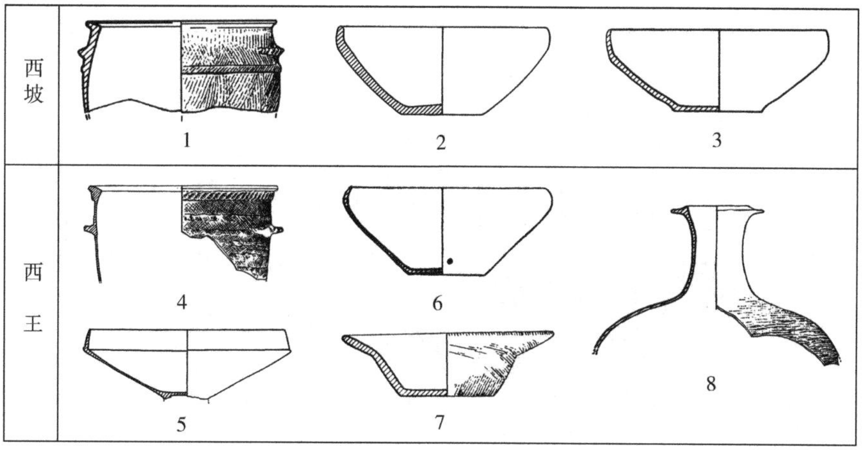

图四　西坡墓葬、居址第三期和西王 H4 陶器比较

1、4. 深腹罐（H143:2、H4:2:19）　2、3、6. 钵（M14:7、M34:2、H4:2:10）　5. 豆（H4:2:14）　7. 盆（H4:2:8）　8. 小口尖底瓶（H4:2:44）

二

这批墓葬都是带生土二层台的长方形竖穴土坑墓，这样的墓葬结构到底反映怎样的丧葬思想[①]？让我们以保存最为完好、规模最大的M27 为例展开分析（图五）。

M27 墓口长 5.03、宽 3.36、现存深 1.92 米，墓口面积达 16.9 平方米。和同时期一般墓口面积 1 平方米多的墓葬相比，是名副其实的大墓。该墓现存墓口距二层台 1.3 米，而二层台距墓底仅 0.55 米，推测二层台和墓室、脚坑大体象征同一平面但内外有别的两重空间。

内重空间即墓室和脚坑，以多条木板封盖，上覆麻布，内部留

① 关于墓葬所反映的丧葬思想的分析思路，参见巫鸿《礼仪中的美术——马王堆再思》，《礼仪中的美术——巫鸿中国古代美术史文编》，生活·读书·新知三联书店 2005 年版，第 101—122 页。

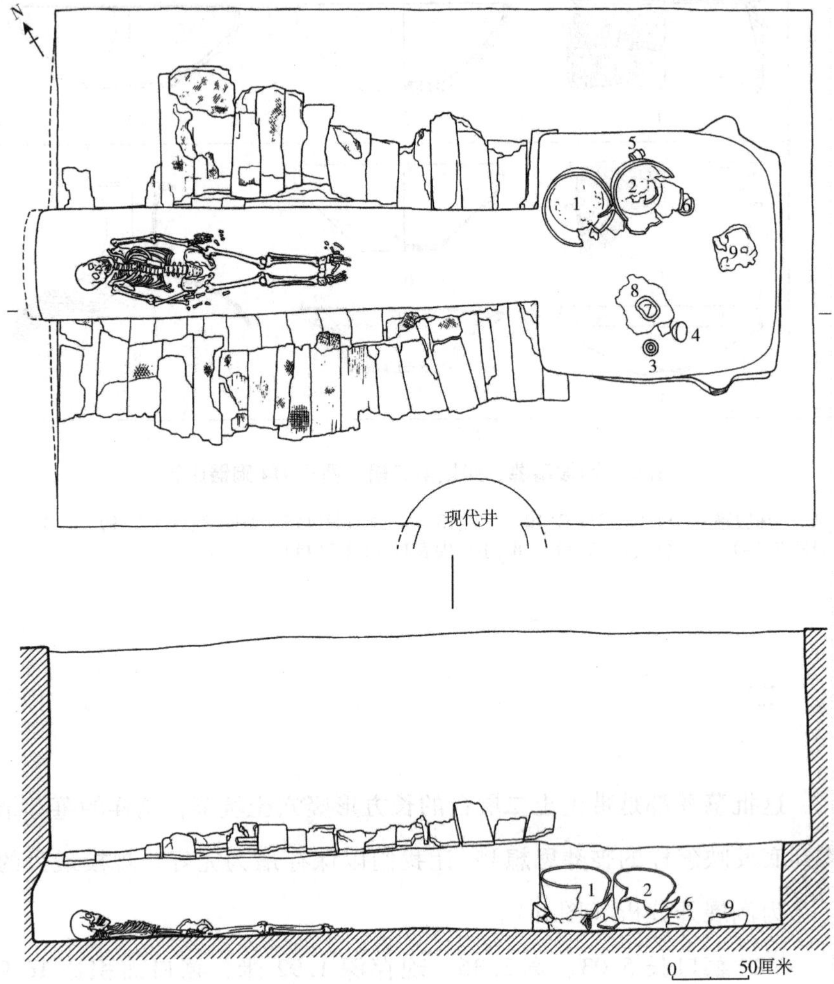

图五　西坡 M27 平剖面图

1、2. 陶大口缸　3. 陶壶　4. 陶钵　5、6、9. 陶簋形器　7. 陶釜　8. 陶灶　（7—9 难以复原）

空。墓室长 3.3、宽 0.71 米，只是一个宽可容身的空间，相当于棺柩的位置，或许象征墓主人在地下的居室和床①；内置仰身直肢葬式

① 《礼记 · 曲礼下》："在床曰尸，在棺曰柩。"

的中年男性墓主人，双臂紧贴身体两侧、双足并拢且足心相对，应当如李新伟在发掘报告中所说存在捆绑、包裹等敛尸葬仪。如此处理尸体，又不见随身用品，实际是在着意强调墓主人已经“死去”这个事实。

脚坑或许象征储物祭享空间，类似后世的脚箱。其内仅随葬陶器9件，包括放置整齐的大口缸2件、簋形器2件以及壶、钵各1件，还有难以复原的釜、灶、簋形器等，均属模仿日常生活用品的明器，除大口缸外均矮小粗陋，与阔大讲究的墓穴形成强烈反差。这些随葬品大概主要不是象征财富，更多只与身份相关，反映出“重贵不重富”的特点。其中大口缸包括中部有附加堆纹者和无附加堆纹者各1件，原来可能以涂有朱砂的麻布封盖，口沿外多周淡褐色痕迹应为封口捆绑痕迹，中部红彩带中留下粘贴的有机物脱落后的圆形或斜线疤痕；且不论里面曾经封装过酒还是别的什么，它显然属于头等重要的丧葬用品。模仿日常用品，暗示这些器物可作为墓主人在地下的“生活”用具；但基本都是明器且不见盆、瓮、罐等日常用品种类，则是“生死有别”的反映。

外重空间即二层台以上宽敞阔大却不见随葬品，只以掺杂各种植物茎叶的泥封填，或许象征墓主人“居室”之外的院落等空间。至于地面以上那就已经属于生者的世界，以填土封填墓圹就是要区别阴阳两界。

随着墓葬规模的减小，其他墓葬或许没有专门放置随葬品的脚坑，或许不以木板封盖墓室，或许少见或不见随葬品，但却普遍存在捆绑、包裹等严谨的敛尸葬仪，也都以二层台为界将墓圹分为内外重空间，基本的丧葬思想与M27大同小异。同属1级大墓的M8也随葬成对大口缸、成对簋形器、成对钵等陶器，秩序井然。

比较来看，西坡墓葬的空间结构及其反映的丧葬思想和东部地区的大汶口文化、崧泽文化等有同有异。例如，属于大汶口文化早期晚段而略早于西坡墓葬的山东泰安大汶口M2005①，也是一座带二层台的竖穴土坑墓，中部同样为宽仅可容身的墓室，但该墓没有脚坑，却在墓室外有一个略高的似椁室空间（图六）。墓室内墓主人头部有牙束发器、骨笄等随身装饰用品，脚端随葬单把钵，可见墓室和西坡一

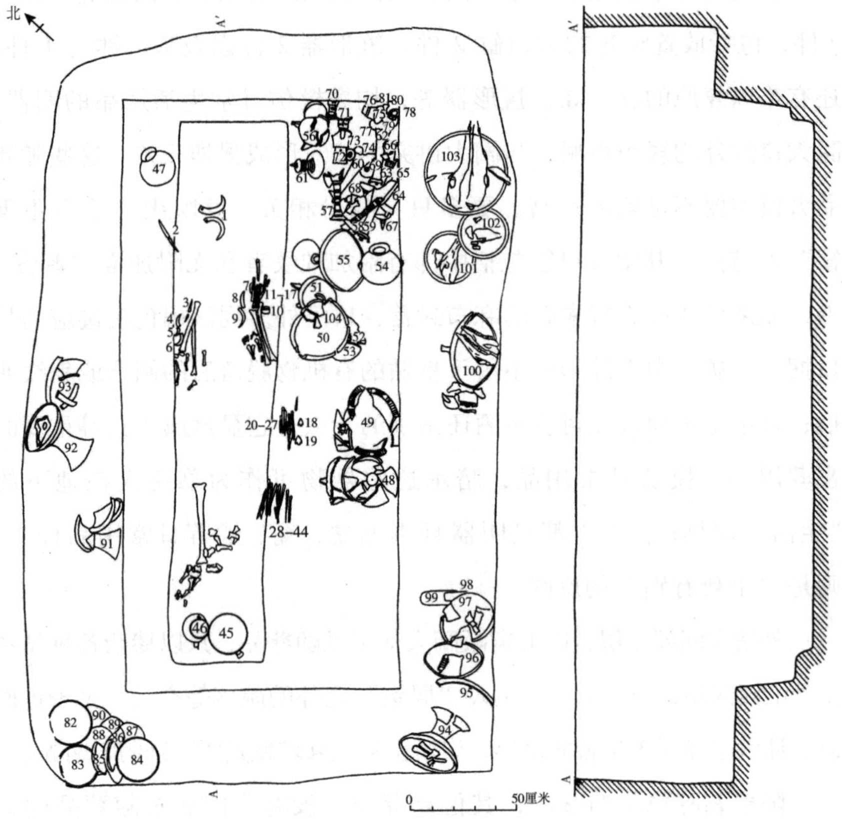

图六　大汶口M2005平剖面图

1. 牙束发器　2、3. 骨笄　4—9. 獐牙　10. 象牙器柄　11—17、20. 角棒形坠饰　18、19. 牙镞　21—44. 骨两端刃器　45、46、50、52、100、101、103. 陶钵　47、54. 陶壶　48、51、56. 陶鼎　49、55、82—97、102. 陶豆　53、104. 陶器盖　57—70. 陶觚形杯　71—81. 陶高足杯　98. 石锛　99. 石斧

① 山东省文物考古研究所：《大汶口续集——大汶口遗址第二、三次发掘报告》，科学出版社1997年版，第121—123页。

样象征居室和床。墓室外的似椁室空间主要在左侧放置成组的觚形杯、高柄杯、鼎、豆、钵等陶器，或许象征"居室"之外的饮食祭享空间，和西坡脚坑相似。二层台上有成组的豆、钵等陶器，有的里面还盛放猪下颌骨、牛头骨等，显然也属于祭享性质，另外还有斧、锛等石器，或许象征厨房、仓房、院落等。该墓墓口面积8.2平方米，还不到西坡M27的一半，但随葬品却多达104件，比西坡大墓奢华许多。属于崧泽文化早期的同样略早于西坡墓葬的江苏张家港东山村M90①，墓口面积约5.3平方米，有包括彩绘石钺、玉璜、陶大口缸等在内的67件随葬品，同样是富贵并重的风格。安徽含山凌家滩07M23约略和西坡墓葬同时，或有棺椁，墓口面积才7.25平方米，却有330件随葬品，绝大部分为钺、环、镯、璜、玦、璧等玉石器，层层堆满墓室内外，富奢程度令人惊叹②。

三

发掘报告将这34座墓葬划分为4个等级，从"西坡墓地等级表"可以看出，墓口面积、随葬品数量和墓葬"价值"有一定对应关系，但也存在不少明显偏差：如M27和M11墓口面积分别为16.9和3.93平方米，大小悬殊，随葬品则都是11件；M27固然有高"价值"的大口缸2件，M11则更有高"价值"的象牙镯1件、玉钺3件。再如M5和M12墓口面积分别为6.95、5.93平方米，前者仅随葬1件石纺轮，后者则一无所有；而墓口面积仅一两平方米的M9和M22却各有2件随葬品，且均为玉钺、玉环。既然如此，我们还不如

---

① 南京博物院、张家港市文广局、张家港博物馆：《江苏张家港市东山村新石器时代遗址》，《考古》2010年第8期。

② 安徽省文物考古研究所：《安徽含山县凌家滩遗址第五次发掘的新发现》，《考古》2008年第3期。

只按照规模大小对这批墓葬分级：第 1 级是墓口面积 12 平方米以上的大型墓葬（M8、M17、M29），第 2 级是墓口面积 8—9 平方米的大中型墓葬（M16、M18、M34），第 3、4 级是墓口面积分别为 5—7 平方米、2—5 平方米的中型、中小型墓葬。

从墓葬空间分布来看，第 1 段时除北群的 5 座墓（M6、M8、M14、M18、M31）外，还应有一些未分段的中小型墓葬也属于此段，这些墓葬或许构成一个家族墓群。值得注意的是其中最大的 1 级墓葬 M8 为男性墓，而其余 4 座 2、3 级墓葬都是女性墓①，这样的墓葬等级差异应当是家族内社会地位不同或者男尊女卑的反映，而非贫富分化的结果。M8 墓穴阔大、二层台宽大，还特设脚坑，随葬一对不见于同段他墓的大口缸，墓主人头端有一件或为发箍的象牙箍形器，右手臂边有一件可能象征军权的玉钺，体现出其威仪和崇高地位，墓主人或许为家族长，甚至更大社会组织的首领。

第 2 段时除北群（M16、M17、M13、M11、M30、M34）外还分出西群（M24、M26、M27、M29）和南群（M3）。北群最大的 1 级墓葬 M17 因人骨保存差而无从知晓性别，但 2 级大墓 M16、M34 却都是女性墓，此外还有其他 3、4 级墓葬，它们应当共同构成新时段的高级家族墓群；新分出的西群墓葬中有当时最大的 1 级墓葬 M27，随葬一对大口缸，还有仅次于它的 1 级大墓 M29，这两座墓或许与 M8 的墓主人有更亲密的关系②，但缺乏女性大中型墓葬，或许是因为墓地不完整的缘故，它们和其他一些 3、4 级墓葬可能构成另一个高级家族墓群；南群只有该群最大的 3 级墓葬 M3 明确属于第 2 段，其余 4 级墓葬均不能分段，但有属于该段的可能性，它们都为男性

---

① M31 仅存的墓室底部长达 2.6 米，原来规模可能与长度相近而同样有脚坑的 M13 相若，M13 墓口面积 6.19 平方米。

② 人骨鉴定显示这两墓与 M8 墓主人的头骨形态有更大的相似性。见中国社会科学院考古研究所、河南省文物考古研究所《灵宝西坡墓地》，文物出版社 2010 年版，第 130 页。

墓，或许附近有其他未被发现的女性墓，共同构成一个较低级别的家族墓群。这样，第2段3个墓群可能构成一个大家族墓群，3个墓群的地位或许以西群最高，M27或许为整个大家族的族长甚至更大社会组织的首领，北群次之，而南群社会地位明显偏低，体现出一定的社会等级差异。但无论如何，这些墓葬都有二层台，社会地位不同的墓群还能共享一个墓地，可见总体分化程度有限。

与西坡墓葬同时的大汶口晚期墓地，北一区诸墓既富且贵，其中M26、M13等大墓随葬数十件陶器、10多具猪头，与南一区多一无所有的贫贱墓葬形成鲜明对照①。上述东山村、凌家滩崧泽文化墓地的情况也都和大汶口晚期墓地类似。总体上这些东部地区墓葬各墓区间的贫富差别明显大于西坡。

四

如上所论，西坡墓葬生死有度、重贵轻富、井然有礼、朴实执中，与东方视死如视生、淫祀鬼神、富贵并重、奢侈浪费的风格对比鲜明，一整套复杂严谨的丧葬仪式，标志着早期中国礼制于此开端。但社会分化、家族凸现、男权军权凸显等共同特征，又说明中原和东方的社会在公元前3500年前后都在发生重要变革。

以前我曾提出自公元前3500年进入铜石并用时代以后，中国大部地区社会既普遍出现父系家庭、家族组织以及频繁战争等一般趋势，并形成“北方模式”“东方模式”和“中原模式”3种不同的社会发展模式，其中“中原模式”介于“北方模式”和“东方模式”之间，其内涵就是“存在一定的社会地位差异但不强调贫富分化；

① 山东省文物管理处、济南市博物馆：《大汶口——新石器时代墓葬发掘报告》，文物出版社1974年版；韩建业：《大汶口墓地分析》，《中原文物》1994年第2期。

社会秩序井然但不靠严刑峻法；生产力逐步提高但不尚奢华；关注现实而不是沉溺于宗教；依靠血缘关系，重视集体利益，不疾不徐，稳中求健”[①]，正与西坡墓葬特点吻合，也与上述李伯谦先生所论西坡墓葬所代表模式的特点吻合。

然则代表“中原模式”的西坡墓葬丧葬习俗的源头又在哪里呢？

如前文所述，西坡墓葬应当已经进入仰韶文化三期（仰韶文化晚期）[②] 的西王类型阶段。大约由于晋西南豫西西部地区是曾经灿烂辉煌的仰韶文化庙底沟类型的核心所在，因此西坡居址陶器固然已经演变为西王类型的特点，而随葬陶器还仍顽强维持古老的庙底沟类型传统，表现出相当的滞后性特点，以至于发掘者仍将西坡墓葬勉强归入庙底沟类型。

既然这样，那么西坡墓葬的源头首先理应是庙底沟类型墓葬。目前能够确认的庙底沟类型墓葬为数很少，大致可分为两种：第一种以山西翼城北橄第三期 M1 为代表[③]，为长方形土坑竖穴墓，有的带二层台，单人仰身直肢葬；第二种以河南三门峡南交口仰韶文化二期 M2 为代表[④]，为略呈方形的竖穴土坑墓，多人二次合葬。两种墓葬都基本不见随葬品。西坡墓葬形制和葬式显然与第一种墓葬基本一致，不过少见或不见随葬品的质朴习俗却与两种墓葬都有关系，更早的源头还可追溯到仰韶文化东庄类型和枣园类型[⑤]。至于西坡墓葬引

---

① 韩建业：《略论中国铜石并用时代社会发展的一般趋势和不同模式》，《古代文明》第 2 卷，2003 年版，第 84—96 页。

② 严文明：《略论仰韶文化的起源和发展阶段》，《仰韶文化研究》，文物出版社 1989 年版，第 122—165 页。

③ 山西省考古研究所：《山西翼城北橄遗址发掘报告》，《文物季刊》1993 年第 4 期。

④ 河南省文物考古研究所：《三门峡南交口》，科学出版社 2009 年版，第 92—94 页。

⑤ 仰韶文化庙底沟类型的前身是东庄类型，而东庄类型是在枣园类型的基础上，受到半坡类型的强烈影响而形成（见田建文、薛新民、杨林中《晋南地区新石器时期考古学文化的新认识》，《文物季刊》1992 年第 2 期）。属于枣园类型的山西垣曲东关一期墓葬，均质朴而基本不见随葬品，与半坡类型墓葬多数有几件随葬品的情况有区别（见中国历史博物馆考古部、山西省考古研究所、垣曲县博物馆《垣曲古城东关》，科学出版社 2001 年版，第 42—45 页）。

人注意的钺、圜底大口缸等，在庙底沟类型墓葬中或许已经存在，只是尚未发现而已；在庙底沟一期、南交口仰韶文化二期居址中就发现有石钺。在与庙底沟类型面貌近似的河南西峡老坟岗仰韶文化墓葬中①，就随葬穿孔石钺、成对陶圜底大口缸；大口缸中腹也箍附加堆纹，只是器形比西坡墓葬出土的大口缸更细长，口沿外未留捆绑痕迹而是带数周便于捆绑结实的旋纹（图七）。另外，著名的汝州阎村出土的“鹳鱼石斧图”，“斧”有穿孔且可能象征军权②，其实就是钺，但不明是石还是玉，也可称“鹳鱼钺图”，说明在与庙底沟类型同时而有密切关系的阎村类型中也早已有钺。

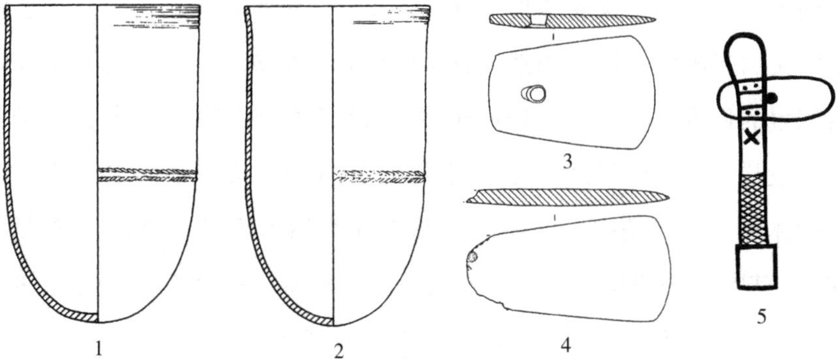

图七　庙底沟时代的圜底大口缸和钺

1、2. 陶圜底大口缸（老坟岗 M10∶2、3）　3、4. 石钺（老坟岗 M3∶6、7）　5. 彩绘钺图（阎村）

这也就是说，西坡墓葬所代表的“中原模式”，其实早在庙底沟类型墓葬当中已现端倪。比较来看，同时期东部地区大汶口文化早期偏晚、崧泽文化早期的墓葬，贫富分化已经明显起来，大墓如上述大汶口 M2005、东山村 M90 等，随葬品数十成百，还不乏“高价值”

① 河南省文物考古研究所、南阳市文物考古研究所：《河南西峡老坟岗仰韶文化遗址发掘报告》，《考古学报》2012 年第 2 期。

② 严文明：《〈鹳鱼石斧图〉跋》，《文物》1981 年第 12 期。

物品，这与庙底沟类型墓葬几无随葬品的质朴习俗形成鲜明对照，实际上已经是“东方模式”的雏形。而北方地区以内蒙古凉城王墓山坡下聚落为代表的仰韶文化白泥窑子类型①，不但看不出贫富分化，而且社会地位分化也很不明显，与西坡大型宫殿式建筑所显示的社会较明显分化的情况毕竟有所差异，“北方模式”的特征也已初显②。

如此看来，中国铜石并用时代社会发展的一般趋势和不同模式实际上发端于公元前4000左右的“庙底沟时代”，当时中国大部地区文化首次交融联系形成以中原为核心的“早期中国文化圈”或文化上“早期中国”③，同时，已经初具社会分化、家族凸现、男权军权凸现等一般趋势，又初步形成社会发展的三种不同模式，开启了早期中国文明起源的先河。当然这种不同模式的形成与各地自然资源和财富积累的程度有关，实际是适应不同自然环境的结果。这种社会发展的一般趋势和不同模式，是早期中国文化有中心的多元一体特点的又一种体现方式，是中国文明发展具有无穷活力而从不间断的根源所在④。其中“中原模式”生死有度、重贵轻富、井然有礼、朴实执中的特点，实际上成为后世中国文明的核心特质。

（本文原载《仰韶和她的时代——纪念仰韶文化发现90周年国际学术研讨会论文集》，文物出版社2014年版）

---

① 内蒙古文物考古研究所等：《岱海考古（三）——仰韶文化遗址发掘报告集》，科学出版社2003年版。

② 韩建业：《中国北方地区新石器时代文化研究》，文物出版社2003年版。

③ 韩建业：《庙底沟时代与“早期中国”》，《考古》2012年第3期。

④ 严文明：《中国史前文化的统一性与多样性》，《文物》1987年第3期。

文明化进程中黄河中游地区的中心地位

黄河是中华民族的母亲河，黄河中游是多支一体的中华文明的主根脉所在，是历史传说中炎黄部族的主要活动地区，黄河中游或者中原地区就像盛开的史前中国之花的花心。正确认识文明化进程中黄河中游地区的中心地位，对于客观理解早期中国文明的本质特点、传承发扬中华文明的优秀基因，有着非常重要的意义。

一　关于“黄河流域中心论”或者“中原中心论”的争论

20 世纪五六十年代，随着黄河流域考古发现的急剧增多，“黄河流域中心论”或者“中原中心论”在史前考古领域颇为盛行，夏鼐、安志敏、石兴邦等考古学家都持这种认识。比如 1959 年安志敏就说“黄河流域是中国文明的摇篮”，黄河流域史前文化“推动和影响了邻近地区的古代文化”。苏秉琦在 1965 年还坚持仰韶文化时期“形成了一个以中原为核心的主体”的说法，但到 20 世纪 80 年代初提出“区系类型”学说，就开始明确质疑“中原中心论”；由于牛河梁等遗址的重大发现，他甚至认为西辽河流域红山文化等代表的国家起源发展模式为“原生型”，中原为“次生型”，并提出中国文明起源的

“满天星斗”说。在苏秉琦“区系类型”学说的影响下，很多考古学家都开始致力于梳理每个区域自身的文化发展谱系脉络。就连当时远在海外的张光直在论述史前“中国相互作用圈”或者“最初的中国”的时候，也是认为它不过是“地位平等”的不同区域之间文化上深刻交流的结果。

事实上，苏秉琦从来没有完全否认黄河中游或者中原的特殊地位。他在20世纪90年代末期仍然认为，从关中、山西、冀西北到西辽河流域的“Y”形文化带，为“中华文化总根系中最重要的直根系”，“仰韶文化庙底沟类型，可能就是形成华族核心的人们的遗存”。严文明最先将“区系类型”学说和“中原中心论”有机联系起来，于1986年提出中国史前文化以中原为相对中心的“重瓣花朵式”格局，张学海称其为“新中原中心论”。受严文明的影响，赵辉提出以中原为中心的历史趋势的形成“肇始于公元前3000—前2500年之间”，我则进一步提出早在公元前4000左右就形成了以中原为中心的文化上的“早期中国”。

不过，无论是“重瓣花朵式”理论或“新中原中心论”，还是文化上的“早期中国”说，近年都受到许宏、李新伟等学者的质疑和批评。李新伟认为，这些看法“贬低了中原以外地区社会发展成果对中华文明形成的影响，阻碍我们描绘更真实、更多彩、也更壮阔的中华文明起源画卷”。

二　中国文明起源时期黄河中游地区的中心引领作用

虽然“国家”是“文明”的显著标志，但“文明”并不等同于“国家”。王巍指出，“文明是人类文化和社会发展的一个新的阶段。”文化上的新阶段，就是包括天文历法、文字礼仪等在内的复杂的思想观念、知识系统的形成；社会上的新阶段，就是具有王权特征的国家的出现。按照上述对“文明”概念的理解，中国文明在距今8000多年前就应该已经迈开了起源的第一步。这在河南舞阳贾湖等裴李岗文化遗址中有集中体现。

贾湖遗址较大墓葬随葬骨规形器、装有石子的龟甲等特殊器物，或与观象授时、龟占象数有关，有的龟甲上契刻的似文字符号，或为卦象，或者验辞。裴李岗文化有专门墓地，土葬深埋，实行墓祭，已有显著的祖先崇拜观念；墓葬分区分组，可能对应现实社会不同层级的社会组织；墓葬排列整齐，当已出现最早的族葬或“族坟墓”习俗；有的墓地使用数百年之久，体现出对祖先的顽强“历史记忆”。裴李岗文化已经出现宗教中心和普通村落之间、宗教领袖和普通人之间的分化，男性地位较高。大体同时，在甘陕的白家文化、湖南的高庙文化、浙江的跨湖桥文化、西辽河流域的兴隆洼文化中，也有文明起源迹象。由于中原地区裴李岗文化的强势影响，中国大部地区文化已存在一定的交流联系，有了文化上“早期中国”的萌芽。

距今7000年左右进入仰韶文化时期，陕西西安半坡、临潼姜寨等向心式环壕聚落的出现，是社会秩序进一步加强的反映；河南濮阳西水坡遗址的蚌塑“龙虎”墓，如冯时所说，将中国二十八宿体系的滥觞期及古老的盖天学说的产生年代提前了数千年。距今6000年以后，在河南、陕西、山西三省交界之地，出现强盛的仰韶文化庙底沟类型。河南灵宝西坡、陕西白水下河等遗址有了面积200—500平方米的宗庙宫殿类大型建筑，西坡等遗址发现大型墓葬，汝州阎村发现具有战争纪念碑性质的“鹳鱼钺图”，意味着中原已经率先开始了社会复杂化进程。

庙底沟时代，中原文化大幅度扩张影响，带动周围的大汶口文化、红山文化、崧泽文化等渐次加快了文明化进程的步伐，造成仰韶文化的“庙底沟化”和黄河上中游文化的空前趋同局势，庙底沟式的花瓣纹彩陶则遍及大江南北，中国大部地区文化交融联系成一个超级文化共同体或文化圈。这个超级文化共同体，无论在地理还是文化意义上，都为夏商周乃至于秦汉以后的中国奠定了基础，标志着“早期中国文化圈”或者文化上“早期中国”的正式形成，堪称最早的中国！而西坡大墓阔大的规模和简陋的随葬品形成鲜明对照，初现生死有度、重贵轻富、井然有礼、朴实执中的“中原模式”或者“北方模式”的特质。李伯谦视其为文明演进的“王权”模式，以与红山文化等的“神权”模式相区别。

三　中国文明形成时期黄河中游地区的特殊地位

距今5000年左右，进入铜石并用时代。长江下游地区的良渚文化以数百万平方米的良渚大城、豪华瘗玉大墓、大型水利设施等，昭示着早期国家的出现或者文明社会的形成，海岱的大汶口文化、江汉的屈家岭文化也都实力强劲，曾有向黄河中游地区扩张影响的态势。考古界一度认为黄河中游或者中原地区实力减弱，处于低潮，这也正是部分学者质疑黄河中游或者中原中心地位的关键点之一。但结合新的考古发现来看，实际情况并非如此简单。

距今5300年以后，在甘肃中部的秦安大地湾遗址出现100多万平方米的大型聚落，以及420多平方米的宫殿式建筑，已初具前堂后室内外有别、东西两厢左右对称、左中右三门主次分明这些中国古典建筑的基本格局特征。而河南中部的巩义双槐树聚落遗址也有100多万平方米，发现三重大型环壕、大型夯土基址，其长排宫殿式建筑与大地湾前堂后室式的宫殿式建筑有别，共同开创了后世两类宫殿建筑的先河。大地湾和双槐树聚落，可能分别是仰韶文化晚期甘陕和豫中地区两大“古国”的中心聚落，都已站在了文明社会的门槛或者初具文明社会的基本特征，只是缺乏东部沿海地区的奢华玉器和厚葬习俗等，仍具“中原模式”或“北方模式”特征。距今4800年以后，双槐树代表的“河洛古国”确已衰落，但在陇东、陕北地区仍有较多大型聚落，其中庆阳南佐遗址发现的前厅后堂式宫殿建筑，面积达630平方米，宫殿前面两侧还有9处直径各约100米的夯土台，所显示的社会发展程度比大地湾更高。

距今4500年进入龙山时代以后，陇东和陕北的中心地位继续加强，出现面积达600万平方米的灵台桥村遗址，和核心区面积就有200万平方米的延安芦山峁遗址，在两个遗址都发现较多可能覆于宗庙宫殿建筑之上的板瓦、筒瓦，出现了玉器。在芦山峁遗址已经揭露出面积16000平方米的夯土台基，其上建筑群中轴对称、主次分明，和大地湾的建筑格局一脉相承，只是更为宏大复杂。这时，山西南部兴起面积近300万平方米的陶寺古城，以及面积10多万平方米的大型宫城，其中有面积近8000平方米的大型夯土建筑基址以及宫殿，还有半圆形的“观象台”，随葬大量玉器、漆器、龙盘等的豪华大墓。这些中心聚落及其宫殿式建筑、大墓等的发现，表明黄河中游地区不但早已进入国家阶段或者文明社会，而且发展程度已经超越同时期的长江流域。

距今4000多年以后，在陕北出现面积400多万平方米的石峁石城，其雄伟高大的皇城台，宏大复杂的城门，精美的玉器和神面、兽面石雕等，都显示出国家组织的存在，颇具北方文明气象！而河南中西部也有了数十万平方米的登封王城岗古城、禹州瓦店中心聚落、新密古城寨和新砦古城。如果说以石峁古城为中心的老虎山文化南下对陶寺古城的摧毁，尚可看作是黄河中游人们集团内部的斗争，那么王城岗、瓦店等所代表的王湾三期文化对江汉地区石家河文化的大规模替代，则无疑是中原集团战胜江汉集团的铁证，对应历史记载中的“禹征三苗”事件，为夏王朝的建立奠定了基础。此后的二里头文化所代表的晚期夏文化，不过是在此基础上的发展提升。距今4000多年良渚文化和石家河文化衰亡，长江中下游地区步入低潮，黄河流域尤其是黄河中游地区的中心地位进一步增强。

中国史前文化固然具有多样性特点，文明要素也并非都发源于中原，但当发展到距今8000多年以后，黄河中游或者中原地区的中心地位逐渐凸显，有了文化上“早期中国”的萌芽，迈开了中国文明起源的第一步；距今6000年左右，在中原地区的强烈影响带动下中国大部地区文化深刻交融，正式形成文化上的“早期中国”，走出中国文明起源的第二步；距今5000年左右黄河、长江流域出现多个古国，中国文明初步形成，黄河中游地区仍然重要；距今4000年左右黄河中游地区实力大增，文化大规模南下，长江流域全面衰落；距今3800年以后以黄河中游或中原为中心形成广幅王权国家，中国文明走向成熟。总体来看，黄河中游或者中原地区在中国文明化进程中的确具有一定的中心地位，是多支一体的中华文明的主根脉所在。

（本文原载《中国社会科学报》2020年11月2日）

中原和江汉地区文明化进程比较

本文所谓中原，主要指以嵩山周围为中心的现在河南省大部和晋南地区、关中东部地区；所谓江汉，指以江汉平原为中心的长江中游地区。黄河长江两大河流域，从约公元前7000年以后相互交融相互促进，约公元前4000年以后更是共同迈开了走向文明社会的步伐，成为文化意义上早期中国的主体①。作为两大河流域重心所在的中原和江汉地区，在早期中国文明的起源和形成进程中更是有着举足轻重的地位。“在文明的发生和形成的整个过程中，中原都起着领先和突出的作用”②，而“长江中游通过自己的道路也迈进了早期文明的门槛，是长江流域的第二个文明起源中心”③。但这两个文明起源中心的文明化互动进程如何，文明模式如何，兴衰原因如何，还缺乏深入讨论，本文拟从比较的视野略作考察。

---

① 苏秉琦：《迎接中国考古学的新世纪》，《华人·龙的传人·中国人——考古寻根记》，辽宁大学出版社1994年版，第238页；韩建业：《早期中国——中国文化圈的形成和发展》，上海古籍出版社2015年版。

② 严文明：《中国史前文化的统一性与多样性》，《文物》1987年第3期。

③ 严文明：《长江流域在中国文明起源中的地位和作用》，《农业发生与文明起源》，科学出版社2000年版，第95页。

一　中原之兴与江汉之衰

中原和江汉地区都经历了数千年的文明化进程，中原的文明演进之路曾经跌宕起伏，终究能顽强复兴；江汉的文明演进之路多半一帆风顺，最后却走向衰微（图一）。

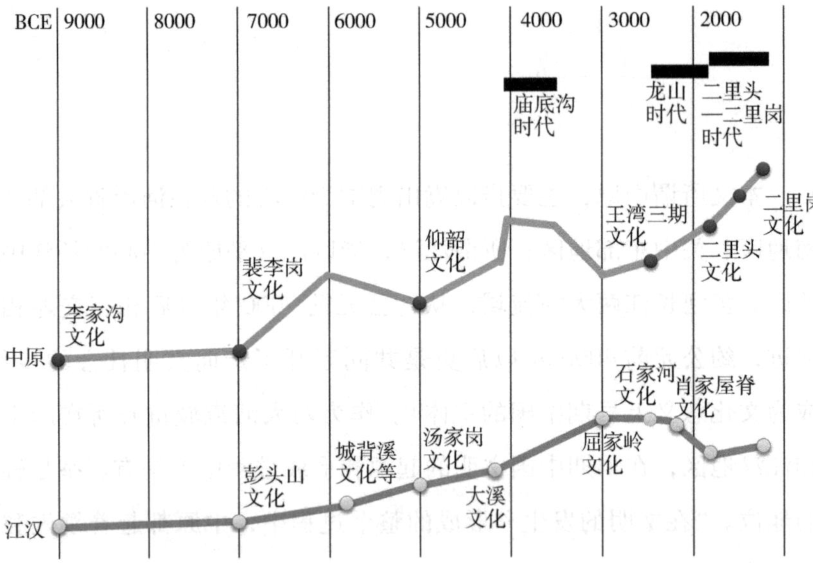

图一　中原和江汉地区新石器时代—早期青铜时代的文化演进示意图

约公元前9000—前7000年的新石器时代早期，中原和江汉地区文化都跨过旧石器时代，趋于定居，出现陶器，为后世的文明化准备了条件。中原腹地以圆窝纹或绳纹罐为代表的李家沟文化①，和洞庭湖地区以绳纹釜为代表的遗存②，都有绳纹陶，彼此或当存在一定的

① 北京大学考古文博学院、郑州市文物考古研究院：《河南新密市李家沟遗址发掘简报》，《考古》2011年第4期。

② 长江中游的湖南临澧华垱、澧县宋家岗等早期遗存，年代或在公元前7000年以前，包含饰绳纹的粗陋褐色陶片，或许和广西桂林甑皮岩二期遗存一样，属于"华南绳纹圜底釜文化系统"。见郭伟民《新石器时代澧阳平原与汉东地区的文化和社会》，文物出版社2010年版，第44页。

文化联系。

约公元前7000—前5000年的新石器时代中期，是中原和江汉地区文化各自蓬勃发展、彰显个性的时期。中原的裴李岗文化在公元前6000年前后进入发展高峰[①]，陶器形制复杂、功能细化，发明了堪称“早期中国”象征物的炊器鼎，石器磨制精整，骨笛、龟甲刻符等闪耀着智慧的光辉。正是在裴李岗文化的强势扩张影响之下，早期中国的文化统一性明显加强，出现了早期中国文化圈或文化意义上早期中国的雏形[②]。长江中游地区先是出现彭头山文化[③]，陶器器类单调，主要是绳纹釜、钵等，石器仍以打制为主；后在公元前6000年后，受长江下游跨湖桥文化的影响而出现圈足盘等新器，发展为皂市下层文化、城背溪文化、高庙文化、楠木园文化等一系列大同小异的文化。其中发端于高庙文化的白陶、獠牙兽面纹、八角星纹等[④]，精美复杂且充满神秘色彩，影响深远。此时中原和江汉地区文化交流逐渐增多，比如裴李岗文化中期卵形双耳罐、双耳壶、平底钵等的出现可能与彭头山文化的影响有关，而稍晚彭头山文化中的素面双耳壶、双錾平底或圈足深腹罐、小口耸肩扁壶等则当为裴李岗文化因素。

约公元前5000—前3500年的新石器时代晚期，中原和江汉地区文化频繁交流，文明化进程于此开端。主要在裴李岗文化基础上发展起来的仰韶文化，经过数百年的积淀，终于在公元前4000年前后的庙底沟时代蓬勃振兴，以花瓣纹彩陶和釜形鼎为代表的东庄—庙底沟类型，从晋南豫西核心区向外强力扩张影响，导致中国大部地区文化

---

① 中国社会科学院考古研究所河南一队：《1979年裴李岗遗址发掘报告》，《考古学报》1984年第1期；河南省文物考古研究所：《舞阳贾湖》，科学出版社1999年版，第465—519页。

② 韩建业：《裴李岗文化的迁徙影响与早期中国文化圈的雏形》，《中原文物》2009年第2期。

③ 湖南省文物考古研究所：《彭头山与八十垱》，科学出版社2006年版。

④ 湖南省文物考古研究所：《湖南黔阳高庙遗址发掘简报》，《文物》2000年第4期。

交融联系成三层次的文化共同体，为夏商乃至于秦汉以后的中国奠定了基础，我们称这样一个多层次的文化共同体为“早期中国文化圈”，或者文化意义上的“早期中国”①。庙底沟时代也是社会开始走向复杂化的时代，中原核心区附近的灵宝西坡②、白水下河③等遗址已经出现200—500平方米的大型“宫殿式”房屋，表明社会复杂到相当程度，已经站在了文明社会的门槛。江汉地区先后继起的汤家岗文化和大溪文化稳定发展，澧县城头山古城有目前发现的中国最早的城垣④，表明大溪文化早期社会有着较强的组织能力，社会秩序显著加强。汤家岗文化—大溪文化早期的白陶等因素，还一度传播到中原、长江下游甚至华南地区。庙底沟时代以后，中原的花瓣纹彩陶因素渗透进江汉地区，在中原文化影响和刺激下，汉水以东地区大溪文化油子岭类型异军突起⑤，为江汉地区文化巅峰期的到来奠定了基础。

约公元前3500—前2500年的铜石并用时代早期，中原相对暗弱收缩，江汉强势北扩，文明社会初步形成。此时中原的仰韶文化后期逐渐进入一个相对低谷的时期，对周围文化影响显著减弱，外来文化因素大量涌入，中原腹地的核心文化地位一时不再。但从灵宝西坡墓地⑥

---

① 韩建业：《庙底沟时代与“早期中国”》，《考古》2012年第3期。

② 河南省文物考古研究所、中国社会科学院考古研究所河南一队等：《河南灵宝西坡遗址105号仰韶文化房址》，《文物》2003年第8期；中国社会科学院考古研究所河南一队、河南省文物考古研究所等：《河南灵宝市西坡遗址发现一座仰韶文化中期特大房址》，《考古》2005年第3期。

③ 陕西省考古研究院等：《陕西白水县下河遗址仰韶文化房址发掘简报》，《考古》2011年第12期。

④ 湖南省文物考古研究所：《澧县城头山——新石器时代遗址发掘报告》，文物出版社2007年版。

⑤ 以至于有人提出此时汉水以东地区遗存已经可独立为一个考古学文化——油子岭文化。见郭伟民《新石器时代澧阳平原与汉东地区的文化和社会》，文物出版社2010年版，第76—86页。

⑥ 中国社会科学院考古研究所、河南省文物考古研究所：《灵宝西坡墓地》，文物出版社2010年版。

和郑州西山古城①等来看，中原仍有相当实力。江汉地区先是大溪文化油子岭类型极度扩张至原为仰韶文化分布区的鄂北一带；约公元前3000年屈家岭文化形成后更是北向扩张至豫西南甚至豫东南地区②，屈家岭文化因素则见于中原大部地区③。属于油子岭类型的枣阳雕龙碑④、京山屈家岭⑤等处墓葬，随葬大量猪下颌骨或陶器，贫富分化显著。屈家岭文化更涌现出一二十处城址，其中最大的石家河城面积达120万平方米⑥，城内有宫殿区⑦、墓葬区、祭祀区等不同功能规划，使得江汉地区形成以石家河古城为最高级中心聚落的多个层次的聚落体系。

约公元前2500—前1800年的铜石并用时代晚期，亦即龙山时代，中原江汉剧烈博弈，最终中原取得决定性胜利。龙山时代可分前后两期，龙山前期中原和江汉大致呈北南对峙状态，中原腹地的前期王湾三期文化拥有郾城郝家台等城址，更靠北临汾盆地的陶寺文化甚至还有近300万平方米的陶寺古城⑧，显见其实力迅猛回升。江汉地区石家河文化的北界仍维持在豫南以北，文化因素更北向渗透进关中、陕北，先前的诸多城址仍在沿用，宗教祭祀如火如荼，文化格局大体未变。龙山后期中原的王湾三期文化尤其煤山类型实

① 国家文物局考古领队培训班：《郑州西山仰韶时代城址的发掘》，《文物》1999年第7期。

② 屈家岭文化是在大溪文化油子岭类型基础上，吸收大汶口文化、仰韶文化因素而形成。见韩建业、杨新改《苗蛮集团来源与形成的探索》，《中原文物》1996年第4期。

③ 韩建业：《斜腹杯与三苗文化》，《江汉考古》2002年第1期。

④ 中国社会科学院考古研究所：《枣阳雕龙碑》，科学出版社2006年版。

⑤ 屈家岭考古发掘队：《屈家岭遗址第三次发掘》，《考古学报》1992年第1期。

⑥ 北京大学考古系、湖北省文物考古研究所等：《石家河遗址调查报告》，《南方民族考古》第五辑，四川科学技术出版社1993年版，第213—294页。

⑦ 湖北省荆州地区博物馆、北京大学考古学系、湖北省文物考古研究所：《谭家岭》，文物出版社2011年版。

⑧ 中国社会科学院考古研究所山西队、山西省考古研究所等：《山西襄汾陶寺城址2002年发掘报告》，《考古学报》2005年第3期；中国社会科学院考古研究所、山西省临汾市文物局：《襄汾陶寺——1978—1985年考古发掘报告》，文物出版社2015年版。

力大长，出现登封王城岗[①]、禹州瓦店[②]等城址或大型聚落，煤山类型南向大规模拓展而代替豫南、鄂北、鄂西地区石家河文化，并深刻影响江汉腹地使其演变为肖家屋脊文化。我们曾以古史传说中的“禹征三苗”事件，来解释文化格局如此大规模的剧烈变动[③]。中原对江汉文化的强烈影响，当然并非人群的全面替换，很可能江汉腹地绝大多数仍为当地人群[④]；也并非说江汉文化此后就乏善可陈，肖家屋脊文化精美玉器的发现，就是其仍有相当实力和活力的体现，但这些玉器在江汉毫无渊源，总体属于海岱—中原传统[⑤]，从这个意义上，江汉文化传统究竟是衰微了！此后的二里头—二里岗时代，中原重获至高的核心地位，以二里头—郑州商城王都为核心的中原文化异常强大，对外影响则及于中国大部，而江汉地区长期低迷，至二里岗文化时期才在中原直接影响下有了黄陂盘龙城等区域中心聚落。

---

① 河南省文物研究所、中国历史博物馆考古部：《登封王城岗与阳城》，文物出版社 1989 年版，第 205—210 页。

② 河南省文物考古研究所：《禹州瓦店》，世界图书出版公司 2004 年版。

③ 杨新改、韩建业：《禹征三苗探索》，《中原文物》1995 年第 2 期。其实该观点在我 1994 年完成的硕士学位论文中已经明确提出，1997 年正式发表。［韩建业：《试论豫东南地区龙山时代的考古学文化》，《考古学研究》（三），科学出版社 1997 年版，第 68—83 页。］

④ 在 2006 年出版论文集的时候，我在《禹征三苗探索》一文后的附记 5 是这样说的：“我论述禹征三苗事件，主要从文化变迁角度着手。至于该事件后有多少华夏人进入江汉地区，有多少三苗人留在当地，又有多少三苗人外迁，甚至是否存在华夏和三苗人的血缘融合，或许只有借助于人骨鉴定、DNA 分析等科技手段才有可能逐步知晓。”见韩建业、杨新改《五帝时代——以华夏为核心的古史体系的考古学观察》，学苑出版社 2006 年版，第 16 页。

⑤ 上述论文集中的《禹征三苗探索》一文后的附记 4：“天门石家河、钟祥六合、澧县孙家岗、荆州枣林岗等遗址墓葬中所见龙山后期小件玉器，与石家河文化和更早的屈家岭文化都缺乏联系，而与中原龙山文化和龙山文化玉器有相似之处。如形态较一致的鹰形笄不但见于肖家屋脊、孙家岗、枣林岗，还发现于禹州瓦店甚至陕北；类似的兽面形冠状饰既见于肖家屋脊和六合，也见于临朐朱封和陶寺大墓。可见禹征三苗前后不但有中原华夏文化南进，同时还有东夷文化的渗入。”见韩建业、杨新改《五帝时代——以华夏为核心的古史体系的考古学观察》，学苑出版社 2006 年版，第 16 页。

二　中原模式和东方模式

铜石并用时代前后，中原和江汉地区有着大体一致的显著社会变革趋势，同时，逐渐形成两种具有一定地方性特点的社会发展方式或文明演进模式，即中原模式和东方模式①。但江汉地区又与同归入东方模式的良渚、红山等有所差别②，可称江汉亚模式。

中原和江汉地区铜石并用时代前后普遍发生的社会变革，主要表现在四个方面。

第一，父系家庭和家族组织凸现。灵宝西坡、安乡划城岗③等墓地不同级别墓葬分区埋葬，枣阳雕龙碑④、邓州八里岗⑤、郑州大河村⑥等地的房屋成套成排分布，都应当与中原和江汉地区父系家庭和家族组织的凸现有关⑦。

第二，出现较为明显的社会分工。中原龙山时代王湾三期文化、陶寺文化等的精美黑陶、彩绘陶、玉石器，以及铜器等，江汉大溪文化晚期至石家河文化的精美玉石器等，都应当与专门工匠的存在有关。不同的是，中原高规格器物的制作原料可能主要在当地，主要涉

---

① 韩建业：《略论中国铜石并用时代社会发展的一般趋势和不同模式》，《古代文明》第2卷，2003年版，第84—96页。

② 李伯谦：《中国古代文明演进的两种模式——红山、良渚、仰韶大墓随葬玉器观察随想》，《文物》2009年第3期。

③ 湖南省博物馆：《安乡划城岗新石器时代遗址》，《考古学报》1983年第4期；张弛：《长江中下游地区史前聚落研究》，文物出版社2003年版，第58—62页。

④ 中国社会科学院考古研究所：《枣阳雕龙碑》，科学出版社2006年版。

⑤ 张弛：《长江中下游地区史前聚落研究》，文物出版社2003年版，第32—39页。

⑥ 严文明：《仰韶房屋和聚落形态研究》，《仰韶文化研究》，文物出版社1989年版，第180—242页；郑州市文物考古研究所：《郑州大河村》，科学出版社2005年版。

⑦ 赵辉曾根据对长江中游大溪文化等墓地和聚落的分析，提出墓组 = 一套间房 = 核心家庭、墓群 = 一栋房子 = 扩大家庭、墓区 = 一排房子 = 大家族、墓地 = 聚落 = 氏族的对应关系。见赵辉《长江中游地区新石器时代墓地研究》，《考古学研究》（四），科学出版社2000年版，第23—54页。

及原料和产品的控制与分配问题，而江汉腹地并不存在玉石器原料，可能还涉及与峡江等地的远距离贸易①。

第三，社会趋于复杂化，呈现万国林立的状态。铜石并用时代以后聚落分化，出现中心聚落，社会渐趋复杂化。尤其龙山时代前后中原和江汉地区都城垣林立，这和良渚文化良渚古城唯我独尊的情况有显著差别。陶寺文化虽有庞大的陶寺古城，但其对王湾三期文化、后岗二期文化、造律台文化中诸多城垣聚落可能还不具有实质的统属能力，最多也只有中心认同；石家河文化中石家河古城虽然最大，但既然周围还有那么多大小不同的古城，说明石家河古城聚落并不具有绝对权力。总体属于万国林立的"古国"时代②。

第四，冲突加剧，战争频仍。城垣、玉石钺、箭镞、乱葬坑的增多，都当与人群间越来越频繁的冲突和战争密切相关。

中原和江汉地区文明演进模式，或者中原模式和东方模式之江汉亚模式的差异，主要表现在以下三个方面。

第一，中原地区重贵轻富，而江汉地区富贵并重。中原如西坡大墓，阔大墓室内随葬精美玉钺以及成对大口缸、簋形器等陶器，彰显出墓主人具有崇高地位；但随葬品最多一墓不过 10 余件，且多为粗陋明器，显示出生死有度、重贵轻富、井然有礼、朴实执中的特点③。而江汉雕龙碑、屈家岭、肖家屋脊等富墓，墓室不是很大，却摆满陶器、猪牲，奢靡浪费，显出富贵并重的特点。

---

① 严文明：《中国新石器时代聚落形态的考察》，《庆祝苏秉琦考古五十五年论文集》，文物出版社 1989 年版，第 24—37 页；张弛：《大溪、北阴阳营和薛家岗的石、玉器工业》，《考古学研究》（四），科学出版社 2000 年版，第 55—76 页。

② 苏秉琦：《迎接中国考古学的新世纪》，《华人・龙的传人・中国人——考古寻根记》，辽宁大学出版社 1994 年版，第 236—251 页；严文明：《黄河流域文明的发祥与发展》，《华夏考古》1997 年第 1 期。

③ 韩建业：《西坡墓葬与"中原模式"》，《仰韶和她的时代——纪念仰韶文化发现 90 周年国际学术研讨会论文集》，文物出版社 2014 年版，第 153—164 页。

第二，中原和江汉地区虽都流行祖先崇拜，但江汉更加淫祀鬼神。两个地区墓葬基本都是竖穴土坑墓，为祖先安排永久的地下居所，同一墓地往往有大致相同的头向和葬俗，聚族而葬，体现对祖先的敬重和对社会秩序的重视。但江汉石家河遗址群的邓家湾、肖家屋脊、印信台等处①，在屈家岭—石家河文化阶段却非常流行“祭祀”遗存，如数以万计的红陶杯、红陶动物和陶人，套尊、倒立尊、扣碗、“祭坛”等，屈家岭遗址也有类似现象。

第三，中原地区比江汉地区武备发达。中原地区城垣基本都是版筑，比江汉地区多半堆筑而成的城垣更为规整陡直，防御功能更佳。中原和江汉都有专门的武器玉石钺，但作为远程武器的箭镞却是中原远为先进，王湾三期文化“用作武器的石镞不仅数量多、磨制精，而且形式多样：有三棱、四棱、六棱、圆锥、柳叶形等多种。反之，石家河文化……镞数量少、磨制不精且形式单调，主要为继承屈家岭文化而来的一种落后的宽扁柳叶形镞”②。

三　生于忧患而死于安乐

中原生计较为艰苦，文化颇多波折，故能长存忧患，自强不息，而江汉生活较为优裕，文化发展平稳，难免耽于安乐，少思进取，这或许就是中原之兴与江汉之衰的主要原因，所谓“生于忧患而死于安乐”③。

---

① 湖北省荆州博物馆、湖北省文物考古研究所、北京大学考古学系：《肖家屋脊》，文物出版社1999年版；湖北省文物考古研究所、北京大学考古学系、湖北省荆州博物馆：《邓家湾》，文物出版社2003年版；湖北省文物考古研究所：《石家河遗址2015年发掘的主要收获》，《江汉考古》2016年第1期。

② 杨新改、韩建业：《禹征三苗探索》，《中原文物》1995年第2期。

③ 《孟子·告子下》：“人恒过，然后能改，困于心，衡于虑，而后作；征于色，发于声，而后喻。入则无法家拂士，出则无敌国外患者，国恒亡。然后知生于忧患，而死于安乐也。”

龙山时代中原地区已经有“稻、黍、稷、麦、菽”所谓“五谷”①，而江汉地区农作物基本都是水稻，有人或许会说是由于江汉地区作物的单调，使得在公元前2000年左右的气候冷干时期食物来源可能不如中原北方地区稳定，从而造成江汉之衰。其实中原虽有“五谷”，但占绝对优势的仍然是粟和黍，新来的小麦在农业中比重还很小；而江汉平原除水稻外，也有少量粟的种植②，长时期属于江汉传统的鄂北豫南更是稻粟混作，而且江汉地区还有丰富的鱼类水产资源。这说明中原和江汉地区的农业基本都是多元状态。更进一步说，如果气候变迁造成江汉地区出现危机，那么其北的中原地区面临的危机一定更大。可见以江汉地区稻作农业的单调解释其文化衰变存在诸多问题。实际情况可能是吃“五谷杂粮”的中原总体生活较为艰苦，气候恶化时面临生存危机；而江汉“鱼米之乡”经济长期较为稳定，生活更加优裕。

中原地区特殊的地理位置和敏感的气候条件，还决定其文化发展颇多波折，呈现盛则辐展四方，衰则四面临敌的态势。“气候干冷时，迫于生存压力的北方文化大规模南下，挣脱沼泽水患之苦的东、南方文化迅速膨胀；中原文化农耕条件不如以前优越，内部矛盾增加且外部压力加大，实力必然遭受影响。气候暖湿时，北方文化安于故地甚至北移，东、南方文化由于沼泽水患而影响发展；中原文化的农耕条件明显改善，内部矛盾减小甚至对外开拓，实力自会明显增加。”③ 而江汉地区气候更加稳定，发展较为平稳，盛则北进中原，衰则中原人南下，对外关系更加单调。这样经过较长时期的锤炼积淀，就使得中原地区文化容易形成海纳百川、机智变通和长存忧患、

---

① 赵志军：《植物考古学及其新进展》，《考古》2005年第7期。

② 江汉地区农作物以稻作农业为主，但也有少量粟作成分。见邓振华、刘辉、孟华平《湖北天门市石家河古城三房湾和谭家岭遗址出土植物遗存分析》，《考古》2013年第1期。

③ 韩建业：《论新石器时代中原文化的历史地位》，《江汉考古》2004年第1期。

自强不息的特质，而江汉地区可能养成相对封闭、骄傲自满、耽于安乐的风气。这样的文化特质差异，为中原文化之兴和江汉文化之衰埋下了伏笔①。当公元前2000年左右的干冷气候事件导致北方文化多米诺骨牌式南向移动的时候，江汉文化被南下的中原文化击败就成了情理之中的事情。约2000年后，“小国僻远之秦”（《史记·六国年表》）而能伐楚成功，几乎是禹征三苗的翻版。

（本文原载《江汉考古》2016年第6期）

① 赵辉讨论良渚文化的衰落，也主要归因于其淫祀鬼神、奢侈浪费的社会习气。赵辉：《良渚文化的若干特殊性——论一处中国史前文明的衰落原因》，《良渚文化研究——纪念良渚文化发现六十周年国际学术讨论会文集》，科学出版社1999年版，第104—120页。

龙山时代的中原和北方

——文明化进程比较

本文所谓“中原”，指豫中西、豫北冀南、晋南、关中东部地区，而“北方”，就是中原以北的内蒙古中南部、陕北、晋中北和冀西北地区①。北方更高亢干冷而中原稍低平暖湿，自然环境略有差异，但却是南北渐变，并无显著分界。龙山时代大约在公元前2500—前1800年②，当时黄河长江两大河流域文化碰撞，格局重组，万国林立，文明形成③。中原和北方在这样一个风起云涌的时代，互相激发，带动变革，是早期中国文明形成的关键所在。本文拟从文化发展、文明模式、背景动因三个方面，对龙山时代中原和北方地区的文明化进程做简要比较。

一　文化发展

这里所说龙山时代的中原文化，包括豫中西的王湾三期文化，豫

---

① 苏秉琦：《谈“晋文化”考古》，《华人·龙的传人·中国人——考古寻根记》，辽宁大学出版社1994年版，第22—30页。

② 严文明：《龙山文化和龙山时代》，《文物》1981年第6期。

③ 韩建业：《早期中国——中国文化圈的形成和发展》，上海古籍出版社2015年版。

北冀南的后岗二期文化，晋西南的陶寺文化和陶寺晚期文化，以及关中的客省庄二期文化等；而龙山时代的北方文化只有一个，即老虎山文化。其实这些文化都属于广义的中原龙山文化范畴①。

龙山时代的中原文化，是在仰韶文化基础上，受到海岱龙山文化的影响发展而来。海岱龙山文化对中原龙山诸文化的影响，按强烈程度，由近及远，依次为后岗二期文化、王湾三期文化、陶寺文化、客省庄二期文化。此外，江汉石家河文化对王湾三期文化的最初发展也有贡献。特别值得关注的是陶寺文化的形成：陶寺大城、大墓以及玉器、鼍鼓等的出现，当有大汶口文化和良渚文化的特殊贡献②，甚至不排除东方人群西迁的可能性③。

老虎山文化的前身也是仰韶文化，其典型器陶鬲源自晋南的斝，又几乎不见来自海岱龙山文化等的影响，某种程度上或可看作是更加“纯洁”的仰韶后裔。依区域差异可区分为岱海地区老虎山类型、鄂尔多斯地区永兴店—白草塔类型、陕北地区石峁类型、晋中北游邀类型、冀西北筛子绫罗类型等。但以双鋬鬲为代表的陶器群，以石城为代表的诸聚落，终究和狭义中原龙山文化泾渭分明。据此推测，不但文化存在差异，而且人群常有冲突。备受关注的石峁石城聚落④当属于老虎山文化，但其大量玉器却绝非北方传统，而可能与来自陶寺文化等的影响有关⑤，归根结底则源自东方。没有中原和东方文化的介

① 严文明：《略论仰韶文化的起源和发展阶段》，《仰韶文化研究》，文物出版社 1989 年版，第 122—165 页；韩建业：《中国北方地区新石器时代文化研究》，文物出版社 2003 年版，第 127 页。

② 韩建业：《唐伐西夏与稷放丹朱》，《北京大学学报》（哲学社会科学版）2001 年第 3 期。

③ 韩建业：《良渚、陶寺与二里头——早期中国文明的演进之路》，《考古》2010 年第 11 期。

④ 陕西省考古研究院等：《陕西神木县石峁遗址》，《考古》2013 年第 7 期。

⑤ 不但襄汾陶寺、临汾下靳，就连黄河沿岸的芮城清凉寺墓地（属于庙底沟二期类型末期—三里桥类型）也有较多玉器，可见在东方影响下，已于晋南形成独具特色的玉石制作中心。山西省考古研究所等：《清凉寺史前墓地》，文物出版社 2016 年版。

人，很难想象北方地区会土生土长出石峁这样的大型高级聚落。

上述中原和北方诸龙山时代文化，均可以公元前2200年左右为界划分为前后两大期①，前后期的变化以临汾盆地最剧②：龙山后期，原本有斝无鬲的临汾盆地出现大量双鋬陶鬲，陶寺文化也就因此而变为陶寺晚期文化，我曾经认为这与老虎山文化的强力南下有关，说明北方和晋西南之间发生了冲突战争③。后来发现的大城被毁、暴力屠杀、疯狂毁墓等现象④，证明我们先前基于陶器的观察符合实际。石峁古城与陶寺古城都是三四百万平方米的特大聚落，二者或有短期共存，但基本态势是石峁兴而陶寺废，这一北一南，一兴一废之间，理当存在一定的逻辑关系。石峁有人头坑，清凉寺有殉人墓，虽不能确定他们确曾互相伤害，但显示的人群间的紧张关系并无二致。

老虎山文化的南下不止于晋西南，类似的陶鬲、细石器镞和卜骨还进一步渗透进后岗二期文化、王湾三期文化等当中⑤，理当给这些地区带来一定压力。稍后王湾三期文化向豫南和江汉地区的剧烈扩张影响，或可视为是来自北方压力的余波。可见，北方文化虽然源于中原，但同源而异化，同根而相煎，终至“战胜”中原，一度居于主导地位。

二　文明模式

北方地区从约公元前3500年进入铜石并用时代以来，尤其自

① 韩建业、杨新改：《王湾三期文化研究》，《考古学报》1997年第1期。

② 韩建业：《晋西南豫西西部庙底沟二期——龙山时代文化的分期与谱系》，《考古学报》2006年第2期。

③ 临汾盆地龙山前后期文化，先前我分别称其为“陶寺类型”“陶寺晚期类型”，后改为陶寺文化和陶寺晚期文化。见韩建业《唐伐西夏与稷放丹朱》，《北京大学学报》（哲学社会科学版）2001年第3期。

④ 中国社会科学院考古研究所山西队、山西省考古研究所等：《山西襄汾陶寺城址2002年发掘报告》，《考古学报》2005年第3期。

⑤ 韩建业：《老虎山文化的扩张与对外影响》，《中原文物》2007年第1期。

龙山时代的老虎山文化以来，石城猛增，战争频繁，父系家族凸现，显示和东方地区一样开始了社会变革，但并没有显著的贫富分化和社会分工现象，墓葬多无随葬品，绝大多数石城不过是御敌之普通石围聚落①，我曾将这种长期延续的社会发展和文明化方式，简单概括为“北方模式”，以与“东方模式”和“中原模式”相对②。但近年石峁等大型石城聚落的新发现，却让我们看到了一个更加复杂的北方。

石峁石城400多万平方米的庞大体量，雄伟的皇城台，宏大的城门，讲究的城墙垒砌技术，精美的玉器，以及铜器等，都显示出该地区存在强大的组织能力和一定的社会分工，社会复杂程度较高，已经迈入初级文明社会，石峁聚落至少应该是陕北石峁类型的中心③，甚至不排除对老虎山文化其他类型有一定统摄力。这似乎与“北方模式”不很吻合。仔细分析，这当中也就大量玉器的存在最为特殊，前文已经说过，其实当为东方文化影响的产物；另外，石峁古城的巨大规模也不排除受到东方城建思想的影响。至于宏大建筑所体现的强大组织能力，或者只是北方人集体主义的体现，多处青年女性人头坑的发现，不过是对待战俘残暴本性的流露，本身并不见得能成为社会内部等级分化的证据。现已发现的房屋、墓葬等，尚未见显著等级差别。凡此说明石峁仍保有北方模式的底蕴，只是受到中原和东方

---

① 我曾认为北方地区龙山时代前后的带状分布的石城，可能与对抗更北方游猎采集人群的侵扰有关。最近石峁遗址发现的石人、铜刀（范）等又显示其与北方欧亚草原可能存在联系，石城的出现就更不能排除对抗更北方人群的可能性。见韩建业《试论作为长城“原型”的北方早期石城带》，《华夏考古》2008年第1期；郭物《从石峁遗址的石人看龙山时代中国北方同欧亚草原的交流》，《中国文物报》2013年8月2日第6版。

② 韩建业：《中国北方地区新石器时代文化研究》，文物出版社2003年版，第203页；韩建业：《略论中国铜石并用时代社会发展的一般趋势和不同模式》，《古代文明》第2卷，2003年版，第84—96页。

③ 石峁聚落的中心地位是早就知道的，但没有想到遗址会如此庞大。我以前这样说过：“石峁聚落面积达90万平方米，防卫设施完备并发现珍贵玉器，极可能就是陕北超级聚落群的中心”。韩建业：《中国北方地区新石器时代文化研究》，文物出版社2003年版，第254页。

影响。

中原地区的社会复杂化和文明化进程，开端于更早的庙底沟时代[①]，而于铜石并用时代明显加快了步伐[②]。从仰韶晚期西坡大墓"生死有度、重贵轻富、井然有礼、朴实执中"的特点，已可体会到"中原模式"介于东方模式和北方模式之间的特点[③]。龙山时代墓地基本都是墓葬数量不多的家族墓地，墓葬本身仍基本延续此前中原风格；聚落大小分层，出现陶寺、王城岗、瓦店、新砦等大型中心聚落或城址，形成若干地区中心；建筑则有大型高级宫殿式房屋和一般房屋的差别。看得出来当时的中原已经出现一定程度的贫富分化和阶级分化。玉石器、高级陶器、铜器等的制作当已有一定程度的专业化。专门武器除钺外还增加了矛，石镞精整、量大、形态多样，反映战争频仍，战争专门化程度、惨烈程度空前提升。总体来看，龙山时代的中原虽已进入初级文明时代，但仍基本是中原模式的延续发展。

稍例外的是晋南的陶寺古城和清凉寺墓葬。和石峁一样，陶寺古城近300万平方米的规模，陶寺和清凉寺等墓地大小墓严重分化、大墓随葬大量玉器等的现象，都可理解为是与东方模式交融的结果。至于清凉寺大量的人殉，可能更多与此地处于交通要道而战争频繁的背景有关，与石峁的人头坑，后岗二期文化、王湾三期文化等以人头盖做杯、以人奠基等现象也有可比拟之处。

---

① 苏秉琦曾指出，距今6000年是"从氏族向国家发展的转折点"。苏秉琦：《迎接中国考古学的新世纪》，《华人·龙的传人·中国人——考古寻根记》，辽宁大学出版社1994年版，第238页。另见韩建业《庙底沟时代与"早期中国"》，《考古》2012年第3期。

② 严文明：《中国新石器时代聚落形态的考察》，《庆祝苏秉琦考古五十五年论文集》，文物出版社1989年版，第24—37页。

③ 中国社会科学院考古研究所、河南省文物考古研究所：《灵宝西坡墓地》，文物出版社2010年版；韩建业：《西坡墓葬与"中原模式"》，《仰韶和她的时代——纪念仰韶文化发现90周年国际学术研讨会论文集》，文物出版社2014年版，第153—164页。

三 背景动因

北方文化作为中原文化的亚文化，在公元前5千纪至前3千纪的漫长时间里，基本都处于从属地位，主要在中原的带动和影响之下发展。但约公元前2200年以后，却迅速强大并对中原产生强烈影响。其深层原因当在自然环境及其演变过程当中寻找。

北方较中原冬季更为干冷，发展农业的条件有限，狩猎采集和畜牧业程度显著高于中原；北方气候变化敏感，气候变化对动植物资源及其经济形态的影响程度也远甚于中原。这就决定了北方地区不容易出现贫富分化、社会分工和社会地位的显著差异，而且锤炼了北方人相对习于流动，坚韧不拔，勇敢强悍的集体性格。而中原处于早期中国的核心位置，年均温度、降水量和对气候变化的敏感程度都大致适中，使得中原“存在一定的社会地位差异但不强调贫富分化；社会秩序井然但不靠严刑峻法；生产力逐步提高但不尚奢华；关注现实而不是沉溺于宗教；依靠血缘关系，重视集体利益，不疾不徐，稳中求健，终于发展到二里头文化所代表的成熟的文明社会——晚期夏王朝阶段”①。

中原文化历经磨难，博采众长，自有其坚韧的一面，但和极端气候期面临极大生存压力的北方文化比较，又要从容得多。因此龙山前后期之交北方文化的南下，竟能一举对中原文化产生强烈影响，自在情理之中。同时期整个欧亚草原文化也都有南下严重侵扰农业文化之势。至于对临汾盆地的影响最剧烈，也可能与临汾盆地本来更接近东方模式有关。我论述龙山前后期之交中原对江汉的“胜利”时，曾

① 韩建业：《略论中国铜石并用时代社会发展的一般趋势和不同模式》，《古代文明》第2卷，2003年版，第84—96页。

经归因于“生于忧患而死于安乐”，用其来说明北方对中原的短暂“胜利”，也还自有一定道理①。

北方地区尽管可以短期得势，但地处边缘，积淀有限，最终也只是将其文化要素融入中原，并未能长期引领中国文化的发展。而中原地区居“天下之中”，只有这里才具备兴盛时影响全局、低谷时博采众长的特殊条件。这是中原地区在早期中国形成和发展过程中具有中心地位的缘由②。

（本文原载《中原文化研究》2017 年第 4 期）

① 韩建业：《中原和江汉地区文明化进程比较》，《江汉考古》2016 年第 6 期。

② 韩建业：《论新石器时代中原文化的历史地位》，《江汉考古》2004 年第 1 期。

中原和海岱：文明化进程比较

"中原"有广义和狭义之分。广义的"中原"可包含"海岱"在内，而狭义的"中原"大体相当于苏秉琦所说"陕豫晋邻境地区"①，本文特指豫中西、豫北冀南、晋南和关中东部地区。"海岱"即苏秉琦所说以泰山为中心的"山东及邻省一部分地区"②。处于黄河中下游的中原和海岱地区，是中国境内文化连续性最强的区域，也是早期中国文化圈的重心所在，在早期中国文明化进程中处于核心地位③。这里还是中国最早发现的两个新石器时代考古学文化——仰韶文化和龙山文化的分布区④，对二者相互关系或夷夏东西的讨论⑤，

---

① 苏秉琦：《关于考古学文化的区系类型问题》，《苏秉琦考古学论述选集》，文物出版社1984年版，第225—237页。

② 苏秉琦：《关于考古学文化的区系类型问题》，《苏秉琦考古学论述选集》，文物出版社1984年版，第225—237页。

③ 严文明：《黄河流域文明的发祥与发展》，《华夏考古》1997年第1期；赵辉：《中国的史前基础——再论以中原为中心的历史趋势》，《文物》2006年第8期；韩建业：《早期中国——中国文化圈的形成和发展》，上海古籍出版社2015年版。

④ 安特生著，袁复礼译：《中华远古之文化》，《地质汇报（第五号第1册）》，北京京华印书局1923年版；傅斯年、李济、董作宾、梁思永、吴金鼎、郭宝钧、刘屿霞：《城子崖——山东历城县龙山镇之黑陶文化遗址》，中央研究院历史语言研究所1934年版。

⑤ 梁思永：《小屯、龙山与仰韶》，《中央研究院历史语言研究所集刊外编——庆祝蔡元培先生六十五岁论文集》，1933年；傅斯年：《夷夏东西说》，《中央研究院历史语言研究所集刊外编——庆祝蔡元培先生六十五岁论文集》，1933年；陈星灿：《中国史前考古学史研究：1895—1949》，生活·读书·新知三联书店1997年版。

构成20世纪前半叶中国史前考古研究最主要和最精彩的篇章。21世纪以来，有学者对中原和海岱地区先秦文化的关系进行过较为深入的梳理①。本文拟从文化格局、文明模式、背景动因等方面，对两个地区的文明化进程做进一步的比较分析。

一　文化格局

中原和海岱大约万年以来首尾相望，东西文化互相交融，发展节奏此起彼伏（图一）。

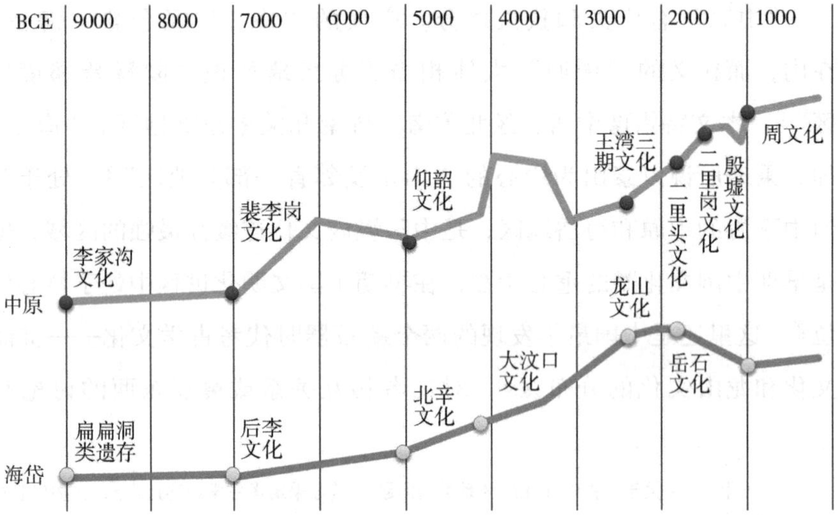

图一　中原和海岱地区新石器时代—青铜时代的文化演进示意图

1万多年前，中原和海岱差不多同时进入新石器时代早期，虽不

---

① 栾丰实：《海岱系文化在华夏文明形成过程中的作用——从海岱、中原两大文化区系的相互关系谈起》，《华夏文明的形成与发展》，大象出版社2003年版，第99—107页；韩建业：《论新石器时代中原文化的历史地位》，《江汉考古》2004年第1期；靳松安：《河洛与海岱地区考古学文化的交流与融合》，科学出版社2006年版。

排除陶器出现受华南制陶思想启发的可能性，但中原李家沟文化陶器为拍印圆窝纹和绳纹的陶罐①，海岱扁扁洞类遗存的陶器是光素的圜底陶釜②，形态各异。由此初步形成东西文化分立格局。

约公元前7千纪至前6千纪的新石器时代中期，中原的裴李岗文化属于“深腹罐—双耳壶—钵文化系统”，而海岱及以南地区的后李文化、顺山集文化属于“素面圜底釜文化系统”。起初二者大致东西对峙，但至约公元前6000年已经是西强东弱的态势，舞阳贾湖随葬骨笛、象牙雕板、绿松石饰品、刻符龟甲等的较大墓葬的发现③，就是裴李岗文化中期实力超过后李文化的明证，此时应当已经出现了以中原为核心的“早期中国文化圈”的萌芽④。裴李岗文化晚期的东渐，更是促使淮河中游乃至于泰沂山西南的后李文化等转变为双墩文化⑤，后李文化则被压制在泰沂山以北一隅。

约公元前5千纪进入新石器时代晚期，在海岱北辛文化的推动下，中原文化整合成焕然一新的初期仰韶文化⑥。中原和海岱深度融合，形成“瓶（壶）—钵（盆）—罐—鼎文化系统”，但差异仍在。从此进入仰韶文化一期和北辛文化东西对峙、并行发展的时期。约公

---

① 北京大学考古文博学院、郑州市文物考古研究院：《河南新密市李家沟遗址发掘简报》，《考古》2011年第4期；郑州市文物考古研究院、北京大学中国考古学研究中心：《河南新密李家沟遗址北区2009年发掘报告》，《古代文明》第9卷，文物出版社2013年版，第177—207页；北京大学中国考古学研究中心、郑州市文物考古研究院：《河南新密李家沟遗址南区2009年发掘报告》，《古代文明》第9卷，文物出版社2013年版，第208—239页。

② 孙波：《扁扁洞初识》，《文物研究》第16辑，黄山书社2009年版，第51—60页。

③ 河南省文物考古研究所：《舞阳贾湖》，科学出版社1999年版，第465—519页。

④ 韩建业：《裴李岗文化的迁徙影响与早期中国文化圈的雏形》，《中原文物》2009年第2期。

⑤ 栾丰实认为，“裴李岗文化是汶泗流域北辛文化的主要来源之一”。实际上，北辛文化中裴李岗文化因素的来源，在介于二者之间的双墩文化。见栾丰实《北辛文化研究》，《考古学报》1998年第3期；韩建业《双墩文化的北上与北辛文化的形成——从济宁张山“北辛文化遗存”论起》，《江汉考古》2012年第2期。

⑥ 韩建业：《初期仰韶文化研究》，《古代文明》第8卷，文物出版社2010年版，第16—35页。

元前4000年左右进入庙底沟时代，以晋南豫西为核心的庙底沟期仰韶文化强力扩张[①]，对诞生不久的大汶口文化早期影响颇大，中原的花瓣纹彩陶、多人二次合葬等因素广播海岱。这显然是一个东强西弱的时代。正是在此时，基本形成“早期中国文化圈”或者文化意义上的“早期中国”[②]。

从约公元前4千纪后半叶开始，进入铜石并用时代早期，文化格局大变，中原相对没落，海岱强势崛起，大汶口文化因素散布到中原各地的仰韶文化当中，甚至在郑洛一带出现大汶口式墓葬，暗示存在人群的西移[③]。直到约公元前3千纪后半叶进入铜石并用时代晚期或者龙山时代，仍是海岱稍强于中原；中原龙山文化的形成，就有海岱龙山文化的诸多贡献在内[④]。龙山后期，中原复兴，进入早期夏王朝阶段，但“万国林立”，对海岱地区仍不具有明显优势，大体仍是夷夏东西对峙的局面。

约公元前2千纪初海岱文化的再次西渐，促成王湾三期文化新砦类型——中期夏文化形成，并进一步西渐催生二里头文化，亦即晚期夏文化[⑤]。已经进入青铜时代的二里头文化，有成套的青铜礼器，有数百万平方米的二里头王都，影响及于中国大部地区，对海岱地区形

① 苏秉琦：《关于仰韶文化的若干问题》，《考古学报》1965年第1期；严文明：《略论仰韶文化的起源和发展阶段》，《仰韶文化研究》，文物出版社1989年版，第122—165页；张忠培：《关于内蒙古东部地区考古的几个问题》，《内蒙古东部区考古学文化研究文集》，海洋出版社1991年版，第3—8页；王仁湘：《史前中国的艺术浪潮——庙底沟文化彩陶研究》，文物出版社2011年版。

② 韩建业：《庙底沟时代与“早期中国”》，《考古》2012年第3期。

③ 杜金鹏：《试论大汶口文化颍水类型》，《考古》1992年第2期；栾丰实：《试论仰韶时代东方与中原的关系》，《考古》1996年第4期。

④ 韩建业：《晋西南豫西西部庙底沟二期—龙山时代文化的分期与谱系》，《考古学报》2006年第2期。

⑤ 邹衡：《试论夏文化》，《夏商周考古学论文集》，文物出版社1980年版，第95—182页；李伯谦：《二里头类型的文化性质与族属问题》，《文物》1986年第6期；韩建业：《论二里头青铜文明的兴起》，《中国历史文物》2009年第1期。

成压倒性优势。这个西强东弱的局面，至二里岗文化——早商文化时期进一步加强，二里岗文化晚期阶段东西分界已东移至鲁中一带，西周以后东夷土著退居山东半岛。

总体而言，中原文化颇多波折，而海岱文化稳定发展，只是最终以中原胜出而收场。海岱的发展节奏其实和江汉大体近似①，只是最后衰落的时间晚数百年而已。

二　文明模式

中原和海岱文明化进程彼此呼应，文明模式东西辉映。二者的文明起源，都始自庙底沟时代，不过细较起来，毕竟是中原先走一步，海岱后来居上，最终中原集大成而成为早期中国文明的核心。

庙底沟时代，豫晋陕交界地带的灵宝、白水、华县、咸阳等地，出现上百万平方米的大型聚落，数百平方米的大型“殿堂式”房屋②，标志着早期中国文明最早开始起步③。庙底沟类型对大汶口文化的显著影响，大约是海岱地区文明起步的契机之一。

稍晚进入铜石并用时代早期，社会进一步分化，中原和海岱都出现古城和大型墓葬，且都有多个区域中心。中原的仰韶文化后期，至少可分豫晋陕交界区、郑洛区、豫北冀南区等，偏早的仰韶文化三

① 韩建业:《中原和江汉地区文明化进程比较》,《江汉考古》2016年第6期。

② 河南省文物考古研究所、中国社会科学院考古研究所河南一队等:《河南灵宝西坡遗址105号仰韶文化房址》,《文物》2003年第8期;中国社会科学院考古研究所河南一队、河南省文物考古研究所等:《河南灵宝市西坡遗址发现一座仰韶文化中期特大房址》,《考古》2005年第3期;中国社会科学院考古研究所河南一队、河南省文物考古研究院等:《河南灵宝市西坡遗址庙底沟类型两座大型房址的发掘》,《考古》2015年第5期;陕西省考古研究院、白水县文物旅游局:《陕西白水县下河遗址仰韶文化房址发掘简报》,《考古》2011年第12期。

③ 苏秉琦和张忠培先生都强调公元前4000年左右社会发生了一定程度的变革。见苏秉琦《中国文明起源新探》,生活·读书·新知三联书店1998年版;张忠培《仰韶时代——史前社会的繁荣与向文明时代的转变》,《文物季刊》1997年第1期。

期，区域中心主要在灵宝北阳平、西坡所代表的豫晋陕交界区①；偏晚的仰韶文化四期，区域中心大约转移至郑洛地区，以郑州西山古城、孟津妯娌大墓为代表②。海岱的大汶口文化中晚期，至少存在以泰安大汶口墓地为中心的鲁中南区③，以莒县陵阳河墓地为中心的鲁东南区④，以章丘焦家墓地为代表的鲁西北区⑤。大汶口大墓似乎最为富贵，但并不见陵阳河等墓地的似文字符号，也远不如焦家墓地玉器发达，可见这三个区域之间基本还是平行发展、互不统属的关系。此时的中原和海岱，属于所谓“古国”时期的偏早阶段⑥，当处于前国家时期或初级文明阶段，或者高级酋邦阶段。

从墓葬来看，灵宝西坡、孟津妯娌大墓规模阔大讲究而随葬品贫乏，重贵轻富。泰安大汶口、章丘焦家大墓规模稍小，但棺椁齐备，随葬品丰富精美，富贵并重。二者对照鲜明，这说明此时已经出现早期中国文明起源的不同模式。可称前者为“中原模式”，后者为“东方模式”之“海岱亚模式”⑦。也有学者认为二者发展平稳、宗教不

---

① 河南省文物考古研究所、中国社科院考古研究所河南一队等：《河南灵宝铸鼎塬及其周围考古调查报告》，《华夏考古》1999 年第 3 期；中国社会科学院考古研究所河南第一工作队、河南省文物考古研究所等：《河南灵宝市北阳平遗址调查》，《考古》1999 年第 12 期。

② 国家文物局考古领队培训班：《郑州西山仰韶时代城址的发掘》，《文物》1999 年第 7 期；河南省文物管理局：《黄河小浪底水库考古报告》（二），中州古籍出版社 2006 年版，第 6—156 页。

③ 山东省文物管理处、济南市博物馆：《大汶口——新石器时代墓葬发掘报告》，文物出版社 1974 年版。

④ 山东省考古所、山东省博物馆等：《山东莒县陵阳河大汶口文化墓葬发掘简报》，《史前研究》1987 年第 3 期。

⑤ 山东大学考古学与博物馆学系、济南市章丘区城子崖遗址博物馆：《济南市章丘区焦家新石器时代遗址》，《考古》2018 年第 7 期。

⑥ 苏秉琦：《迎接中国考古学的新世纪》，《华人·龙的传人·中国人——考古寻根记》，辽宁大学出版社 1994 年版，第 236—251 页；严文明：《黄河流域文明的发祥与发展》，《华夏考古》1997 年第 1 期。

⑦ 2000 年我在博士学位论文中提出文明起源的“北方模式”和“东方模式”，2003 年又提出介于二者之间的“中原模式”。现在看来，还可以做进一步区分。“东方模式”至少还可以分为红山、海岱、良渚、江汉等不同的亚模式。见韩建业《略论中国铜石并用时代社会发展的一般趋势和不同模式》，《古代文明》第 2 卷，文物出版社 2003 年版，第 84—96 页。

发达，属于同一种模式①。

龙山前期，中原至少有陶寺文化、王湾三期文化前期、后岗二期文化前期等强势文化。陶寺文化所在的临汾盆地，还没有发现第二处与襄汾陶寺城址能够相提并论的超级中心聚落，陶寺城址就很可能是整个陶寺文化的核心所在②。陶寺的文化影响及于河南、晋中、陕北、关中甚至甘青宁地区③，推测其政治影响也有可能到达这些地区，约略如《尚书·尧典》所记那样，尽管这种影响还很有限。龙山后期，临汾盆地陶寺文化被陶寺晚期文化替代，陶寺聚落的核心地位不在④，晋西南地区可能形成多中心格局。王湾三期文化后期出现登封王城岗、禹州瓦店等大型聚落⑤，被认为与夏王朝初年的禹、启之都有关，中原文化的重心应当已经转移至嵩山地区。但王湾三期文化的影响主要体现在南方江汉等地，对华北地区的影响大不如陶寺文化。如果说王湾三期文化后期基本属于早期夏文化，那么其政治控制就还有限⑥。至于海岱龙山文化，无论是前期还是后期，都仍是延续了大汶口文化以来的多中心格局。海岱城址或大型聚落众多，东南沿

---

① 栾丰实：《中国古代社会的文明化进程和相关问题》，《东方考古》第1集，科学出版社2004年版，第302—312页。

② 中国社会科学院考古研究所、山西省临汾市文物局：《襄汾陶寺——1978—1985年考古发掘报告》，文物出版社2015年版；何驽：《最初“中国”的考古探索简析》，《早期中国研究》第1辑，文物出版社2013年版，第36—43页；高江涛：《陶寺遗址聚落形态的初步考察》，《中原文物》2007年第3期。

③ 最明确的表现，就是石峁、碧村等老虎山文化的玉器，以及甘青宁地区齐家文化玉器的出现。见韩建业《良渚、陶寺与二里头——早期中国文明的演进之路》，《考古》2010年第11期。

④ 韩建业：《唐伐西夏与稷放丹朱》，《北京大学学报》（哲学社会科学版）2001年第3期。

⑤ 河南省文物研究所、中国历史博物馆考古部：《登封王城岗与阳城》，文物出版社1992年版；北京大学考古文博学院、河南省文物考古研究所：《登封王城岗考古发现与研究（2002—2007）》，大象出版社2007年版；河南省文物考古研究所：《禹州瓦店》，世界图书出版公司2004年版。

⑥ 即如《禹贡》《史记·夏本纪》所载，夏早期的政治控制已经及于黄河长江流域大部，这与考古材料所揭示的情况并不太吻合。

海的日照两城镇①，鲁西北的临淄桐林②，互相存在统属关系的可能性不大，与其他诸多城址的关系也扑朔迷离。整个龙山时代，中原和海岱基本是实力相当、东西对峙的关系。总体而言，中原、海岱仍是万国林立的态势。

王湾三期文化的较大墓葬，如汝州煤山墓葬等③，墓室有二层台，较为阔大讲究，但随葬品不多，仍是重贵轻富的传统。而龙山文化的临朐西朱封④、泗水尹家城⑤等大墓，则一椁一棺甚至二椁一棺，随葬大量精美玉器、精致陶器等，显然是富贵并重的状态。陶寺文化大墓也富贵并重，原因与其上层文化的东方来源有关。

经新砦期的过渡，中原进入二里头—二里岗时代，或者晚期夏—早商时期。郑洛地区出现偃师二里头和郑州商城等超大型聚落，中原其他区域城址锐减，即如垣曲商城、黄陂盘龙城等，也不过是早商在边疆地区的据点或基地而已。二里头—二里岗文化的影响则遍布中国大部地区⑥，东至海岱，北至西辽河，南达江湘，西至青海。海岱的岳石文化，或者东夷文化，则一蹶不振，不断退缩。另外，中原和海岱模式长期互相交融，区别远不如以前清楚，比如二里岗文化的较大墓葬，其富贵并重的情形就和之前的海岱龙山文化墓葬近似。

---

① 中美联合考古队栾丰实等：《两城镇——1998—2001 年发掘报告》，文物出版社 2016 年版。

② 山东省文物考古研究所、北京大学考古文博学院：《临淄桐林遗址聚落形态研究考古报告》，《海岱考古》第五辑，科学出版社 2012 年版，第 139—157 页。

③ 河南省文物考古研究所、首都师范大学历史学院、郑州大学历史学院：《河南汝州市煤山龙山文化墓葬发掘简报》，《考古》2011 年第 6 期。

④ 山东省文物考古研究所、临朐县文物保管所：《临朐县西朱封龙山文化重椁墓的清理》，《海岱考古》第一辑，山东大学出版社 1989 年版，第 219—224 页；中国社会科学院考古研究所山东工作队：《山东临朐朱封龙山文化墓葬》，《考古》1990 年第 7 期。

⑤ 山东大学历史系考古专业教研室：《泗水尹家城》，文物出版社 1990 年版。

⑥ 许宏：《最早的中国》，科学出版社 2009 年版。

三　背景动因

夷夏长期东西对峙，互有高低，最终中原占取绝对上风，其背景动因耐人寻味。

中原和海岱都在黄河流域，都属于东亚季风区，水热条件近似。表面看来，从地理环境角度并不能找出夏胜夷衰的背景，其实不然。

其一，中原距海稍远，水热条件不如海岱优渥，但山东沿海区域有受海平面涨落直接影响之虞。这决定了中原地区文化发展虽不如海岱迅速，但更加稳定，不至于大起大落。

其二，中原和海岱都和周围文化发生交流，但中原居于“地中”，能够兴盛时辐射全局，低潮时海纳百川，奠定其包罗万象、宽容广博的文化特质。海岱偏于东隅，无论辐射还是吸纳都受局限。

其三，中原和海岱都受周围文化，尤其北方地区文化的冲击，但一西一东，程度大有不同。中原以北是晋陕高原，再外围是蒙古高原、河西新疆和中亚，这些广大地区基本都是较为干旱的草原绿洲环境，当气候干冷植被带南移时，无论从事狩猎采集还是畜牧，南下的可能性都很大。尤其公元前 2 千纪初期气候干冷时，进入青铜时代的草原文化的东南向扩张，给甘青内蒙古等地的齐家文化、朱开沟文化等带来显著的畜牧业和青铜技术①，也间接刺激了中原文化格局的大调整②

---

① 林沄：《早期北方系青铜器的几个年代问题》，《内蒙古文物考古文集》第 1 辑，中国大百科全书出版社 1994 年版，第 291—295 页；Louisa G. , Fitsgerald-Huber，“Qijia and Erlitou: The Question of Contacts with Distant Cultures”，*Early China* 20，1995，pp. 17 – 67；李水城：《西北与中原早期冶铜业的区域特征及交互作用》，《考古学报》2005 年第 3 期。

② 王巍：《公元前 2000 年前后我国大范围文化变化原因探讨》，《考古》2004 年第 1 期；王绍武：《2200—2000BC 的气候突变与古文明的衰落》，《自然科学进展》2005 年第 15 卷第 9 期；韩建业：《略论中国的“青铜时代革命”》，《西域研究》2012 年第 3 期。

和二里头青铜文明的兴起①。海岱以北则为渤海和河北平原，再外围是西辽河流域和东北平原，这些地区都比较湿润，以狩猎采集和农业经济为主，气候干湿冷暖变化幅度不大，人群南下的原动力不强。源自西方的畜牧业和青铜技术等也只是通过中原间接影响到海岱。这就决定了中原不但更方便吸收西方文明的馈赠，而且在多元文化碰撞过程中锻炼了其坚韧不拔的性格。

要之，中原和海岱地区新石器时代以来的考古学文化各具特色又互相交融，文化态势东西对峙，发展节奏此起彼伏，文明进程彼此呼应，成为早期中国文明的重心所在，共同带动了早期中国文明的起源和形成。中原文化中庸稳重，坚韧不拔，海纳百川，还能得西风之先，这大概是其最终能强势胜出的深层原因。

（本文原载《社会科学》2019 年第 4 期）

① 我曾提出齐家文化晚期已经东向分布至关中地区，齐家文化给二里头文化带来花边罐、青铜技术等新因素，促成了二里头青铜文明的诞生。韩建业：《中国西北地区先秦时期的自然环境与文化发展》，文物出版社 2008 年版，第 196—200 页；韩建业：《论二里头青铜文明的兴起》，《中国历史文物》2009 年第 1 期。

龙山时代的三个丧葬传统

丧葬传统，指长期得以延续的丧葬行为或丧葬习俗，它是丧葬思想的表现形式，可以通过对墓葬形态、规模、随葬品等的分析揭示出来。我以前提出早期中国文明演进有北方、中原和东方三个模式，墓葬特征是区分这三个模式的主要依据之一，但对其反映的丧葬传统的讨论则浅尝辄止①。李伯谦通过对红山、良渚、仰韶大墓及其丧葬习俗的分析，提出中国古代文明演进存在两种模式，但讨论重点在仰韶时期②；张弛对中国史前葬仪案例进行过较多剖析，但落脚点放在了中国社会的整体演进和权利形态方面③；刘莉更早对墓葬形态、礼仪活动等的研究则仅涉及龙山文化④。本文将研究的时间范围集中在黄河、长江流域的龙山时代，将研究重点放到揭示丧葬传统的大地域分异，尝试对龙山时代的丧葬传统及其与文明模式、传说时代部族集团的关系等问题略作讨论。

① 韩建业：《略论中国铜石并用时代社会发展的一般趋势和不同模式》，《古代文明》第2卷，文物出版社2003年版，第84—96页。

② 李伯谦：《中国古代文明演进的两种模式——红山、良渚、仰韶大墓随葬玉器观察随想》，《文物》2009年第3期。

③ 张弛：《社会权利的起源——中国史前葬仪中的社会与观念》，文物出版社2015年版。

④ 刘莉：《山东龙山文化墓葬形态研究——龙山时期社会分化、礼仪活动及交换关系的考古学分析》，《文物季刊》1999年第2期。

一

龙山时代，就是和龙山文化大体同时的黄河、长江流域大部地区文化所处的时代，绝对年代在约公元前 3 千纪后期至公元前 2 千纪之初。它既是一个时间概念，也有特殊内涵，即属于这个时代的“各个文化彼此连成一片”，以黑灰陶为主，并且“除齐家文化外，都曾被称为龙山文化”①。像彩陶盛行的马家窑文化半山类型、马厂类型等，虽然也在这个时期，但并不符合“龙山时代”的条件，也就不在讨论之列。

本文讨论丧葬传统，以对大中型土坑墓的观察为依据，不包括小墓和婴孩瓮棺葬。这是因为较大规模的墓葬，墓室结构往往更复杂，随葬品更多，更有可能体现彼此的差异，尤其是丧葬思想上的差异。

从对大中型墓葬的分析来看，龙山时代存在较为一致的丧葬大传统，如基本都是土坑竖穴墓，大多都是单人仰身直肢葬，蕴含逝者入土为安、永居地下家园的观念②；同一墓地或茔域的墓葬多有共同习俗，排列有序，构成具有血缘身份认同的“族墓地”③，反映出祖先崇拜、慎终追远、珍视历史记忆的思想。这种丧葬传统至少自公元前 7 千纪裴李岗文化时期以来就在中国大部地区流行，绵长延续至龙山时代，成为早期中国的文化特质之一④。另一方面，如果仔细辨析，

---

① 严文明：《龙山文化和龙山时代》，《文物》1981 年第 6 期。

② 巫鸿不但认为马王堆汉墓体现为死者在地下安“家”的观念，而且这种观念可以追溯到史前。参见巫鸿《礼仪中的美术——马王堆再思》，《礼仪中的美术——巫鸿中国古代美术史文编》，生活·读书·新知三联书店 2005 年版，第 119 页。

③ 《周礼·地官·司徒》中有“族坟墓”的说法。商周常见“族坟墓”或者“族墓地”，如殷墟西区墓地。参见韩建业《殷墟西区墓地分析》，《考古》1997 年第 1 期。

④ 这里所说“早期中国”，指文化意义上的早期中国，或者早期中国文化圈，即“秦汉以前中国大部地区文化彼此交融联系而形成的相对的文化共同体”，我认为其形成于公元前 4 千纪的“庙底沟时代”。参见韩建业《庙底沟时代与“早期中国”》，《考古》2012 年第 3 期；韩建业《早期中国——中国文化圈的形成和发展》，上海古籍出版社 2015 年版。

会发现龙山时代墓葬也存在不少区域性差异，大致可以分出三个丧葬小传统。

二

一是海岱地区，以龙山文化为代表。

目前所知龙山文化级别最高的墓葬，就是山东临朐西朱封的3座大墓①。其中M202小半部已被破坏，墓葬外室复原面积约40平方米，四周有宽阔规整的二层台；内室复原面积约11平方米，内置一椁一棺一边箱，外壁有多色彩绘，华丽讲究；随葬品丰富，有刀、钺、笄及笄首等精致玉器，蛋壳杯、鬶、罍等精致陶器，彩绘木盘，以及绿松石片近千（当为嵌绿松石高级木器残迹）、鳄鱼骨板数十（当为木箱表面装饰或者鼍鼓鼓皮残迹）。M203比M202略小而大体类似，重椁一棺，值得注意的是在内外椁之间有彩绘木器和25件低火候彩绘明器。最早发现的M1比较特殊，该墓有重椁一棺一边箱一脚箱，棺椁彩绘，随葬品丰富珍贵，级别应当和上述两墓近似，但墓室仅约11平方米，显得过于局促，不排除外室已被破坏，这只是墓葬内室的可能性。山东泗水尹家城的5座大墓比西朱封略低一个级别，墓室面积一二十平方米不等，最大的M15墓室面积约25平方米，重椁一棺，有大量鳄鱼骨板和陶质小圆锥体，当为鼍鼓鼓皮残迹及鼓钉，其余墓葬一椁一棺，随葬精致陶器，也有成套的低温陶，有的墓葬随葬猪下颌骨多达30余副，但基本不见玉器。此外还有更多3—5平方米的中型墓葬，有二层台和木棺，随葬数件到二三十件陶

① 中国社会科学院考古研究所、山东省文物考古研究所等：《临朐西朱封——山东龙山文化墓葬的发掘与研究》，文物出版社2018年版。

器，以及少量猪下颌骨，基本不见鼍鼓等高规格物品①。

海岱地区的龙山文化大中型墓等级分明，大墓墓室阔大，四边有二层台，有多重棺椁，规范讲究，或许棺椁制度已初步形成②。较多精致的黑陶壶、罐、杯和陶鬶，当多属盛酒、热酒、饮酒的配套酒具③，还有作为兵器的钺等玉器，作为乐器的鼍鼓，以及精美漆木器等珍贵随葬品，都体现出主人居高临下的社会地位和一定的礼乐氛围。随葬大量种类丰富的实用陶器或“生器”，有较多猪下颌骨，当为其家族拥有较多财富或者有许多人参加送葬吊唁的反映④，阔大墓室和多重棺椁也必须以占有较多财富作为基础。而少量陶明器的随葬⑤，则在强调生死之别。总体来看，东方海岱地区龙山文化表现出富贵并重的丧葬思想，可称之为海岱传统。

早在属于大汶口文化早期晚段的山东泰安大汶口墓葬中，有些已经有二层台和木棺，随葬品多达100多件⑥。属于大汶口文化中晚期的焦家墓葬，更出现多重棺椁和大量玉器随葬品。可见大汶口文化时期已经形成富贵并重的丧葬思想传统，龙山文化得以继承和发展。

---

① 山东大学历史系考古专业教研室：《泗水尹家城》，文物出版社1990年版。

② 栾丰实：《史前棺椁的产生、发展和棺椁制度的形成》，《文物》2006年第6期。

③ 麦戈文、方辉、栾丰实等：《山东日照市两城镇遗址龙山文化酒遗存的化学分析——兼谈酒在史前时期的文化意义》，《考古》2005年第3期。

④ 王仁湘：《新石器时代葬猪的宗教意义——原始宗教文化遗存探讨札记》，《文物》1981年第2期；刘莉：《山东龙山文化墓葬形态研究——龙山时期社会分化、礼仪活动及交换关系的考古学分析》，《文物季刊》1999年第2期。

⑤ 《仪礼·既夕礼》中“陈明器于乘车之西”，“明器”始有随葬品之义；《荀子·礼论》“生器文而不功，明器貌而不用”，“生器”“明器”对举，“明器”的含义已经变成为丧礼特别制造的器物。见巫鸿《“明器”的理论与实践——战国时期礼仪美术中的观念化倾向》，《文物》2006年第6期。

⑥ 山东省文物考古研究所：《大汶口续集——大汶口遗址第二、三次发掘报告》，科学出版社1997年版。

三

二是江汉地区，以石家河文化为代表。

已知石家河文化最大的墓葬，就是湖北天门肖家屋脊 M7①，墓口面积约 6.6 平方米，足端两侧有二层台；内室或有木棺②；102 件随葬品中除 1 件石钺外，其余均为陶器，并且明显分为二层台上和墓主身旁两组：足端二层台上是 62 件高领罐类，墓主身侧则有壶形器、小鼎，足下置 29 件斜腹杯。肖家屋脊 M54，面积仅约 2.7 平方米，但在墓主人身侧分三层整齐叠放 99 件陶高领罐。

按照规模，石家河文化已知大墓仅相当于龙山文化的中型墓葬，有二层台但不一定四边都有，不很规范。或许有木棺，但与多重棺椁的龙山文化不可同日而语，又缺乏珍贵随葬品，说明对墓主人的地位高低并未刻意标榜。石家河文化大墓随葬品较多，除墓主身侧的斜腹杯、壶形器、小鼎等可能与饮食或“宴饮”象征相关③，特别值得关注的是往往在二层台等位置整齐摆放大量具有储藏功能的实用高领罐类，下葬时或许都盛有粮食或酒等，其财富储藏或者“炫富”色彩浓厚。石家河文化也有少量专门制造的低温随葬陶器，有强调生死之分的一面。石家河文化所表现出的重富轻贵的丧葬思想，可称之为江汉传统。

江汉传统至少可以前溯到大溪文化油子岭类型和屈家岭文化。在江汉平原属于屈家岭文化的邓家湾、肖家屋脊等地的较大墓葬，二层台上常放置数十件高领罐等，和石家河文化的情况很相似。但有的墓

---

① 湖北省荆州博物馆、湖北省文物考古研究所、北京大学考古学系：《肖家屋脊》，文物出版社 1999 年版。

② 肖家屋脊小墓 M55 中发现有木棺印痕，推测较大墓葬也有木棺，只是保存差难以发现。

③ 张弛：《石家河聚落兴盛时期葬仪中的新观念》，《考古》2014 年第 8 期。

葬随葬玉石钺等，和石家河文化还是有一定差别。早在属于大溪文化油子岭类型的湖北京山屈家岭 M2 中随葬 70 余件陶器，多为小型明器①；枣阳雕龙碑 M16 随葬猪下颌骨达 72 副，但却不见其他随葬品②，重富轻贵的丧葬思想已经表现得很是清楚。

四

三为广义中原地区，以中原腹地的王湾三期文化、内蒙古中南部—陕北—晋中北等地的老虎山文化、晋西南的陶寺晚期文化为代表。

已知王湾三期文化最大的墓葬，就是河南汝州煤山 M7，墓室面积约 3 平方米，四周有二层台，内室有木棺；随葬品 14 件，包括 1 件玉斧，11 件低温涂朱的陶壶、豆等③。老虎山文化的大墓、陕西神木神圪垯梁的 M7，面积约 13 平方米，却不见二层台；木棺内一仰身直肢的中年男性，当为墓主人，棺外一侧身屈肢的青年女性；在壁龛有陶器 6 件，每件上面有一个石器盖④。陶寺晚期文化的较大墓葬 M2384，墓室面积约 3 平方米，随葬品仅 5 件，包括壁龛中的 3 件陶器和 1 件玉钺，以及随身玉臂环 1 件⑤。

按照规模，已知中原龙山文化大墓也仅相当于龙山文化的中型墓葬，有二层台和木棺，但不如龙山文化的阔大讲究，随葬品很少，但有珍贵品，说明其偏重于表现社会地位的高低，而并不很在意财物的

---

① 屈家岭考古发掘队：《屈家岭遗址第三次发掘》，《考古学报》1992 年第 1 期。

② 中国社会科学院考古研究所：《枣阳雕龙碑》，科学出版社 2006 年版。

③ 河南省文物考古研究所、首都师范大学历史学院、郑州大学历史学院：《河南汝州市煤山龙山文化墓葬发掘简报》，《考古》2011 年第 6 期。

④ 陕西省考古研究院等：《陕西神木县神圪垯梁遗址发掘简报》，《考古与文物》2016 年第 4 期。

⑤ 中国社会科学院考古研究所、山西省临汾市文物局：《襄汾陶寺——1978—1985 年发掘报告》，文物出版社 2015 年版，第 499—500 页。

多寡。尤其神木神圪垯梁墓葬男性墓主人棺外的女性，无论其身份为妻为妾，与墓主人的从属关系一目了然①。中原龙山文化墓葬随葬品既有实用器，也有专门制造的低温随葬陶器，着意表现生死有别的观念。中原龙山文化所表现出的重贵轻富的丧葬思想，可称之为中原传统。

中原传统至少可前溯至仰韶文化庙底沟类型，而以庙底沟类型之末或西王类型之初的河南灵宝西坡墓葬最具代表性，其大墓面积12—17平方米，墓室以木板封盖，特设脚坑，随葬精美玉钺以及成对大口缸、簋形器等陶器，彰显出墓主人具有崇高地位；但随葬品最多一墓不过10余件，且多为粗陋明器，反映出生死有度、重贵轻富、井然有礼、朴实执中的特点②。更晚属于谷水河类型的孟津妯娌墓葬中，最大的M50面积达20多平方米③，有二层台，墓主人臂带象牙箍，俨然是重要首领人物，但并没有其他随葬品，依然重贵轻富。

五

晋西南临汾盆地的陶寺文化大墓属于特例。

陶寺遗址有6座陶寺文化早期的“一类甲型”大墓，墓室面积七八平方米，原来应有二层台和木棺，但基本都被毁坏，有大量珍贵

① 这类男主女从、男直肢女屈肢的墓葬，多见于齐家文化，当为齐家文化东向影响的结果。参见田广金、韩建业《朱开沟文化研究》，《考古学研究》（五），文物出版社2003年版，第227—259页。

② 中国社会科学院考古研究所、河南省文物考古研究所：《灵宝西坡墓地》，文物出版社2010年版；韩建业：《西坡墓葬与“中原模式”》，《仰韶和她的时代——纪念仰韶文化发现90周年国际学术研讨会论文集》，文物出版社2014年版，第153—164页。

③ 河南省文物管理局：《黄河小浪底水库考古报告》（二），中州古籍出版社2006年版，第6—156页。

物品随葬。以 M3015 为例，面积约 8 平方米，有木棺，遭破坏后残存随葬品 200 多件，包括彩绘鼍鼓、陶鼓、石磬、玉钺、“V”形石厨刀、彩绘陶壶、彩绘木豆、木俎、彩绘木仓明器，以及猪骨等。其他此类大墓还出土彩绘蟠龙纹陶盘等重器。其下还有其他层次不同的大中型墓葬。其中属于“二类甲型”的 M2172，随葬品中残存的猪下颌骨就有 58 副，属于“二类乙型”的 M2200，墓室脚端整齐摆放猪下颌骨 132 副①。陶寺还发现一座陶寺文化晚期的大型墓葬 M21，面积约 18 平方米，四壁底部有壁龛 11 个，有木棺，还在填土发现一可能具有殉葬性质的青年男性骨架；墓葬被毁严重，但仍残存随葬品 100 多件，包括彩绘陶簋、陶豆、石厨刀、木俎、猪骨，琮、璧、钺、戚、兽面冠形饰、璜等玉器，有 10 头猪一劈两半，仪式感很强②。

陶寺文化的大墓，随葬品十分丰富，既有大量玉器、彩绘陶器、彩绘木器等珍贵器物，也有不少普通实用陶器和猪骨，饮食共存，礼乐互见，富贵并重，与陶寺晚期文化等其他中原龙山文化的情况有显著区别。究其原因，陶寺文化的形成，是东方的大汶口文化、良渚文化传统西移，并与当地文化融合的产物③。不但其玉器、彩绘器、鼍鼓、厨刀等来自东方，其丧葬思想也深受东方影响。但其墓葬规模和棺椁规制依然无法和龙山文化相比，仍有自身特点。也就是说，陶寺文化大墓所体现的有一定特色的富贵并重的丧葬思想，是中原和东方融合的结果。

---

① 中国社会科学院考古研究所、山西省临汾市文物局：《襄汾陶寺——1978—1985 年发掘报告》，文物出版社 2015 年版，第 400—530 页。

② 这座墓葬在发掘者所说陶寺文化范畴内属于中期，在我所说的陶寺文化范畴内属于晚期。中国社会科学院考古研究所山西队、山西省考古研究所等：《陶寺城址发现陶寺文化中期墓葬》，《考古》2003 年第 9 期。

③ 韩建业：《唐伐西夏与稷放丹朱》，《北京大学学报》（哲学社会科学版）2001 年第 3 期。

六

上述龙山时代的三个丧葬传统与我曾提出的中国文明起源的三个模式，具有一定的对应关系：海岱传统对应东方模式的海岱亚模式，江汉传统对应东方模式江汉亚模式①，中原传统对应中原模式和北方模式。丧葬传统本身就是文明模式的重要特质构成，但文明模式还包括聚落形态、社会组织、专业分工等更多方面，二者并不完全是一回事。

龙山时代三个丧葬传统的涵盖地域，还与蒙文通提出的上古“三民族”和徐旭生提出的传说时代部族“三集团”的分布地区恰相对应②：海岱传统对应海岱民族或东夷集团，江汉传统对应江汉民族或苗蛮集团，中原传统对应河洛民族或华夏集团，这也是饶有兴味的。前人区分“三民族”或“三集团”的主要依据是世系和地域，而不同的世系或血缘认知、不同的生活地域，正是形成不同文化习俗、丧葬思想、丧葬传统的条件。这也从一个侧面证明传说时代的中国古史自有其真实历史背景。

（本文原载《江汉考古》2019 年第 4 期）

① 韩建业：《中原和江汉地区文明化进程比较》，《江汉考古》2016 年第 6 期。

② 蒙文通：《古史甄微》，巴蜀书社 1999 年版；徐旭生：《中国古史的传说时代》（新一版），文物出版社 1985 年版。

环境演变、战争冲突与文明演进机制

全新世黄土：早期中国文明的物质基础

七八十年前，来自瑞典的地质学家安特生在发现和命名了马兰黄土与仰韶文化之后，就将创造史前中国文化的人们称为“黄土的儿女”①。严文明则称仰韶文化为“黄土高原的产儿”②。刘东生毕生致力于黄土研究，认为中国人有“亲黄土”的特点，而给中华大地带来黄土的沙尘暴和尘降是大自然送给人们的“礼物”，并提出“黄土石器工业”的概念③。周昆叔形象地把沙暴和尘降叫做“空中的尼罗河”，称中国文化为“黄土文化”④，并指出：“黄土作为华夏人民赖以生存的主要物质基础，就成为贯穿于华夏文明中的一根红线”⑤。可以说更新世黄土是中国旧石器时代文化的摇篮，而新石器时代以来华夏文明的主要物质基础是全新世黄土。本文试图进一步论证：全新世黄土不仅是华夏文明的主要物质基础，而且是整个早期中国文明的

① J. G. Andersson, *Children of the Yellow Earth——Studies in Prehistoric China*, Kegan Paul, Trench, Trubner, London, 1934.

② 严文明：《略论仰韶文化的起源和发展阶段》，《仰韶文化研究》，文物出版社 1989 年版，第 122—165 页。

③ 刘东生：《黄土石器工业》，《史前考古学新进展——庆祝贾兰坡院士九十华诞国际学术讨论会文集》，科学出版社 1999 年版，第 52—62 页。

④ 周昆叔：《环境考古》，文物出版社 2007 年版，第 179—181 页。

⑤ 周昆叔：《花粉分析与环境考古》，学苑出版社 2002 年版，第 256 页。

主要物质基础；早期中国文明以农业为本、稳定内敛、连续发展、多元一体等特质，都与作为其重要物质基础的全新世黄土有着莫大关系。

一

全新世黄土指全新世形成的风成相黄土沉积及古土壤，主要分布在黄土高原及其周缘地区，波及黄河下游、长江中下游甚至黑龙江流域、辽河流域和华南地区，实际覆盖了大半个中国①。因地理位置和海拔高程的不同，还存在空间上的明显差别，主体是坡头黄土和周原黄土，一般厚约1—3米。

坡头黄土指全新世形成的埋藏黑垆土及其上覆的黄土层，由刘东生等以陕西洛川坡头地点命名，主要分布在海拔1000米以上的黄土高原主体，其中黑垆土可能是在温凉干燥至温凉稍湿的森林草原环境下形成②。周原黄土指全新世形成的杂色黄土、褐红色顶层埋藏土壤与褐色顶层埋藏土及其上覆的黄土层，由周昆叔以陕西周原一带的典型剖面命名，主要分布在黄土高原东南边缘地带，其中褐红色埋藏土形成时气候较为温暖湿润③。

全新世黄土不仅存在空间上的分异，而且有着时间上的变化。其中周原黄土至少可以划分出5个不同的沉积层（图一）④：

---

① 周昆叔：《环境考古》，文物出版社2007年版，第179—181页。

② 刘东生等：《黄土与环境》，科学出版社1985年版；郑洪汉：《黄河中游全新世黄土》，《地球化学》1984年第3期。

③ 周昆叔、张广如：《关中环境考古调查简报》，《环境考古研究》第一辑，科学出版社1991年版，第44—46页；中国科学院黄土高原综合科学考察队：《黄土高原地区自然环境及其演变》，科学出版社1991年版，第94—107页。

④ 周昆叔：《周原黄土及其与文化层的关系》，《第四纪研究》1995年第2期。

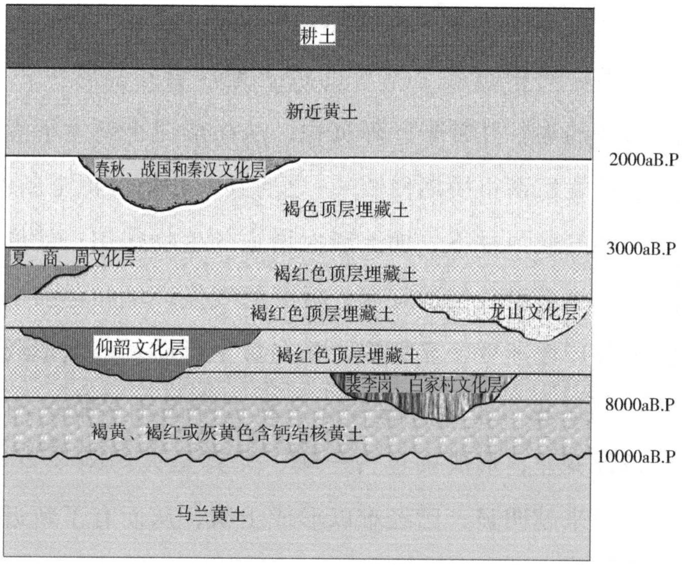

图一　周原黄土与文化层关系示意图

（根据周昆叔《周原黄土及其与文化层的关系》一文图1改绘）

①耕土，深灰至灰黄色粉砂土，厚约0.2—0.4米。

②新近黄土（约距今2000年以来），浅黄色粉砂土，厚约0.3—0.5米。

③褐色顶层埋藏土（约距今3000—2000年），褐色黏质粉砂土，黏粒胶膜层薄，碳酸钙结晶较多，属褐土类，厚约0.4—0.5米。

④褐红色顶层埋藏土（约距今8000—3000年），褐红色黏质粉砂土，黏粒胶膜层厚，含铁质凝团，属棕壤类，厚约0.6—1.5米。

⑤杂色黄土（约距今10000—8000年），褐黄、褐红或灰黄色粉砂土，富含碳酸钙结晶，厚约0.2—0.5米。

古土壤形成需要黄土母质、气温、水分、生物作用等条件，而全新世气候波动会直接引起这些条件的改变，从而形成不同质地和颜色的黄土沉积层：杂色黄土和褐红色古土壤对应早全新世升温期和中全新世气候适宜期，而褐色古土壤和新近黄土则对应晚全新世降温干旱期①。具体来说，全新世初期气候迅速转向暖湿，冰雪消融、降水丰沛，澎湃的洪流对植被覆盖不好的黄土地区会产生强大的侵蚀作用，塑造出新的沟谷并带来砂砾沉积，从而形成全新世下界的局部不整合，这就是所谓板桥期侵蚀②。之后其上开始沉积全新世黄土，在渐趋暖湿的气候条件下，加上渐次增强的生物作用，就形成杂色黄土。进入中全新世气候适宜期，暖湿的气候环境和空前增强的生物作用，都使成壤速度明显加快，就在黄土母质基础上形成了具有团粒结构的褐红色古土壤。随着晚全新世降温干旱程度的逐渐加剧，成壤条件变差，形成褐色古土壤。尤其是大约距今 2000 年以后，干旱化越来越明显，已经难以形成土壤，从而有了新近黄土沉积层。

坡头黄土也应当存在和周原黄土相似的沉积层：前者的黑垆土和上覆黄土，大致与后者的褐红色古土壤与新近黄土对应，至于前者中相当于杂色黄土和褐色古土壤的沉积层，还需要继续确认。各不同沉积层的形成原因也当彼此类似。此外，周原黄土中褐红色古土壤层常常厚达 1 米多，而中全新世 5000 多年的时间当中又存在多次小的气候波动，包括距今 7000 年、5000 年和 4000 年几次气候冷期，这在该层古土壤中应当会有所反映，有必要进一步探索。

二

全新世黄土对早期中国文明最直接的贡献，体现在经济形态方面。

---

① 施雅风、孔昭宸、王苏民等：《中国全新世大暖期气候与环境的基本特征》，《中国全新世大暖期气候与环境》，海洋出版社 1992 年版，第 1—18 页；周昆叔：《周原黄土及其与文化层的关系》，《第四纪研究》1995 年第 2 期。

② 周昆叔：《中国北方全新世下界局部不整合——兼论板桥期侵蚀》，《中国第四纪地质与环境》，海洋出版社 1997 年版，第 36—43 页。

全新世黄土及古土壤主要由粉砂组成，质地疏松、多孔隙，垂直节理发育，土层深厚。尤其褐红色古土壤具有团粒结构，可以较好地涵养水分和空气，利于通过毛细管作用让植物吸收养分和扎根生长。各种碎屑矿物多达50余种，富含氮、磷、钾以及40余种微量元素和20多种氨基酸[1]，肥力较强。普遍覆盖全新世黄土及其次生堆积的中国偏东大部地区，大致处于中纬度地区，属于温带和亚热带气候；又深受雨热同季的季风气候的影响，冬季寒冷干燥而夏季炎热多雨。这样每年一次的季节性降水就能够基本保证植物生长的需要。因此，全新世黄土的确是早期中国农业文化的良好温床，而早期中国文明也成为当时世界上覆盖面最大的以农为本的文明。

早期中国的农业，主要包括黄河、西辽河流域种植粟、黍类作物的旱作农业和长江、淮河流域的稻作农业，距今4000多年在黄河流域才出现小麦旱作农业。在北京东胡林遗址剖面[2]，发现在全新世下界不整合面上有灰黄色或浅褐黄色粉砂土沉积层，还有浅褐色古土壤层，对应包含陶器的新石器时代早期文化层。中原地区也普遍发现全新世早期杂色黄土。全新世早期黄土和古土壤层的存在，为北方和中原粟、黍类旱作农业的起源早到距今10000年前奠定了基础。而长江中游和华南交界地区稻作农业的起源还当更早[3]。

进入中全新世，无论裴李岗文化稻旱混作农业的勃兴，还是其后仰韶、龙山、晚夏和商代文化的发展，都建立在褐红色古土壤层的基

---

① 刘东生等：《黄土的物质成分和结构》，科学出版社1966年版；文启忠等：《中国黄土地球化学》，科学出版社1989年版。

② 郝守刚、马学平、夏正楷等：《北京斋堂东胡林全新世早期遗址的黄土剖面》，《地质学报》2002年第76卷第3期。

③ 袁家荣：《湖南道县玉蟾岩1万年以前的稻谷和陶器》，《稻作　陶器和都市的起源》，文物出版社2000年版，第31—41页；张弛：《江西万年早期陶器和稻属植硅石遗存》，《稻作　陶器和都市的起源》，文物出版社2000年版，第43—49页。

础之上①。渭河流域、汾河流域、河北平原、黄河下游也不例外。其他地区的土壤性状有所变化，如黄土高原的黑垆土、内蒙古中南部的暗褐色古土壤等，但都成为支持当地全新世中期蓬勃发展的农业文化的基础。就连西辽河流域和澧水流域同期文化的昌盛，也与当时主要由黄土母质形成的古土壤层密切相关②。此时也正是早期中国文明起源、形成和发展的最关键的时期，从一定程度上可以说，正是这层褐红色古土壤孕育了早期中国文明。

进入晚全新世，关中古土壤发育明显减弱③，周原黄土变为褐色古土壤，关中的农业条件渐趋恶化，这或许是迫使周人东进灭商的原因之一。而北方地区土壤性状更差，对发展农业造成很大限制，原先的农耕之地大半成为半农半牧之地。北方民族时常南下而对本来就已步履维艰的农业民族造成很大压力，并终以犬戎之乱和平王东迁而告一段落④。可见全新世黄土性状的恶化对应农业艰辛期的到来，影响到文化格局的调整和文明阶段的转变。

三

狩猎者随兽群而动，畜牧者逐水草而居，迁徙、向外拓展和寻找新的资源区不但是狩猎畜牧社会中经常发生的事情，而且是其能够持久生存的有效方式。长期下去或许还会形成外向扩张型的社会性格，即使定居以后也是如此。农业社会则不同。农业生产需要较长的周

---

① 周昆叔等：《裴李岗文化农业兴起的环境分析》，《中华文明与嵩山文明研究》，科学出版社 2009 年版；洛阳市文物工作队：《洛阳皂角树——1992—1993 年洛阳皂角树二里头文化聚落遗址发掘报告》，科学出版社 2002 年版。

② 周昆叔：《花粉分析与环境考古》，学苑出版社 2002 年版，第 263 页。

③ 黄春长：《渭河流域 3100 多年前的资源退化与人地关系演变》，《地理科学》2000 年第 20 卷第 1 期。

④ 韩建业：《中国西北地区先秦时期的自然环境与文化发展》，文物出版社 2008 年版。

期，种子的选育、土地肥力的维持、生产工具与设施的制备和生产经验的传承等，都需要居地和社会的长期稳定。长期下去还会积淀出稳定内敛型的社会性格。

早期中国文化圈或者文化上的早期中国，在距今8000年左右的裴李岗文化时期就已见雏形，到仰韶文化庙底沟期正式形成，龙山后期已经出现势力强大的夏王朝，商、周时期更有新的发展①。早期中国虽有数千年漫长的发展历程，但主体范围一直限制在现今中国的河西走廊以东地区，基本没有大规模对外扩张的现象。非不能为，乃不欲为也，这是早期中国社会的稳定内敛特质的体现。

从距今6000左右的仰韶文化庙底沟期开始，早期中国就迈开了走向文明社会的脚步，至公元前2500年以后的龙山时代应当已经进入以中原为核心的早期国家阶段，此后为成熟的三代文明。一般来说，社会的“文明化”过程总是伴随着残酷战争和阶级压迫，早期中国也不例外。但礼制的产生，却为早期中国文明平添了不少和谐文雅之气，有人甚至提出礼制是文明起源的“中国模式”的最重要特征②。鲜明的对照是：青铜冶炼技术在西方主要用于武器和工具，在中国则主要用来铸造礼器——尤其是巨大体量的容器类礼器。礼制和共同的认知，才是复杂庞大的中国早期社会得以长久稳定的关键，仅靠强权不可能达到此目的。而礼制的出现，反过来又是早期中国社会长久稳定发展的结果。

而无论早期中国稳定内敛性格的形成，还是礼制的出现，都当与这一大块相对封闭的土地上普遍覆盖全新世黄土，从而支持着一个巨大的稳定农业社会有关。

---

① 韩建业：《论早期中国文化周期性的“分”“合”现象》，《史林》2005年增刊；韩建业：《裴李岗文化的迁徙影响与早期中国文化圈的雏形》，《中原文物》2009年第2期。

② 卜工：《文明起源的中国模式》，科学出版社2007年版。

四

距今5000年左右的气温下降，引起植被带的整体南移，恶化了中国北方地区的土壤和作物生存环境，北方狩猎人群南下占据了长城沿线东部的原农业文化区域，这些区域的农业人群只好也向南移动。但与此同时，长江、淮河流域则得以摆脱沼泽之苦，进入繁荣发展时期，并向西北方向施加影响。这时的早期中国社会注定要经历复杂动荡、战争频仍的阵痛，但结果却是逐渐步入早期文明阶段[①]。距今4000年左右气候干冷加剧，发源于乌拉尔山东南的以马拉战车为特征的畜牧民族四处奔袭，引发两河流域、尼罗河流域和印度河流域文明的中衰[②]，并向东带动了齐家文化、朱开沟文化、夏家店下层文化中畜牧成分的增加，但终未对早期中国文明造成直接威胁，其青铜技术、马拉战车等因素的引入反而刺激了二里头青铜文明的兴起[③]。距今3000年以后游牧民族的四处奔袭，曾引起欧亚大陆大范围的政治文化格局的调整，中国长城沿线游牧民族的南下也时时威胁到周王朝的安定，但并未从根本上动摇早期中国的根基。

究其原因，早期中国幅员广阔，气候变冷对各地自然环境及其文化的影响各不相同，不会引起整体性的衰落；农业人群当然也会迁移，但一般总容易找到他们熟悉的黄土，不会引起生产方式和意识形态的根本性转变；狩猎畜牧民族虽时常南下，但也只会对北方边缘的

---

① 韩建业：《距今5000年和4000年气候事件对中国北方地区文化的影响》，《环境考古研究》第三辑，北京大学出版社2006年版，第159—163页。

② 吴文祥、刘东生：《4000aB. P. 前后降温事件与中华文明的诞生》，《第四纪研究》2001年第21卷第5期；王绍武：《2200—2000BC的气候突变与古文明的衰落》，《自然科学进展》2005年第15卷第9期。

③ 韩建业：《论二里头青铜文明的兴起》，《中国历史文物》2009年第1期。

农业人群造成冲击，从根本上无法动摇早期中国农业社会的坚实根基。可见，正是覆盖着体量巨大的全新世黄土而又相对封闭的中国的地理环境，才使得早期中国农业社会在面临自然环境较大改变的时候有更多的选择和腾挪余地，从而使中国文明能够连续发展而从无间断。

张光直指出，古代中国文明“从意识形态上说来它是在一个整体性的宇宙论的框架里面创造出来的”，这种宇宙论产生很早却又一直贯穿整个中国古代，因此他将中国文明称作“连续性”的型态，以区别于西方的“破裂性”的型态①。实际上，早期中国的发展历程本身也是连续性的，这也正是这种整体性的宇宙论能够绵延不断的历史原因。

五

严文明提出早期中国文化有着统一性和多样性特点，又具有“重瓣花朵式的格局”，中原地区正好处于花心位置②。我们也可以称早期中国为“有中心的多元一体”格局。这种格局的形成当然首先要归因于中国的地理特点，但也与全新世黄土的分布相关。

中国本身是一个相对独立的巨大地理单元，决定其史前文化起源的土著性和发展道路的相对独立性。而全新世黄土广布于中华大地，为人们提供了相对一致的生产基础、生产方式，更便捷的交流途径，从而形成较为共同的文化积淀和价值标准。这是早期中国文化统一性的基础。

---

① 张光直：《连续与破裂：一个文明起源新说的草稿》，《中国青铜时代》（二集），生活·读书·新知三联书店1990年版，第131—142页。

② 严文明：《中国史前文化的统一性与多样性》，《文物》1987年第3期。

但中国地形复杂、气候多变，其上覆盖的全新世黄土也是厚薄不一、性状各异，从而各区域人们的经济方式和风俗习惯也各具特色。如北方旱作农业的广种薄收以及狩猎畜牧经济的重要地位，南方稻作农业的精耕细作以及采集捕捞经济的长期延续等。这是早期中国文化多样性的根本原因。

中原正处于早期中国的核心位置，年均温度、降水量和对气候变化的敏感程度都大致适中，全新世周原黄土在这些适中的气候条件下能得到最大潜力的发挥①。中原地区居“天下之中”，只有这里才具备兴盛时影响全局、低谷时博采众长的特殊条件。这是中原地区在早期中国形成和发展过程中具有中心地位的原因②。

在古代华夏人的心目中，大地本来就是黄色，“天玄而地黄”（《周易·文言》），天地乾坤覆载孕育万物。就连居于五帝之首的始祖黄帝也是“有土德之瑞，故号黄帝”（《史记·五帝本纪》）。

（本文原载《中国文物报》2009 年 4 月 24 日）

① 周昆叔、张广如、曹兵武：《中原古文化与环境》，《中国生存环境历史演变规律研究》（一），海洋出版社 1993 年版，第 111—122 页。

② 韩建业：《论新石器时代中原文化的历史地位》，《江汉考古》2004 年第 1 期。

距今5000年和4000年气候事件对中国北方地区文化的影响

研究表明，全新世气候也存在冷暖、干湿的波动①。不但距今8500—3000年之间存在所谓“大暖期”，而且“大暖期”本身也不十分稳定②，至少存在距今5000年和距今4000年左右两次明显而短暂的干冷期。“大暖期”正当人类文化发展的鼎盛时期，期间这种短时段的极端干冷的气候对人类文化的发展造成了什么样的影响，人类文化又产生了怎样的应对策略，以及应对的成效如何，这都是值得关注的问题。对惯于安逸的现代人也许还有某种警示作用。本文选择气候变化敏感的中国北方地区来对这一问题略加分析。

一

关于距今5000年左右的极端干冷期，已在多项研究成果中有所

① 竺可桢：《中国近五千年来气候变迁的初步研究》，《考古学报》1972年第1期。

② 施雅风等：《中国全新世大暖期的气候波动与重要事件》，《中国科学》（B辑）1992年第12期。

揭示。这时候，中国沿海处于低海面时期[①]，鄂尔多斯地区气候干冷[②]，岱海—黄旗海湖面降到前所未有的低谷，并出现冰缘气候[③]，甚至在全球范围内都能观察到这次降温事件[④]。这种气候干冷的趋势其实早在距今 5500 年左右就开始了，但至距今 5000 年左右迅速跌至低谷。

目前至少可从以下 3 个方面观察到这次事件对中国北方文化的重大影响：

第一，气候带南移，引起文化格局的重大变动，尤其是使原农业文化区出现大片“空白”。

距今 5500—5000 年期间的仰韶晚期[⑤]，内蒙古中南部的岱海、黄旗海、商都地区分布着仰韶文化海生不浪类型，晋北、冀中北、京津地区所在的海河流域以及内蒙古东南部、辽宁西部所在的西辽河流域分布着后期红山文化、雪山一期文化[⑥]，第二松花江和东辽河之间分布着左家山三期文化，东辽河流域分布着偏堡子文化，辽东半岛分布着小珠山中层文化等[⑦]。这些都是定居性的以农业为主体的文化。但到距今 5000 年以后，这一广大地区则出现农业文化的长期“空白”，

---

① 赵希涛、张景文：《中国沿海全新世海面变化的基本特征》，《中国第四纪研究》1985 年第 6 卷第 2 期。

② 史培军：《地理环境演变研究的理论与实践——鄂尔多斯地区晚第四纪以来地理环境演变研究》，科学出版社 1991 年版。

③ 刘清泗、汪家兴、李华章：《北方农牧交错带全新世湖泊演变特征》，《区域·环境·自然灾害地理研究》，科学出版社 1991 年版；刘清泗、李华章：《中国北方农牧交错带（岱海—黄旗海地区）全新世环境演变》，《中国北方农牧交错带全新世环境演变及预测》，地质出版社 1992 年版。

④ 参见史培军、方修琦《中国北方农牧交错带与非洲萨哈尔带全新世环境演变的比较研究》，《中国北方农牧交错带全新世环境演变及预测》，地质出版社 1992 年版；周尚哲等《中国西部全新世千年尺度环境变化的初步研究》，《环境考古研究》第一辑，科学出版社 1991 年版。

⑤ 严文明：《中国新石器时代聚落形态的考察》，《庆祝苏秉琦考古五十五年论文集》，文物出版社 1989 年版。

⑥ 韩建业：《中国北方地区新石器时代文化研究》，文物出版社 2003 年版。

⑦ 苏秉琦主编，严文明、张忠培著：《中国通史》第二卷，上海人民出版社 1994 年版。

不再有陶器和聚落发现（图一）。推测这次极端降温所引起的气候带南移，使该区域发展农业的条件受到极大限制；而当时生产力水平有限，又缺乏行之有效的应对措施，所以只好放弃农业；而其北狩猎民族的南下也可能是促使该区域农业文化衰竭的原因之一。有证据表明属于雪山一期文化的一部分人当时西迁至甘青地区，为马家窑类型向半山类型的转化提供了契机，但该区域农业文化的总体下落不明。

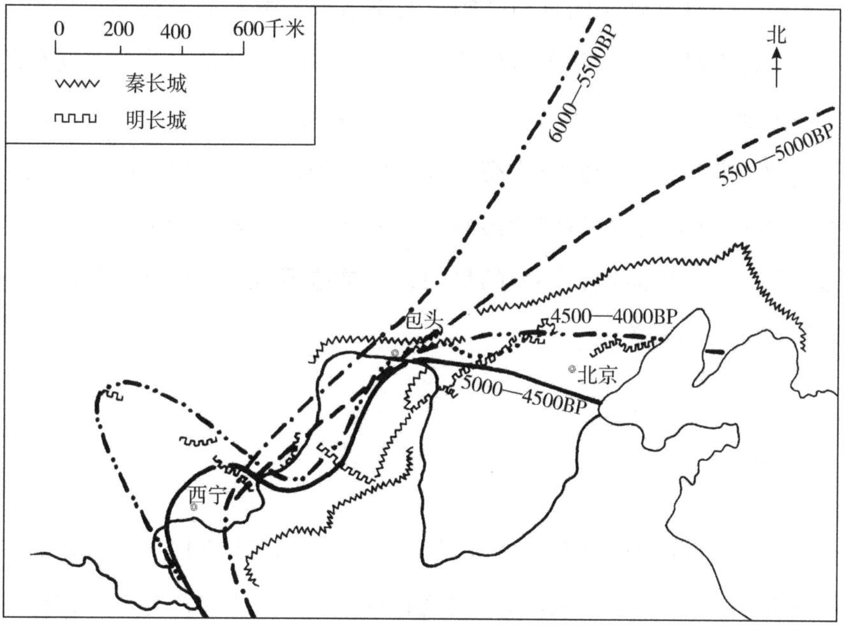

图一　距今6000—4000年间陶器北界线的摆动

第二，气候带南移和资源锐减，使人群间关系空前紧张，战争频仍。

距今5000年左右，在包头和鄂尔多斯地区虽然没有发生文化衰竭的现象，但却突然出现大量石城，且均位于山头或山坡位置，易守难攻，防御性质十分突出①。这说明人群之间相互关系空前紧张，原

① 田广金：《内蒙古长城地带石城聚落址及相关诸问题》，《纪念城子崖遗址发掘60周年国际学术讨论会文集》，齐鲁书社1993年版。

始战争可能成为日常大事。随着气候干冷而引起资源锐减，相邻聚落群或地区间为争夺有限的资源就可能会频繁发生战争；而北方狩猎民族的南下更可能成为爆发战争的理由①。从这个意义上来讲，战争也就成为人们应对极端事件的手段之一。战争需要强有力的组织者，会加剧社会的分化，一定程度上刺激社会的进步，但也会给人们生活带来深重的灾难。

第三，森林资源的日渐枯竭，使聚落形态发生显著变化。

上述石城的出现和聚落位置的升高，实际上就是聚落形态变化的重要表现。此外，还有当时包头和鄂尔多斯地区石墙房屋的流行，以及窑洞式建筑由晋中向黄土高原大部地区的推广。和以前的半地穴式木构建筑不同，石墙房屋和窑洞式房屋基本不需要耗费多少木材。这恐怕并非出于有意保护环境的目的，而是迫不得已的选择，与森林资源的日渐枯竭有关②。

二

距今4000前后也有一次气候干冷期，其开始的时间大约在距今4300年：中国沿海又一次处于低海面时期③；从岱海苜花河口剖面来看，距今4300年前后岱海地区的气温几乎降到0℃左右，降水也明显减少④。这次降温在欧洲、加拿大、非洲等全球范围内都有明显纪

① 细石器镞的增多就可能与狩猎民族影响的加大有关。

② 严文明：《岱海考古的启示（代序）》，《岱海考古（一）——老虎山文化遗址发掘报告集》，科学出版社2000年版。

③ 赵希涛、张景文：《中国沿海全新世海面变化的基本特征》，《中国第四纪研究》1985年第6卷第2期。

④ 刘清泗、汪家兴、李华章：《北方农牧交错带全新世湖泊演变特征》，《区域·环境·自然灾害地理研究》，科学出版社1991年版；刘清泗、李华章：《中国北方农牧交错带（岱海—黄旗海地区）全新世环境演变》，《中国北方农牧交错带全新世环境演变及预测》，地质出版社1992年版。

录，也是一次全球性的降温事件。

这次极端事件对中国北方文化的影响至少有以下4项：

第一，气候带南移，引起文化格局的一系列连锁变动，原农业文化区出现小范围“空白”。

随着龙山时代初期（距今4500年左右）气候的回暖，原先“空白”的岱海—张家口—京津—大连一线终于迎来了农业文化发展的又一次高潮，但至距今4300年左右，岱海地区老虎山文化基本消失，再次呈现出农业文化的“空白”状态①。可能是在狩猎民族南下和当地农业发展条件严峻的双重压力下，分布在内蒙古中南部、陕北、晋中北、冀西北地区的老虎山文化急剧向南扩张，代替了临汾盆地原高度发达的陶寺类型，并将陶鬲、细石器镞和占卜习俗等因素传播到黄河以南乃至于山东地区。可能是由于同样的气候原因和老虎山文化的压力，以河南中西部为主要分布区的王湾三期文化大举南下，代替了石家河文化。可以看出，在这次极端气候事件中，北方文化采取了更为积极主动的应变策略，并取得良好效果。

第二，战争更加频繁，规模扩大。

上述老虎山文化对陶寺类型的代替、王湾三期文化对石家河文化的代替，不但程度剧烈，而且规模宏大。这显然是不折不扣的战争行为，甚至后世传说中还保留着对这些战争的记载：前者即是标志着陶唐氏衰落的“稷放丹朱”事件②，后者即是象征夏王朝诞生的著名的“禹征三苗”事件③。此外，战争频仍的表现主要是专门化武器的增多和流行，以弓箭和钺最具代表性。乱葬坑、无头墓、残肢墓等特殊现象的屡屡发现，也在诉说着残酷战争给人们带来的灾难。另一方

① 内蒙古文物考古研究所：《岱海考古（一）——老虎山文化遗址发掘报告集》，科学出版社2000年版。

② 韩建业：《唐伐西夏与稷放丹朱》，《北京大学学报》（哲学社会科学版）2001年第4期。

③ 杨新改、韩建业：《禹征三苗探索》，《中原文物》1995年第2期。

面，这些大规模的战争造就了一批强有力的军事首领，为中国社会进入成熟的国家和文明阶段奠定了基础。

第三，气候动荡导致洪水泛滥，对人类文化造成极大破坏。

从岱海地区自然剖面来看，在老虎山文化之后（约距今4300年以后）形成厚达50厘米的砾石层，表明曾经有过一场较大规模的洪、冲积过程。老虎山文化在岱海地区的突然中衰，也许与气候的湿干暖冷变化有关，也可能是由于山洪暴发。至于气候的渐趋干冷，与短期的雨量突增，这二者之间并不矛盾。这时正好相当于尧舜时代的所谓“大洪水”时期。

第四，环境恶化最终导致经济形态发生变化。

距今4000以后，在东辽河流域出现高台山文化，西辽河和燕山南北出现夏家店下层文化[①]，内蒙古中南部、陕北、晋中北出现朱开沟文化[②]，甘青地区出现辛店文化、寺洼文化、四坝文化等[③]，这些文化虽多以农业为主，但畜牧业成分明显加大，利用较大草场牧牛放羊已经成为北方地区的普遍现象。这种经济形态的转变就可能与当时环境恶化、草原带南移有关。此后北方长城沿线的包含蛇纹陶器、鄂尔多斯青铜器等因素的半农半牧—畜牧业文化带，正是在此基础上逐渐形成的。在这次气候事件中，敏感地带的北方农业文化显然采取了新的卓有成效的应对策略：不是任其衰竭或大范围迁移，而是转变经济形态来适应这种变化；不是与北方狩猎或游牧文化水火不容，而是逐渐加强融合。这样既保持了文化的连续性，又客观上起到了保护环

① 李伯谦：《论夏家店下层文化》，《纪念北京大学考古专业三十周年论文集》，文物出版社1990年版。

② 内蒙古自治区文物考古研究所、鄂尔多斯博物馆：《朱开沟——青铜时代早期遗址发掘报告》，文物出版社2000年版。

③ 水涛：《甘青地区青铜时代的文化结构和经济形态研究》，《中国西北地区青铜时代》，科学出版社2001年版。

境的作用。

三

比较这两次极端气候的影响，可有五点认识：

第一，距今5000年左右这次影响要更加剧烈一些。这或许是因为这次气候变化过于突然，或幅度更大，或人们还缺乏应对经验。距今4000年左右这次影响要相对缓和。这或许是因为这次气候变化来势稍缓，或幅度较小，或人们已经积累了行之有效的应对经验。

第二，同为北方，甘青地区在这种极端气候期文化反映和缓，黄土高原大部其次，岱海—黄旗海、桑干河流域、西辽河流域以东反映最为剧烈。这是因为东部区的气候敏感程度高于中、西部。

第三，在极端气候期，不同的应对策略可能有着完全不同的后果。适应环境变化，适当调整经济结构和资源利用方式，显然是应对极端气候的有效方法。而置环境条件于不顾，顽固坚持古老的经济模式，只会自取灭亡。

第四，极端气候期可能会出现大范围的社会动荡和格局重组，内部调控机制失衡的社会在这种变动中消亡的可能性，要远远大于生产力水平落后的社会。

第五，极端气候期恰是中国社会发展出现突进的时期：距今5500年气候趋向干冷，开始迈向文明社会的脚步，进入铜石并用时代；距今5000年极端干冷期，出现雏形国家，初步进入文明社会；距今4000年极端干冷期，出现成熟国家，进入青铜时代①。极端气候期频繁的战争、较大幅度的人群移动、人口的相对集中等，可能会

① 严文明：《略论中国文明的起源》，《文物》1992年第1期。

激发人们的创造精神，一定程度上促进生产力的发展；可能会刺激人们占有财富和权利的欲望，造就一批强有力的组织者，引起社会的急剧复杂化。

［本文原载《环境考古研究》（第三辑），北京大学出版社 2006 年版］

乱世出英雄　震荡生文明

——早期中国文明的形成与气候冷干事件

“中华文明五千年”的说法，在考古学上有越来越清晰的证明。苏秉琦认为，距今5000年前后，正式进入“古国—方国—帝国”三阶段之“古国”阶段或者早期文明社会。严文明进一步指出，中国文明的起源开始于大约距今5500年的铜石并用时代之初。这些论断已经成为不少中国考古学家的共识。最近，国务院新闻办公室举行“中华文明起源与早期发展综合研究”（简称“中华文明探源工程”）成果发布会，明确提出“距今5300年以来，中华大地各地区陆续进入了文明阶段”。

5000多年前形成早期中国文明的标志，最突出的就是长江下游的良渚文化。宏大复杂的堤坝水利系统，数百万平方米的大型城垣，高大的宫殿宗庙区，贵族首领独享的“坟山”，随葬数百件珍贵玉器的“王墓”，广大区域共有的层级清楚的复杂神徽，都说明良渚已经出现控制太湖地区的“区域王权”，有着强大的社会组织管理能力，已经越过了“酋邦”，进入早期国家或早期文明阶段。早先苏秉琦、严文明、张忠培、赵辉等人都有对良渚进入文明社会的论述，最近英国学者科林·伦福儒和良渚遗址的发掘者刘斌又合作撰文，进一步认为良渚是“东亚最早的国家社会的产物”。

一般来说，一个文明的出现总是伴随着和其他文明体或文化体的互动，良渚文明自然也不例外。距今5000年前后，海岱地区的大汶口文化和长江中游地区的屈家岭文化也都非常强势，都有大城大墓，已经进入或即将进入文明社会。这些文化体各自扩张到彼此边界，就难免发生碰撞。其中，墓葬殉人的现象证明良渚和大汶口人就曾在苏北一带发生过战争。

与此形成鲜明对照的是，距今5000多年的中原地区文化却相对低落，缺少可以和长江中下游以及海岱地区媲美的超大古城、豪华墓葬和珍贵物品，而且屈家岭文化、大汶口文化已经实际辐射到了中原东南大部地区。即便我们用“中原模式”这样的概念去强调中原质朴内敛的特质，也无法回避其相对没落的事实。要知道，距今6000年前后，正是由于中原核心区的对外强势影响，使得中国大部地区交融形成最早的“早期中国文化圈”。稍后，中原地区上百万平方米的聚落，数百平方米的类似“宫殿式”的建筑，表明中原地区的确曾强盛一时，而且早在6000年前就率先迈开了走向文明社会的步伐。

中原受到的压力不止来自南方和东方，还有北方。内蒙古中南部、陕北、晋中北和冀西北所构成的狭义“北方地区”，自距今6000多年以后不断有中原人群北上移民，发展出和中原大同小异的仰韶文化。但到距今5500年前后，这种北迁趋势却逐渐消歇，相反，此后北方文化的区域性特征急剧增加，其彩陶等因素反而向南渗透到中原北界。距今5000年前后，曾经被农业文化占据的内蒙古锡林郭勒盟乃至岱海、黄旗海广大地区，出现文化的断层和“空白”现象，这些地区的人群极可能大规模南移，对中原造成极大压力。

北方文化自身其实面临更大的考验。距今5000年前后，在鄂尔多斯和陕北地区普遍开始出现“石城”，这些“石城”大多缺乏高级别建筑，但却都建在险峻的山头上面，并修有坚实的城门等，军事防御功能非常突出，属于石墙寨堡一类。这些“石城”的修筑，很可能就是为了防御从锡林郭勒盟、岱海、黄旗海等地南下的人群，甚至还可能包括从阴山以北草原地带南下的狩猎人群。

距今5000年前后，大江南北黄河上下剧烈动荡。究其原因，当与其时的气候冷干事件有较大关系。这次冷干事件开始于大约距今5500年前，至距今约5000年前，冷干程度达到顶点。岱海、黄旗海、公海、调角海等湖面降到前所未有的低谷，出现了冰缘气候，全新世古土壤之间也普遍出现了一个短暂、冷干的黄土发育期。

这次冷干气候事件，使得原本敏感的北方地区植被退化，农业条件恶化，窑洞式建筑、石墙建筑的出现可能与森林资源的退化有关，骨梗石刃刀、细石器镞的突然增多表明狩猎经济成分的增加。越是偏北，生存条件恶化越严重，岱海—黄旗海等地一度出现文化“中断”，导致出现多次人群南移的连锁反应。反之，长江中下游和黄河下游地区海退泽消，露出大片肥沃平原，为这些地区的文化发展带来绝佳机遇，孕育出灿烂辉煌的良渚文明等。良渚聚落群的兴起，鲁东南大汶口文化晚期聚落群的出现，当都与海平面的下降直接相关。中原地区的情况则居于北方和东南地区之间，农业条件受限，文化暂趋衰落。

北方人群的南下，东南方人群的西进，造成中国大部分地区文化激烈碰撞交融的局面，可谓四海翻腾、五洲震荡的“乱世”，但也是一个万国林立、英雄辈出的时代。战争成为人们日常面对的头等大事，筑城建堡、改善武器，当然是为了防卫的需要。更进一步，父系家族的凸显、军事首领地位的抬高、中心聚落的普遍出现，则是从社会组织结构方面应对挑战的必要反应。最终结果，就是从此进入铜石并用时代，中国大部地区迈入初始文明社会阶段，出现良渚文明等区域性文明体。

相对于地理环境广大多样的早期中国来说，气候的转暖或趋冷，对不同地区造成的影响可能大不相同，而且不同文化的应对方式也彼此有别。因此，气候环境变迁本身并不能引起整个早期中国文化的兴盛或衰落，只是为文化变迁提供契机。早期中国文明的形成，一定程度上缘于距今5000年前后的这次气候变迁契机。

（本文原载《中国社会科学报》2018年9月28日）

新石器时代战争与早期中国文明演进

中国新石器时代存在战争是毋庸置疑的，既有武器（镞、钺）、防御设施（环壕、城垣）、乱葬坑等方面的考古学证据①，也留下了古史传说②。从考古学来看，新石器时代规模较大的战争当开始于约公元前4000年，此后的公元前3000年前后、公元前2000年前后也都较为显著，而这恰好是早期中国文明起源、形成和走向成熟的三个关键时期。那么，战争和文明演进之间到底是怎样的关系？是战争促进了文明化，还是文明化助长了战争？这是关系到文明演进机制的重要问题，值得进一步探讨。

一

公元前4000年左右的庙底沟时代，为中国新石器时代（具体当

---

① 严文明：《黄河流域文明的发祥与发展》，《中原文物》1997年第1期；［日］冈村秀典：《中国新石器时代的战争》，张玉石译，《华夏考古》1997年第3期；钱耀鹏：《史前武器及其军事学意义考察》，《文博》2000年第6期；钱耀鹏：《中国史前防御设施的社会意义考察》，《华夏考古》2003年第3期；何德亮：《中国史前战争初论》，《史前研究（2004）》，三秦出版社2005年版，第195—212页；钱耀鹏：《中国古代斧钺制度的初步研究》，《考古学报》2009年第1期；宋柯欣：《山东地区酋邦时代战争试探》，《殷都学刊》2018年第1期。

② 徐旭生：《中国古史的传说时代》（新一版），文物出版社1985年版。

为新石器时代晚期）大规模战争的第一阶段。该阶段战争主要是由于中原核心区的迅猛扩张所引发，至少有以下三个方面的表现。

一是涉及范围广大。此时的仰韶文化东庄—庙底沟类型，从中原核心区的晋南、豫西、关中东部向外扩张影响，短时间就造成整个仰韶文化面貌空前统一的局面，花瓣纹等因素则流播至黄河流域、长江中下游和西辽河流域①，从而使得中国大部地区形成有中心的多元一体文化格局，诞生了“早期中国文化圈”或者文化上的“早期中国”②。如此大范围的较为剧烈的文化格局变动，不大可能是正常的文化交流的结果，应当与大规模战争有关。

二是变化程度巨大。东庄—庙底沟类型扩张所及，黄河中上游及周边的仰韶文化分布区，基本都演变为和中原核心区十分近似的文化面貌，有些地区则出现文化突然“崩溃”的现象。比如东庄—庙底沟类型向西强烈影响，使得陕西和甘肃大部地区的半坡类型演变为类似东庄—庙底沟类型的史家类型—泉护类型遗存，类似遗存最西边甚至远达青海东部和四川西北部。再比如河北西北部地区，后岗类型遗存终被类似庙底沟类型的遗存完全代替；河北平原地区，一度兴旺发达的仰韶文化后岗类型骤然消失，之后只留下少量类似庙底沟类型的钓鱼台类型遗存。

三是出现专门武器。由石斧特化而来的专门武器石、玉钺，此时在中原地区开始流行。最为人熟知的例子，是河南汝州阎村发现的“伊川缸”上面的“鹳鱼石斧图”或“鹳鱼钺图”彩陶画（图一，

---

① 苏秉琦：《关于仰韶文化的若干问题》，《考古学报》1965 年第 1 期；严文明：《略论仰韶文化的起源和发展阶段》，《仰韶文化研究》，文物出版社 1989 年版，第 122—165 页；张忠培：《关于内蒙古东部地区考古的几个问题》，《内蒙古东部区考古学文化研究文集》，海洋出版社 1991 年版，第 3—8 页；王仁湘：《史前中国的艺术浪潮——庙底沟文化彩陶研究》，文物出版社 2011 年版。

② 韩建业：《庙底沟时代与“早期中国”》，《考古》2012 年第 3 期。

1）。严文明认为这可能是白鹳氏族战胜鲢鱼氏族的纪念图画[①]，进一步来说也可能是崇鸟的庙底沟类型人群战胜崇鱼的半坡类型人群的“纪念碑”性图画，“斧”或“钺”应当已有象征军权的属性。河南西峡老坟岗墓葬穿孔石钺（图一，2）[②]、河南灵宝西坡墓葬穿孔玉钺的发现[③]（图一，3、4），也证明庙底沟时代的较大墓葬开始随葬石钺，用来标示墓主人可能具有的军事首领身份。

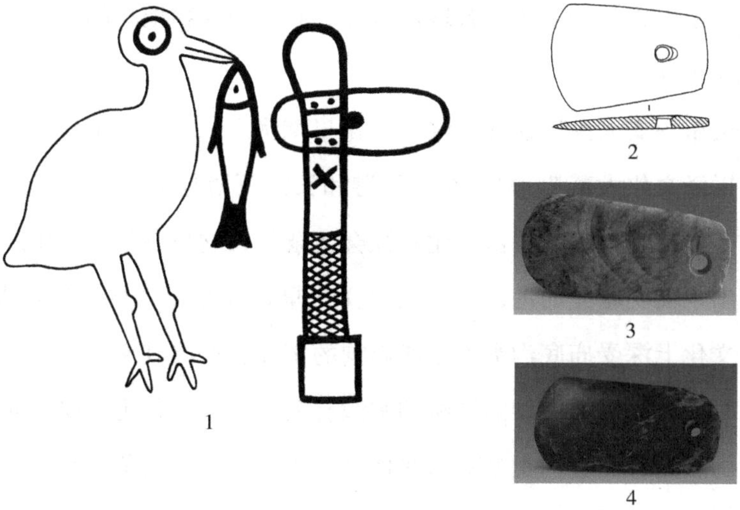

图一　“鹳鱼钺图”和玉石钺

1. “鹳鱼钺图”（阎村）　2. 石钺（老坟岗 M3:6）　3、4. 玉钺（西坡 M6:1、M34:7）

中原核心区文化的对外扩张影响，开始于约公元前 4200 年东庄类型形成之后，文化扩张过程中应当伴随着人群的移动。比如岱海地区突然出现的仰韶文化王墓山坡下早期遗存，几乎和晋西南的东庄类

---

① 严文明：《〈鹳鱼石斧图〉跋》，《文物》1981 年第 12 期。

② 河南省文物考古研究所、南阳市文物考古研究所：《河南西峡老坟岗仰韶文化遗址发掘报告》，《考古学报》2012 年第 2 期。

③ 中国社会科学院考古研究所、河南省文物考古研究所：《灵宝西坡墓地》，文物出版社 2010 年版。

型文化面貌完全一样，可以肯定是晋西南地区人群沿着汾河北上开拓移居的结果[①]。而此时中原核心区尚未出现显著的社会复杂化现象，只是遗址密度大幅增加。推测当时恰逢全新世中期气候最适宜期，粟作农业得到较快发展，人口急剧增多从而促使中原人群对外迁徙。稍后进入公元前 4 千纪，才在河南灵宝西坡、陕西白水下河等遗址，出现数百平方米的大型房屋——公共“殿堂”兼首领人物的居所，意味着中原率先开始强调社会地位差异。而首领人物地位的凸显，很可能就与领导战争有关。

山东泰安大汶口遗址大汶口文化早期大墓[②]、江苏连云港东山村遗址崧泽文化大墓[③]，显示黄河下游和长江下游地区在公元前 4 千纪前期开始出现显著的贫富分化和社会复杂化，这也是仅次于中原核心区而出现文明曙光的地区。大汶口文化早期大墓随葬的花瓣纹彩陶，是其文化上深受庙底沟类型东向影响的实证，推测其文明化进程的启动也与来自庙底沟类型的影响和刺激有关。崧泽文化也曾受到庙底沟类型的影响，庙底沟类型对这些地区的影响可能有战争因素在内。稍后从公元前 3500 年进入铜石并用时代开始，尤其公元前 3300 年以后，在中原和海岱地区的进一步影响带动下，黄河、长江和西辽河流域普遍趋于文明化。除中原腹地的河南灵宝西坡大墓、巩义双槐树宫殿式组合建筑外，标志性遗存还有甘肃秦安大地湾乙址的“殿堂”式房屋、辽宁凌源牛河梁的“庙、坛、冢”祭祀遗存，以及山东章丘焦家大墓、安徽含山凌家滩豪华瘗玉大墓等。

---

① 田广金：《论内蒙古中南部史前考古》，《考古学报》1997 年第 2 期；内蒙古文物考古研究所等：《岱海考古（三）——仰韶文化遗址发掘报告集》，科学出版社 2003 年版。

② 如 M2005 面积 8.2 平方米，随葬品 104 件。见山东省文物考古研究所《大汶口续集——大汶口遗址第二、三次发掘报告》，科学出版社 1997 年版，第 121—123 页。

③ 苏州博物馆、张家港市文物管理委员会：《张家港市东山村遗址发掘简报》，《文物》2000 年第 10 期。

二

公元前3000年左右的仰韶文化末期，迎来中国新石器时代（具体当为铜石并用时代早期晚段）大规模战争的第二阶段。此时中原文化不如庙底沟时代强势，甘陕黄土高原地区力量增强，北方文化南下，东方文化西进，南方文化北上，呈现出万国林立、逐鹿中原的态势。

北方地区有两个现象特别值得注意。一是曾经分布着较多仰韶文化海生不浪类型遗存的岱海、黄旗海地区以及更靠北的商都、化德、苏尼特右旗等地，至约公元前3000年突然变成一片“空白”①。从黄旗海地区察哈尔右翼前旗庙子沟遗址来看，最晚期的房屋内外发现很多人骨，虽然不少有墓坑和随葬品，尸骨也被摆放成当地流行的屈肢状态，但仍然掩盖不了其死亡时的特殊状况。大概当时发生了瘟疫②、暴雪等突发事件，大量人口死亡，活下来的人在仓促安置死者后只好选择向南或向西迁徙③。如果北方地区大量人口迁徙，就难免发生动荡和战争。二是这个时候的仰韶文化阿善三期类型人群，在鄂尔多斯和陕北地区的山头上突然建起了很多石城堡，一般是三面绝壁，有通道的一面则筑以坚固的石墙、瓮城和瞭望台，军事防御功能十分突出（图二）④。甚至不排除多个城堡线状组合起来，起到类似后世长城的

① 韩建业：《距今5000年和4000年气候事件对中国北方地区文化的影响》，《环境考古研究》第三辑，北京大学出版社2006年版，第159—163页。

② 魏坚：《庙子沟与大坝沟有关问题试析》，《内蒙古中南部原始文化研究文集》，海洋出版社1991年版，第113—118页；内蒙古文物考古研究所：《庙子沟与大坝沟》，中国大百科全书出版社2003年版。

③ 有证据表明马家窑文化半山类型的形成，与仰韶文化海生不浪类型和雪山一期文化等东部文化的西迁有关。韩建业：《半山类型的形成与东部文化的西迁》，《考古与文物》2007年第3期。

④ 如寨子塔石城聚落。见内蒙古文物考古研究所《准格尔旗寨子塔遗址》，《内蒙古文物考古文集》第二辑，中国大百科全书出版社1997年版，第280—326页。

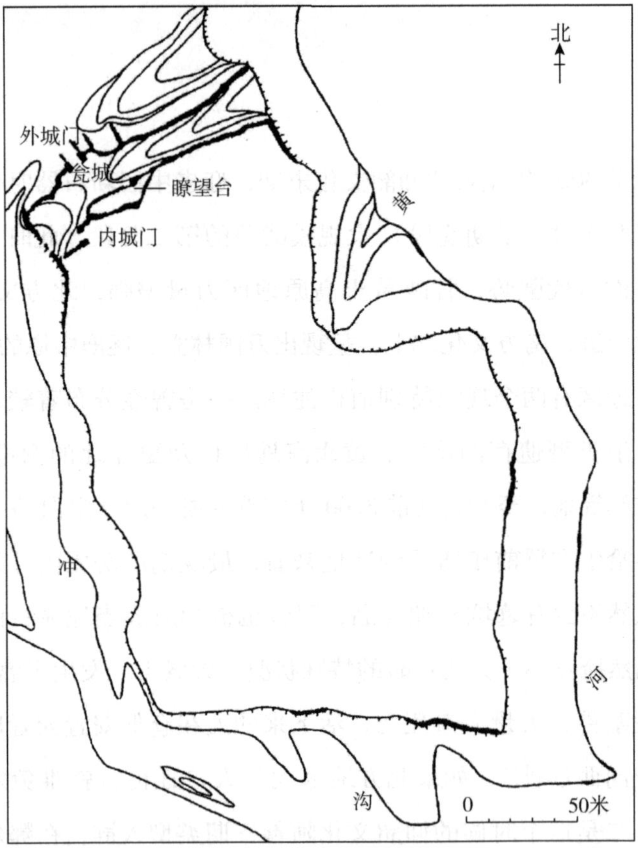

图二　寨子塔聚落平面略图

整体防御效果①。这些城堡可能同时具有防御更北方人群和内部互防的功能。究其原因，公元前3000年左右，中国东部季风区发生了显著的气候干冷事件②，岱海、黄旗海及其以北地区可能很难再发展农业，

① 苏秉琦：《象征中华的辽宁重大文化史迹》，《华人·龙的传人·中国人——考古寻根记》，辽宁大学出版社1994年版，第92页；韩建业：《试论作为长城"原型"的北方早期石城带》，《华夏考古》2008年第1期。

② 刘清泗、汪家兴、李华章：《北方农牧交错带全新世湖泊演变特征》，《区域·环境·自然灾害地理研究》，科学出版社1991年版，第1—7页；刘清泗、李华章：《中国北方农牧交错带（岱海—黄旗海地区）全新世环境演变》，《中国北方农牧交错带全新世环境演变及预测》，地质出版社1992年版，第16—54页。

加上自然灾害肆虐，大概只好选择大规模迁徙，由此自然会引发战争。

东方的大汶口文化和南方的屈家岭文化此时则强势西进北上，大汶口文化的范围一度东扩至豫东大部，尊、杯等因素及于晋南、关中。屈家岭文化北部范围囊括了豫西南、豫东南大部，斜腹杯等因素及于晋南。中原西部的仰韶文化庙底沟二期类型东南向扩展到洛阳地区，篮纹等因素则东达海岱，南抵江汉。这样一来，之前相对自成系统的河南中部地区，基本成了大汶口、屈家岭和仰韶三大文化相互对峙的前沿阵地，这三大文化人群之间彼此发生冲突战争自在情理之中。当然，大汶口文化本身就有五莲丹土、章丘焦家等数座古城，屈家岭文化有石家河等约 20 座古城，仰韶文化内部更不统一，这些文化内部也存在经常发生冲突和战争的可能性。

东南的良渚文化应该不会和中原直接发生战争，因为其间还隔着大汶口文化，但良渚文化在北进过程中，与大汶口文化发生激烈战争却是肯定的。严文明就认为有殉人的江苏新沂花厅墓葬，是良渚文化和大汶口文化人群“碰撞与融合”的产物①。良渚文化内部的超级中心聚落似乎只有良渚古城一处，至少其兴盛期内部发生战争的可能性较小，但在其形成期迅速占据良渚区，不排除也有战争的背景，其大量玉、石钺的随葬也证明军权的重要性。

公元前 3000 年前后普遍的社会动荡和冲突战争，会进一步突出首领地位，加强军权，扩大社会分化，强化社会组织动员能力，这可能就是当时中国中东部地区普遍趋于文明化的历史背景。其中东方的良渚文化主要致力于内部经济的发展和社会秩序的治理，大型土木水利工程和灌溉稻作农业强化了首领权利，从而率先发展出单一中心的良渚区域文明，或具有区域王权的“古国”文明。但良渚文化对外

① 严文明：《碰撞与融合——花厅墓地埋葬情况的思考》，《文物天地》1990 年第 6 期。

扩张战争有限，终究只占有江南一隅。大汶口文化、屈家岭文化在对外扩张方面令良渚文化望尘莫及，但其文化内部古城林立，可能并未形成统一中心，城址墓葬规模、贵重物品等都较良渚文化略逊一筹，可能只是站在了初级区域文明社会的边缘。陇东的庆阳南佐大型聚落，出现600多平方米的宫殿式建筑，可见黄土高原的社会发展程度不低于黄河下游和长江中游地区。

当时冷干气候背景下条件艰苦的北方地区贫富分化、社会分工都很有限，但和东部诸文化一样家族组织凸显，而且由于战争而形成了大范围的社会组织。中原地区的情况则介于东方和北方之间①。公元前2500年以后，在当地雄厚文化基础上，得益于良渚、大汶口、龙山等东部文明（文化）的贡献，中原和北方地区形成陶寺区域文明、石峁区域文明等原初文明。

三

公元前2000年左右的龙山时代后期，进入中国新石器时代（具体当为铜石并用时代晚期）大规模战争的第三阶段。这个时候出现了至少三波大规模的文化和人群南下浪潮（图三），在大规模冲突战争中中原地区逐渐重获核心地位。

第一波南下浪潮来自于北方地区的老虎山文化。在约公元前2200年以后极端干冷的气候背景下②，老虎山文化后期人群被迫大规

① 我曾将早期中国的文明化模式，概括为“北方模式”“东方模式”和“中原模式”。见韩建业《略论中国铜石并用时代社会发展的一般趋势和不同模式》，《古代文明》第2卷，文物出版社2003年版，第84—96页。

② 田广金、史培军：《中国北方长城地带环境考古学的初步研究》，《内蒙古文物考古》1997年第2期；方修琦、孙宁：《降温事件：4.3 ka BP 岱海老虎山文化中断的可能原因》，《人文地理》1998年第1期。

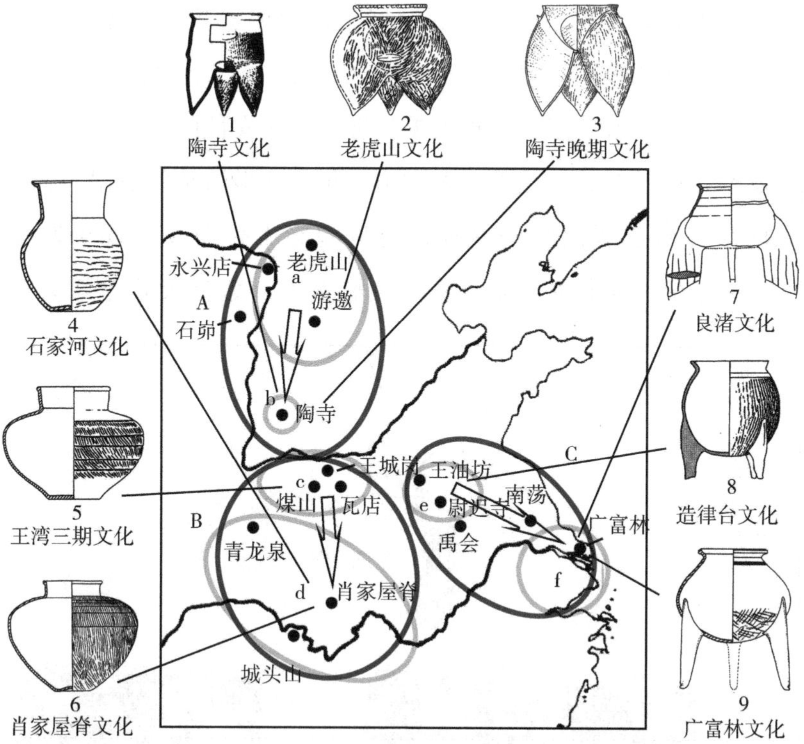

图三　龙山后期文化的南渐态势

龙山前期：a. 老虎山文化　b. 陶寺文化　c. 王湾三期文化　d. 石家河文化　e. 大汶口文化尉迟寺类型　f. 良渚文化

龙山后期：A. 老虎山文化和陶寺晚期文化　B. 王湾三期文化和肖家屋脊文化　C. 造律台文化和广富林文化

1. 斝（陶寺 M3002∶32）　2、3. 鬲（游邀 H186∶1、陶寺Ⅲ H303∶12）　4. 高领罐（肖家屋脊 H80∶2）　5、6. 矮领瓮（瓦店ⅣT3H30∶5、肖家屋脊 H254∶8）　7—9. 鼎（广富林 H128∶3、王油坊 H16∶1、广富林 TD9∶5）（均为陶器）

模南下，曾经繁荣一时的岱海及以北地区，再次出现文化“空白”。鄂尔多斯、陕北和晋中北地区山头再次涌现出大量石城堡垒，以神木石峁石城最具代表性，其三重城垣、高大城门、瓮城马面等（图四、五）①，将防御功能强化到极致，可以想象到在北方人群南下的大背

① 陕西省考古研究院等：《陕西神木县石峁遗址》，《考古》2013 年第 7 期；孙周勇、邵晶：《马面溯源——以石峁遗址外城东门址为中心》，《考古》2016 年第 6 期。

景下，战争是日常大事，连石峁这样的超级中心聚落也必须加强防御。石峁这样的吸取中原精华形成的北方强“国”，对外发动战争的可能性也很大，城墙附近发现的多处埋葬青年女性的头骨坑，很可能就是女性俘虏的头骨。当然，老虎山文化南下最清楚的证据，就是将大量陶鬲等带进晋南临汾盆地，使得陶寺文化转变为陶寺晚期文化①，在陶寺古城出现屠杀乱葬、凌辱女性、毁掘大墓等暴力现象

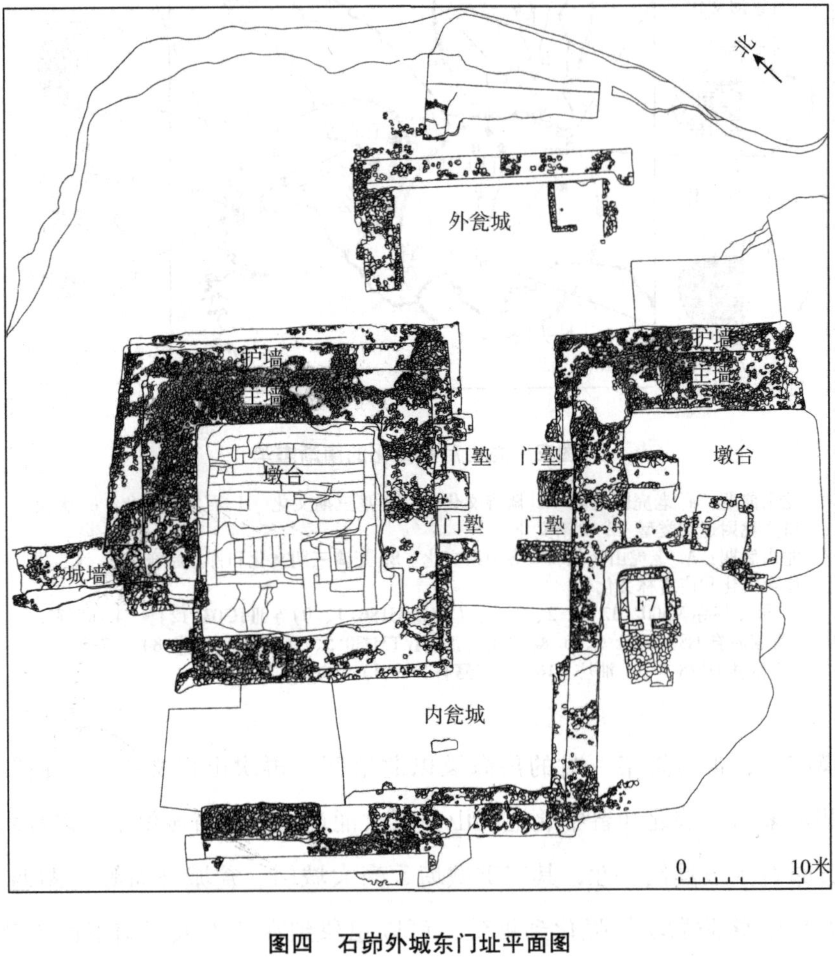

图四　石峁外城东门址平面图

① 韩建业：《晋西南豫西西部庙底沟二期—龙山时代文化的分期与谱系》，《考古学报》2006年第2期。

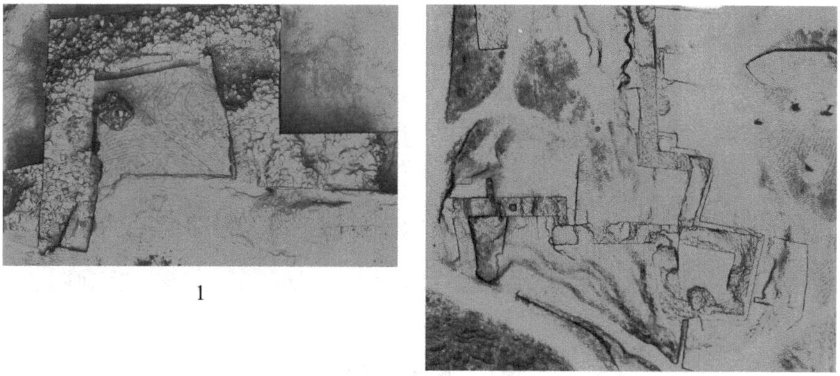

1　　2

图五　石峁外城东门址马面和角台正射影像与等值线叠加平面图

（采用孙周勇、邵晶《马面溯源——以石峁遗址外城东门址为中心》一文图二、七）
1. 一号马面　2. 一号角台

（图六）①，在陶寺之外的临汾下靳、芮城清凉寺也同样有毁墓现象。老虎山文化还进一步向南影响，将陶鬲、细石器镞、卜骨等扩散到黄河中下游广大地区②。

第二波南下浪潮来自于中原地区的王湾三期文化。约公元前2100年，后期阶段的王湾三期文化向南大规模推进，其结果是将豫西南、豫东南和鄂北大片地区纳入王湾三期文化范围，使江汉平原甚至洞庭湖沿岸文化的面貌也变得和王湾三期文化近似。这一文化变革涉及的范围，比现在的整个湖北省都大。作为原石家河文化主要核心的石家河古城，城垣被毁，出现大量瓮棺葬，曾经极富特色的数以十万计的红陶杯、红陶塑基本消失，显见发生了翻天覆地的变化③。王湾三期文化和石家河文化人群战斗的武器，主要有钺、矛、弓箭等，

① 中国社会科学院考古研究所山西队、山西省考古研究所等：《山西襄汾陶寺城址2002年发掘报告》，《考古学报》2005年第3期；高江涛：《试析陶寺遗址的“毁墓”现象》，《三代考古》（七），科学出版社2017年版，第345—354页。

② 韩建业：《老虎山文化的扩张与对外影响》，《中原文物》2007年第1期。

③ 杨新改、韩建业：《禹征三苗探索》，《中原文物》1995年第2期。

1

2

图六　陶寺人骨遗存

（采用《山西襄汾陶寺城址 2002 年发掘报告》图版陆 1、图版捌 1）
1. IHG8①A 局部人头骨　2. IHG8③女性人骨

矛是新式武器，石质箭镞形式多样而且磨制精整（图七）。

第三波南下浪潮，指公元前 2000 多年豫东地区的造律台文化形成以后，随即东南向扩展至江淮地区，留下江苏兴化南荡①、高邮周邶墩②等遗存，并且深刻影响到江浙地区广富林文化的形成③。良渚文化的衰落固然有环境变迁的原因，但其灭亡可能与造律台文化南下引起的战争相关。

公元前 2000 年前后从北向南多米诺骨牌式的文化南进和引发的战争，直接后果就是使得中国文明格局得以重新整合：江汉和江浙地区急剧衰落，中原—海岱—北方三足鼎立式文明主体区形成，中原地区的核心地位凸现。稍后的公元前 1800 年以后，在中原地区终于兴起二里头青铜文明，其影响及于中国大部地区，中国文明进入成熟的“广域王权”或者“广幅王权”的“王国”文明阶段④。从这个意义上说，

① 南京博物院考古研究所等：《江苏兴化戴家舍南荡遗址》，《文物》1995 年第 4 期。

② 南京博物院考古研究所等：《江苏高邮周邶墩遗址发掘报告》，《考古学报》1997 年第 4 期。

③ 上海博物馆考古研究部：《上海松江区广富林遗址 1999—2000 年发掘简报》，《考古》2002 年第 10 期；上海博物馆考古研究部：《上海松江区广富林遗址 2001—2005 年发掘简报》，《考古》2008 年第 8 期。

④ 许宏：《最早的中国》，科学出版社 2009 年版；韩建业：《良渚、陶寺与二里头——早期中国文明的演进之路》，《考古》2010 年第 11 期。

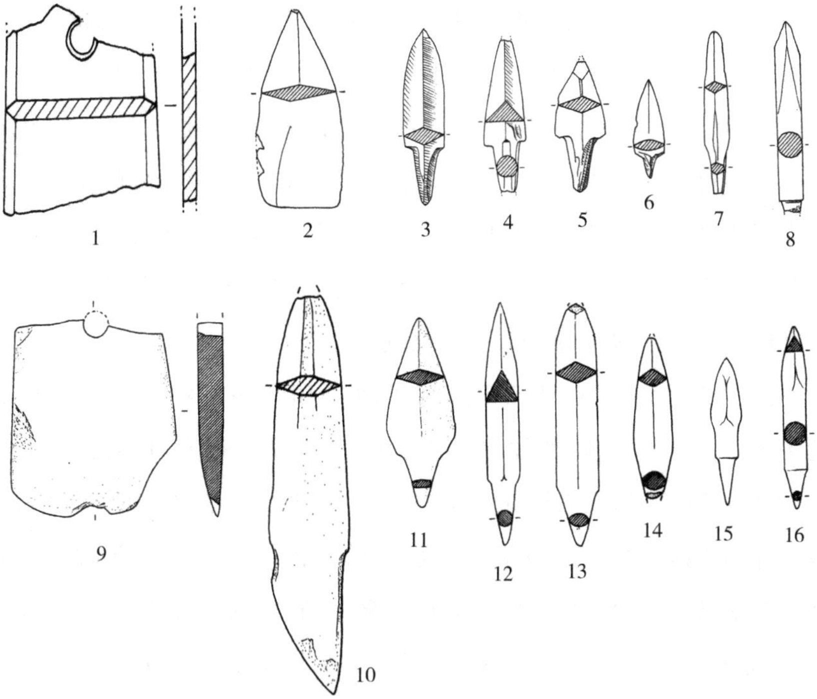

图七　王湾三期文化和石家河文化的石质武器

1—8. 石家河文化，肖家屋脊（AT1205②：1、H84：4、AT2019③：4、AT1506⑤：11、AT1408⑥：10、AT603②：6、H371：1、H42①：168）　9—16. 王湾三期文化，郝家台（M45：8、T11③B：113、T43⑤：24、T10③D：63、T9③A：46、T12③D：50、T11③A：21、T55②A：6）（1、9. 钺　2、10. 矛　3－8、11－16. 镞）

公元前2000年左右龙山后期的战争，为辉煌的三代文明打下了基础。

四

中国新石器时代的战争，大体和一些古史传说可以相互印证。徐旭生根据文献记载，对华夏、东夷和苗蛮集团之间的战争事件做过精当的梳理①。叶舒宪认为部族冲突与征服战争对酋邦演进为国家具有

① 徐旭生：《中国古史的传说时代》（新一版），文物出版社1985年版。

推动作用[①]。笔者结合考古发现提出，正是三大集团之间的交流和相互影响（包括战争），促进了早期中国文明的形成[②]。这当中尤其公元前2000年左右的第三阶段，与古史传说的吻合程度更高。老虎山文化的南进临汾可能对应“稷放丹朱”[③]，王湾三期文化的南进江汉应当对应“禹征三苗”[④]。通过“稷放丹朱”和“禹征三苗”，不但征服了强大的江汉三苗集团，而且中原核心地区也从晋西南转移到豫中地区，开启了夏初政治和文化格局。

总结起来看，中国新石器时代战争和文明起源大致存在这样的关系：适宜的气候条件引发农业的快速发展和人口的急剧增长，促使中原地区对外扩张和发动战争，促进中原地区文明起源的步伐；中原地区的扩张影响，带动了黄河下游、长江中下游和西辽河地区社会复杂化和文明化进程；随后干冷的气候背景，引发大规模频繁战争，刺激中国大部地区先后进入原初文明和成熟文明社会[⑤]。戴向明认为在中国早期国家的形成中，中原、北方以战争因素为主，长江下游以经济因素为主[⑥]。但如果着眼于早期中国整体，战争对于破坏旧的大格局、整合新的大格局则有着全局性的作用。

植根于广大深厚农业经济的早期中国文明，短于对外扩张，却长于对内整顿秩序。每一次大规模的内战，就是破坏旧秩序建立新秩序的一次极端行为。新石器时代的战争提高首领地位、促使阶级分化和

① 叶舒宪：《部族冲突与征服战争：酋邦演进为国家的契机》，《史学月刊》1993年第1期。

② 韩建业：《中国上古时期三大集团交互关系探讨——兼论中国文明的形成》，《北京大学学报》（哲学社会科学版）1996年第1期。

③ 韩建业：《唐伐西夏与稷放丹朱》，《北京大学学报》（哲学社会科学版）2001年第3期。

④ 杨新改、韩建业：《禹征三苗探索》，《中原文物》1995年第2期。

⑤ 气候、战争和文明的关系，在欧亚大陆西部也大抵如此。参见吴文祥、刘东生《5500年气候事件在三大文明古国古文明和古文化演化中的作用》，《地学前缘》2002年第1期；吴文祥、葛全胜《全新世气候事件及其对古文化发展的影响》，《华夏考古》2005年第3期。

⑥ 戴向明：《简论中国早期国家形成的动力机制》，《新果集（二）——庆祝林沄先生八十华诞论文集》，科学出版社2018年版，第118—135页。

社会分工，以粗暴的方式使得广大地区短时间内发生文化和血缘的深度交融，很大程度上推进了早期中国文明起源、形成和发展的进程；而文明的成长反过来促使大规模战争的发生，文明化进程每前进一步，战争的程度就升级一次。战争和文明化互为因果、相互促进，因此战争才成为古代中国两件最大的事之一，所谓“国之大事，在祀与戎”（《左传》成公十三年）。

（本文原载《社会科学战线》2020 年第 10 期）

文化交流与文明起源

论二里头青铜文明的兴起

公元前2千纪初期二里头青铜文明的兴起，是自从进入新石器时代以来东亚地区发生的最重要的文化和社会变革。本文拟在前人研究的基础上，综合讨论这一变革的文化基础、外来影响、环境背景及其与文献记载的联系。

一

早在二里头遗址发掘初期，发掘者方酉生就提出“二里头类型应该是在继承中原的河南龙山文化的基础上，吸取了山东龙山文化的一些因素而发展成的”①。并具体指出其中山东龙山文化因素有三足盘和鬶。以后邹衡、李伯谦将二里头文化中的爵、觚、折盘豆、单耳杯等也确定为东方文化因素②。

1979年对河南新密新砦遗址的试掘，走出了具体揭示王湾三期

① 中国科学院考古研究所洛阳发掘队：《河南偃师二里头遗址发掘简报》，《考古》1965年第5期。

② 邹衡：《试论夏文化》，《夏商周考古学论文集》，文物出版社1980年版，第95—182页；李伯谦：《二里头类型的文化性质与族属问题》，《文物》1986年第6期。

文化（即河南龙山文化）向二里头文化过渡的关键一步①。发掘者赵芝荃将新砦发现的这类过渡性遗存称之为“新砦期二里头文化”，指出其略早于二里头遗址第一期文化②。1999 年以来对新砦遗址大规模发掘，再次证明其第二期——“新砦期”遗存，构成该遗址的主体。发掘者赵春青等将这类遗存又分为早、晚两段，指出无论在地层还是陶器序列上，“新砦期”都晚于王湾三期文化而早于二里头文化一期；嵩山东部地区率先经过“新砦期”发展为二里头文化③。也有不同意见。李维明将二里头一期分为早、晚两段，指出新砦期遗存只是二里头文化一期早段的一个地方类型④。

新砦二期早、晚段分别以 2000T4H26 和 2000T6⑧为代表，其实二者只在个别方面略有区别，如深腹罐的折沿凸棱前者比后者更明显，前者还残留圆肩直领瓮，而后者仅见折肩直领瓮等。二里头一期的Ⅱ·ⅤT104⑥和Ⅱ·ⅤT104⑤虽然有叠压关系，而且前者花边罐的花边距口沿比后者略远，平底盆唇部贴边不如后者明显，表明之间的确有细微的早晚之分，但总体上阶段性特征并不很突出；要以此为据将已发表资料归纳为早晚两段，也还很是勉强，不如暂将二里头一期视为一个整体，更易观察其全貌⑤。

比较来看，二里头一期和新砦二期晚段遗存的确近似，它们共有的陶器种类就有深腹罐、深腹缸、罐形鼎、盆形甑、弧腹盆、平底盆、盆形擂钵、直领瓮、尊形瓮、折腹豆、三（四）足盘、折腹器

---

① 中国社会科学院考古研究所河南二队：《河南密县新砦遗址的试掘》，《考古》1981 年第 5 期。

② 赵芝荃：《略论新砦期二里头文化》，《中国考古学会第四次年会论文集》（1983），文物出版社 1985 年版，第 13—17 页。

③ 北京大学震旦古代文明研究中心、郑州市文物考古研究院：《新密新砦——1999—2000 年田野考古发掘报告》，文物出版社 2008 年版，第 541 页。

④ 李维明：《二里头文化一期遗存与夏文化初始》，《中原文物》2002 年第 1 期。

⑤ 中国社会科学院考古研究所：《偃师二里头——1959 年—1978 年考古发掘报告》，中国大百科全书出版社 1999 年版。

盖、平底碗、觚、鬶等，这已经构成两类遗存的陶器主体。但它们之间总体形态上还是存在着普遍性的区别：新砦二期晚段的器物胎体厚薄较为均匀，轮制比例较大，折沿转折处棱角分明，有的甚至有凸棱，器腹较深；而二里头一期的器物胎体厚薄不甚均匀，手制轮修比例较大，唇部多有贴边，折沿转折处棱角不显、不见凸棱，器腹变浅。此外，每类器物的具体特征也都存在看得见的差异：前者的深腹罐中腹圆鼓，下腹略内收成小平底；后者的深腹罐中腹较为平直，有的与下腹连接不够圆滑，底较大。前者的敛口罐形鼎有明显的子母口，折沿罐形鼎深垂腹圜底；后者的敛口罐形鼎子母口退化不显，折沿罐形鼎浅弧腹平底。前者的盆形甑深鼓腹小底，近底有一周柳叶形箅孔，底部有五六个小圆孔；后者的盆形甑浅弧腹大底，底面中央一个圆形大箅孔，周边四五个柳叶形、椭圆形或者三角形大箅孔。前者的双鋬或双环耳弧腹盆深鼓腹小平底，后者浅弧腹大平底。前者的直领瓮、尊形瓮下腹急收，后者下腹缓收。前者折腹器盖的盖纽有喇叭状、平顶状、蘑菇状三种，且蘑菇状盖纽顶端多隆起较低，后者只见蘑菇状纽器盖，盖纽顶端隆起较高。前者的平底盆唇外没有贴边，后者有贴边。前者的擂钵和平底碗小平底，腹、底转折分明，后者大平底，腹、底转折不显。只有折盘豆例外，前者转折反不如后者明显（图一）。

新砦二期晚段不同于二里头一期的大部分特点，如薄胎轮制、棱角分明、中腹圆鼓、小底凸出、深腹等特征，以及矮足鼎等器类，都恰好是其与王湾三期文化煤山类型的相似之处。而子母口器（包括子母口缸、子母口鼎、子母口瓮、子母口钵等）、高足罐形鼎、折壁器盖、平底盆、甗等陶器，则同豫东造律台类型有直接联系①。这就从类型学上证明新砦二期晚段遗存早于二里头一期，不可能是二里头文化

① 北京大学震旦古代文明研究中心、郑州市文物考古研究院：《新密新砦——1999—2000年田野考古发掘报告》，文物出版社2008年版，第540页。

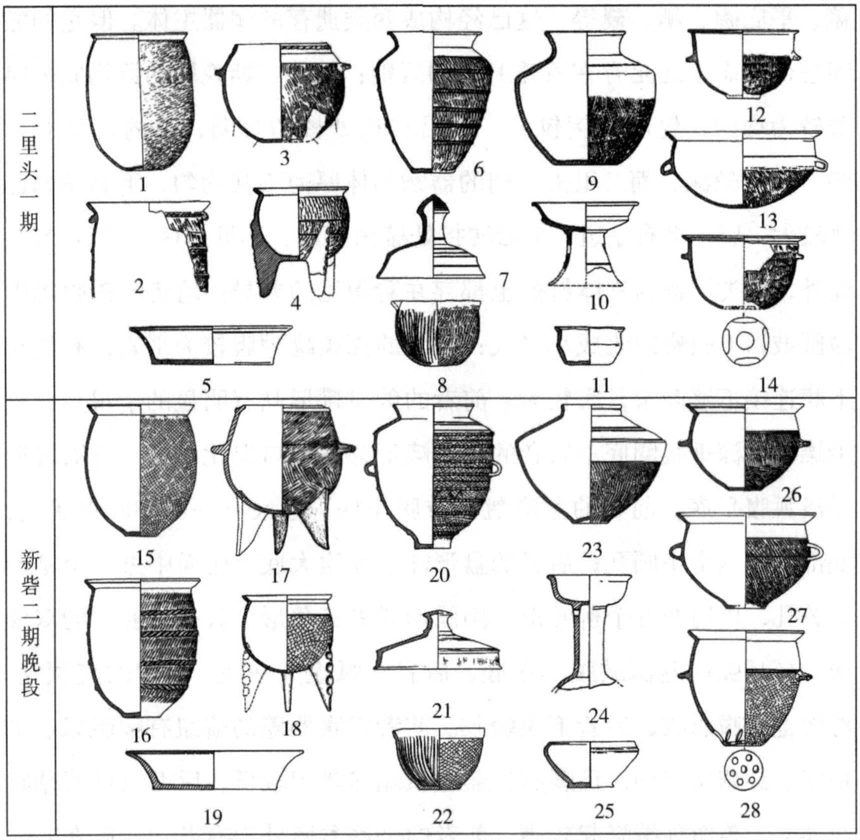

图一　二里头一期和新砦二期晚段陶器比较

1、15. 深腹罐（ⅡH216:13、2000T6⑧:930）　2、16. 深腹缸（ⅧH53:14、2000T6⑧:784）　3、17. 敛口罐形鼎（ⅣH106:12、2000T6⑧:772）　4、18. 折沿罐形鼎（Ⅱ·VT104⑥:51、2000T6⑧:779）　5、19. 平底盆（Ⅱ·VT104⑥:28、2000T6⑧:598）　6、20. 尊形瓮（ⅡH216:17、2000T11⑦B:41）　7、21. 器盖（Ⅱ·VT104⑥:48、2000T6⑧:211）　8、22. 擂钵（Ⅱ·VH148:15、2000T6⑧:627）　9、23. 直领瓮（Ⅱ·VH148:12、2000T6⑧:810）　10、24. 折盘豆（Ⅱ·VH148:20、2000T11⑦A:28）　11、25. 平底碗（Ⅱ·VT203⑦:13、2000T6⑧:616）　12、26. 双鋬弧腹盆（Ⅱ·VT104⑥:47、2000T5⑧:22）　13、27. 双耳弧腹盆（Ⅱ·VH105:18、2000T11⑦A:56）　14、28. 甑（ⅨH1:12、2000T6⑧:827）

一期的一个地方类型。二者主体器类又近同，表明二里头文化一期主体来源于新砦二期晚段类遗存，而且二里头文化一期的东方因素也主要由新砦期遗存带来。鉴于新砦二期遗存与龙山时代的王湾三期文化和造律台类型之间的联系更多一些，且尚未出现陶爵、花边罐以及青铜礼器等二里头文化典型要素，还是以将其放在王湾三期文化后期末段为宜[①]，可称之为王湾三期文化新砦类型。该类型主要分布在郑州、新密和巩义一带。和煤山类型相比，其分布范围“呈现向北、向东南移动的趋势”[②]，汝州、禹州、登封等地则仍基本为煤山类型的延续。

不过，二里头文化在形成过程中显然还吸收了洛阳盆地及临近地区的文化因素。例如爵这种二里头文化特有的陶器，就不见于新砦类型，也不见得直接来自东方，而应当由洛阳王湾、孟津小潘沟等遗址发现的王湾三期文化后期的平底实足鬶形器发展而来，杜金鹏就直接称其为原始陶爵[③]。尤其小潘沟的一件高足原始陶爵，已与二里头文化一期的陶爵极为接近[④]。这类原始陶爵中最早的一件出自上蔡十里铺遗址[⑤]，属于王湾三期文化前期，大概是早期海岱龙山文化的陶鬶西进豫中南后地方化的产物（图二）。

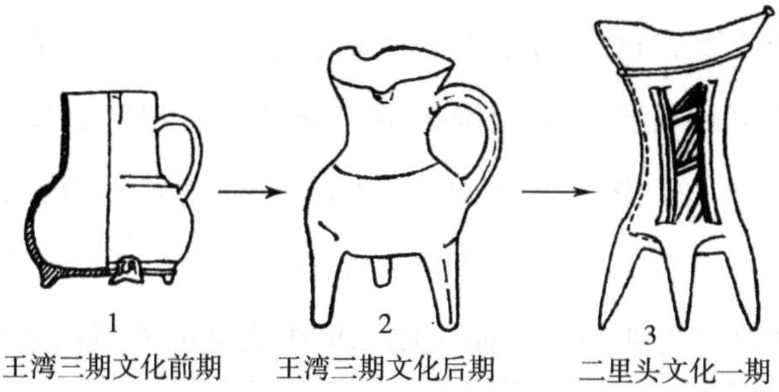

图二　王湾三期文化原始陶爵和二里头文化一期陶爵比较

1. 十里铺（H5:1）　2. 小潘沟（T5H44:52）　3. 二里头（Ⅱ·ⅤM54:7）

---

① 韩建业、杨新改：《王湾三期文化研究》，《考古学报》1997 年第 1 期。

② 北京大学震旦古代文明研究中心、郑州市文物考古研究院：《新密新砦——1999—2000 年田野考古发掘报告》，文物出版社 2008 年版，第 537 页。

③ 杜金鹏：《陶爵——中国古代酒器研究之一》，《考古》1990 年第 6 期。

④ 洛阳博物馆：《孟津小潘沟遗址试掘简报》，《考古》1978 年第 4 期。

⑤ 河南省驻马店地区文管会：《河南上蔡十里铺新石器时代遗址》，《考古学集刊》第 3 集，中国社会科学出版社 1983 年版，第 69—80 页。该遗址还出有属于王湾三期文化前期的陶觚（M5:1）。

如果我们不限于二里头文化一期陶器而做整体观察，会发现二里头文化大型宫殿建筑，钺、戚、璋、圭、多孔刀、柄形器等玉礼器，以及兽面纹题材等众多文明要素，也都主要是在以新砦类型为主体的中原文化基础上发展而来。新砦二期发现有大型浅穴式建筑[①]，稍早的新密古城寨城址中更有380多平方米的宫殿式建筑[②]。相当于新砦二期早段的巩义花地嘴遗存见有钺、铲、璋、琮等玉礼器，璋下端带扉齿，与二里头文化的璋基本一致；还有朱砂绘兽面纹子母口瓮[③]。

陈剩勇和吕琪昌等则强调二里头文化的陶鬶、盉，玉钺、琮、璧、璜、多孔刀，以及兽面纹等重要因素，均发源于江浙一带[④]。诚然，陶鬶、盉和石钺、玉璜最早诞生在新石器时代晚期的龙虬庄文化、马家浜文化，兽面纹早在新石器时代中期末段就从长江中游传播至跨湖桥文化。至铜石并用时代，陶鬶、盉，玉钺、琮、璧、璜以及兽面纹等包含复杂历史信息的文化特征，集大成于辉煌的良渚早期文明。但应当看到，这些因素中的陶鬶、盉、石钺、玉璜等从公元前3000年左右开始就已经向周围扩散，玉琮、璧和兽面纹则主要在公元前2600年左右良渚文化衰败后向海岱、晋南等地流播，这都与二里头文化的初始有着相当长的时间差距。这些因素先后辗转汇聚中原，最后主要通过新砦类型而变成二里头文化的有机组成部分。二里头文化一期时直接来自江浙地区的因素，大概只有鸭形陶壶等少量因

① 中国社会科学院考古研究所、郑州市文物考古研究所：《河南新密市新砦城址中心区发现大型浅穴式建筑》，《考古》2006年第1期。

② 河南省文物考古研究所等：《河南新密市古城寨龙山文化城址发掘简报》，《华夏考古》2002年第2期。

③ 郑州市文物考古研究所、北京大学考古文博学院：《河南巩义市花地嘴遗址"新砦期"遗存》，《考古》2005年第6期；顾问、张松林：《花地嘴遗址所出"新砦期"朱砂绘陶瓮研究》，《古代文明研究通讯》，总第二十三期，2004年，第9—21页。

④ 陈剩勇：《东南地区：夏文化的萌生与崛起——从中国新石器时代晚期主要文化圈的比较研究探寻夏文化》，《东南文化》1991年第1期；吕琪昌：《青铜爵、斝的秘密：从史前陶鬶到夏商文化起源并断代问题研究》，浙江大学出版社2007年版。

素，据此不能得出二里头文明主要源于中国东南地区的结论。

二

二里头文化一期突然出现大量束颈圆腹陶罐，其中口沿外箍一周附加堆纹或直接压印唇面者被称为花边罐。有的带单耳，也有少量下加三足成为束颈圆腹罐形鼎。

这类束颈圆腹罐与中原和东方的侈口深腹罐风格迥异，却和西北地区长期流行的同类器物神似。在束颈圆腹罐口沿外或者颈部箍附加堆纹的做法，从仰韶晚期就开始常见于仰韶文化海生不浪类型，沿面压印花边最早见于庙底沟二期阶段的仰韶文化阿善三期类型；至龙山前期，则普遍流行于内蒙古中南部和陕北的老虎山文化、宁夏南部的菜园文化（图三，1）[①]，波及客省庄二期文化（图三，2）[②] 和齐家文化（图三，3）；龙山后期扩展到整个甘青齐家文化（图三，4、5）[③] 和渭河流域客省庄二期文化当中[④]。中原一带只是在王湾三期文化后期偏晚，才于洛阳矬李等遗址出现个别束颈圆腹花边罐[⑤]，这自然应当是西北地区同类器的进一步东向渗透所致（图三，6）。因此，二里头文化中束颈圆腹罐（包括花边罐）的源头就应当在西北地区。但它是在二里头文化形成的时候直接来自西北地区，还是从洛阳盆地王湾三期文化间接继承的呢？

---

① 宁夏文物研究所、中国历史博物馆考古部：《宁夏菜园——新石器时代遗址、墓葬发掘报告》，科学出版社 2003 年版。

② 甘肃省博物馆考古队：《甘肃灵台桥村齐家文化遗址发掘简报》，《考古与文物》1980 年第 3 期。

③ 青海省文物管理处考古队、中国社会科学院考古研究所：《青海柳湾——乐都柳湾原始社会墓地》，文物出版社 1984 年版；北京大学考古实习队等：《隆德页河子新石器时代遗址发掘报告》，《考古学研究》（三），科学出版社 1997 年版，第 158—195 页。

④ 韩建业：《中国西北地区先秦时期的自然环境与文化发展》，文物出版社 2008 年版。

⑤ 洛阳博物馆：《洛阳矬李遗址试掘简报》，《考古》1978 年第 1 期。

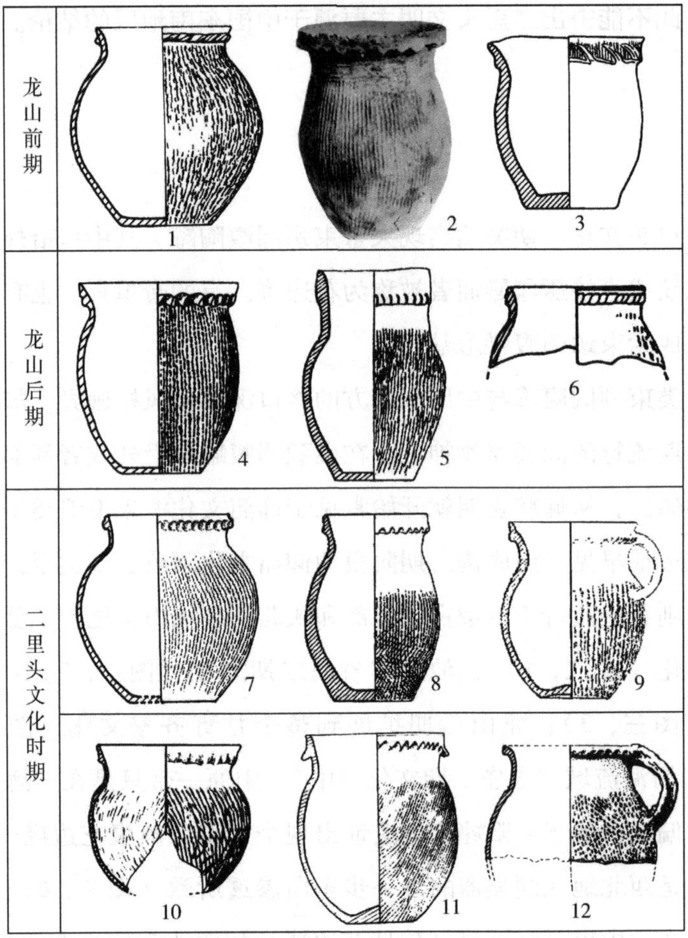

图三　龙山时代和二里头文化时期陶束颈圆腹花边罐

1. 菜园文化（林子梁 LF11⑤:11）　2. 客省庄二期文化（桥村 H4:24）　3—5、7—9. 齐家文化（师赵村 T317②:6，页河子 H148:12，柳湾 M968:1，老牛坡 88XLⅠ2H24:14，秦魏家，横阵 M9:5）　6. 王湾三期文化（矬李 H22:31）　10—12. 二里头文化（二里头Ⅱ·ⅤT104⑥:21，西崖村 H4:40、西崖村 H4:48）

还是让我们从对关中地区二里头文化时期遗存的分析入手。这类遗存包括陕西陇县川口河①、西安老牛坡 H16 和 H24②、华县元君庙 M451③

① 尹盛平：《陕西陇县川口河齐家文化陶器》，《考古与文物》1987 年第 5 期。

② 刘士莪：《老牛坡》，陕西人民出版社 2002 年版。

③ 北京大学历史系考古教研室：《元君庙仰韶墓地》，文物出版社 1983 年版，第45—46 页。

和南沙村 H12[①]、华阴横阵 M9[②] 等。陶器除大量单耳、双耳、三耳或无耳的束颈罐外（图三，7—9），还有双大耳罐、大口高领罐、折肩罐等陶器。实际上与甘肃永靖秦魏家[③]和大何庄遗存[④]为代表的齐家文化大同小异。如果我们将齐家文化分为早、中、晚三期，则此类遗存就属于晚期齐家文化，年代基本和二里头文化相当。其中西部的甘青和渭河上中游地区，流行红褐陶，器体瘦长，不见慢轮旋修陶器，这类遗存可称为“秦魏家类型”；东部渭河下游地区，多为灰陶，花边罐圆腹，有素面旋修陶器，可称为“老牛坡类型”[⑤]。与其类似的遗存还有丹江流域的商州东龙山早期遗存[⑥]。

正如张忠培和孙祖初指出的那样，“宝鸡地区客省庄文化的消失便是齐家文化向东拓展的结果”[⑦]。不但宝鸡地区，整个关中地区龙山时代之后文化格局的大变都与晚期齐家文化的大规模东进有关，甚至朱开沟文化早期也受到晚期齐家文化强烈影响。齐家文化继续东进的结果，就是与西进的新砦类型在洛阳盆地碰撞，从而给二里头文化增添了大量束颈圆腹罐这种重要器物，见于偃师二里头、陕县西崖村[⑧]等二里头文化一期遗存（图三，10—12）。也就是说，二里头文化的束颈圆腹罐虽不排除继承早先渗入洛阳盆地同类器的可能性，

---

① 北京大学考古教研室华县报告编写组：《华县、渭南古代遗址调查与试掘》，《考古学报》1980 年第 3 期。

② 中国社会科学院考古研究所陕西工作队：《陕西华阴横阵遗址发掘报告》，《考古学集刊》第 4 集，中国社会科学出版社 1984 年版，第 1—39 页。

③ 中国科学院考古研究所甘肃工作队：《甘肃永靖秦魏家齐家文化墓地》，《考古学报》1975 年第 2 期。

④ 中国科学院考古研究所甘肃工作队：《甘肃永靖大何庄遗址发掘报告》，《考古学报》1974 年第 2 期。

⑤ 张天恩：《试论关中东部夏代文化遗存》，《文博》2000 年第 3 期。

⑥ 杨亚长：《陕西夏时期考古的新进展——商州东龙山遗址的发掘收获》，《古代文明研究通讯》总第 5 期，2000 年，第 34—36 页。

⑦ 张忠培、孙祖初：《陕西史前文化的谱系研究与周文明的形成》，《远望集——陕西省考古研究所华诞四十周年纪念文集》，陕西人民美术出版社 1998 年版，第 155 页。

⑧ 河南省文物研究所：《陕县西崖村遗址的发掘》，《华夏考古》1989 年第 1 期。

但主要为二里头文化形成之初从甘青—关中一路传入。以前不少人以为关中的花边罐是二里头文化影响的结果，其实正好颠倒了因果关系。

晚期齐家文化向中原腹地的强烈渗透，带来的当然不应当只是陶束颈圆腹罐这一种因素。林沄早就注意到“北方系青铜器在二里头文化晚期已经存在，而且对二里头文化的青铜器发生了影响”①。安志敏据齐家文化铜器发达这一现象，推测中原铜器“很可能是通过史前时期的‘丝绸之路’进入中国的”②。美国学者菲兹杰拉德—胡博更明确提出，二里头青铜文明的起源或许与中亚地区巴克特利亚冶金术的东传有密切关系，从西而东的具体传播路线是中亚与西伯利亚—新疆—甘青—中原，最后直接产生作用的正是甘青地区的齐家文化；并推测铜爵和觚与伊朗沙赫德遗址的带流罐和铜杯可能存在联系③。王迅还提到二里头文化中马的出现有受西北影响的可能性④。

的确，龙山时代的中原（包括东方）地区，还很少有能够确认的专门的青铜器（不包括利用共生矿冶炼的具有青铜性状的所谓青铜器），且只见铃、锥、片状物等个别铜器，而二里头文化青铜冶金技术已经较为成熟，工具、武器、容器种类繁多，这不能不让人将二里头文化青铜器的突然兴起与有着悠久历史的西方冶金术的东传联系起来。西伯利亚、中亚至新疆西部的辛塔什塔—彼德罗夫斯卡文化、安德罗诺沃文化、塞伊玛—图宾诺文化、奥库涅夫文化，

① 林沄：《商文化青铜器与北方地区青铜器关系之研究》，《考古学文化论集》（一），文物出版社 1987 年版，第 129—155 页。

② 安志敏：《试论中国的早期铜器》，《考古》1993 年第 12 期。

③ Louisa G.，Fitsgerald-Huber，“Qijia and Erlitou：The Question of Contacts with Distant Cultures”，*Early China* 20，1995，pp. 17 –67.

④ 王迅：《二里头文化与中国古代文明》，《考古与文物》1997 年第 3 期。

阿尔泰至东疆的克尔木齐类遗存、哈密天山北路文化，河西走廊的四坝文化，甘青地区的晚期齐家文化，不但普遍流行刀、斧、矛、镜、泡饰等青铜器，而且绝对年代都在公元前2千纪初期，构成西方冶金术东传并渐次土著化的坚实链条[①]。随着束颈圆腹罐所揭示出的晚期齐家文化向关中乃至中原的强烈东渐路程的逐渐明朗，西方冶金术对二里头青铜文明的间接影响实际已得到确证。如林沄指出的那样[②]，二里头遗址三期出土的一件青铜环首刀明确属于北方系[③]，另一件铜“戚”实即北方系战斧的变体[④]，这两件器物都可以在晚期齐家文化找到类似器[⑤]。菲兹杰拉德—胡博也指出二里头三期的十字镂空圆牌与中亚有关。金正耀的分析表明二里头二期的一件锥为砷铜合金[⑥]，透露出其与四坝文化、哈密天山北路文化砷铜合金可能存在联系的信息，而砷铜早在公元前4千纪就已经出现在西亚地区[⑦]。另外，二里头文化的戈与哈密天山北路文化的管銎斧有相似之处[⑧]，或许受其启发而产生（图四）。反过来，二里头文化的嵌饰绿松石的兽面纹牌饰以及陶盉等，也反向传播至甘肃的晚期齐家文化[⑨]。

---

① 李水城：《西北与中原早期冶铜业的区域特征及交互作用》，《考古学报》2005年第3期；韩建业：《新疆的青铜时代和早期铁器时代文化》，文物出版社2007年版。

② 林沄：《早期北方系青铜器的几个年代问题》，《内蒙古文物考古文集》第1辑，中国大百科全书出版社1994年版，第291—295页。

③ 中国社会科学院考古研究所二里头队：《1980年秋河南偃师二里头遗址发掘简报》，《考古》1983年第3期。

④ 中国科学院考古研究所二里头工作队：《偃师二里头遗址新发现的铜器和玉器》，《考古》1976年第4期。

⑤ 如甘肃广河齐家坪的环首刀和康乐商罐地的双耳斧，见李水城《西北与中原早期冶铜业的区域特征及交互作用》，《考古学报》2005年第3期（图二18、21）。

⑥ 金正耀：《二里头青铜器的自然科学研究与夏文明探索》，《文物》2000年第1期。

⑦ J. D. Muhly, “The Beginning of Metallurgy in the Old World”, In R. Maddin (ed.), *the Beginning of the Use of Metals and Alloys*, Cambridge, MA: MIT Press, 1988, pp. 2 -20.

⑧ 吕恩国、常喜恩、王炳华：《新疆青铜时代考古文化浅论》，《苏秉琦与当代中国考古学》，科学出版社2001年版，第184—187页。

⑨ 张天恩：《天水出土的兽面铜牌饰及有关问题》，《中原文物》2002年第1期。

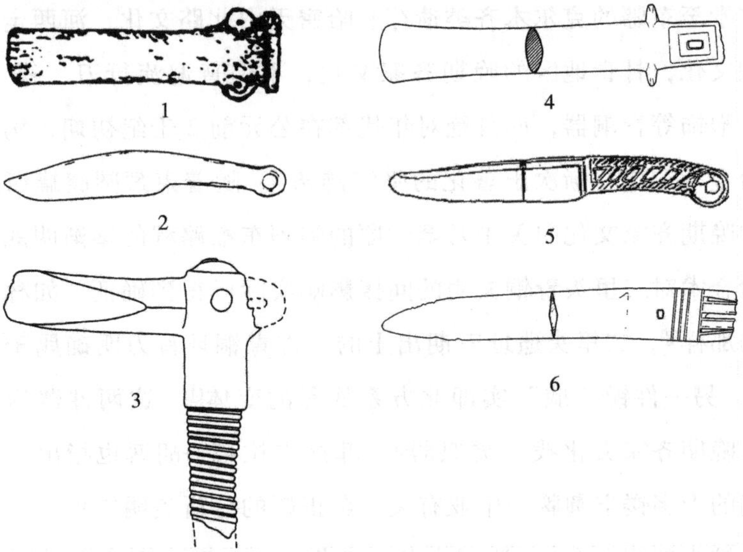

图四 哈密天山北路文化、晚期齐家文化和二里头文化铜器比较

1、3、4. 斧（齐家坪、南湾、二里头 K3:1） 2、5. 环首刀（商罐地、二里头ⅢM2:4） 6. 戈（二里头Ⅲ采:60）

（1、2. 晚期齐家文化 3. 哈密天山北路文化 4—6. 二里头文化）

除了青铜器，二里头文化中车的出现也当与西方影响有关①。一般被认为最早的公元前 2 千纪初的双轮马车，出于乌拉尔山南部的辛塔什塔墓葬，轨距 1.25—1.3 米②；而近年在二里头遗址三期发现的双轮车辙印，轨距约 1.2 米③，二者彼此近似。

此外，轮制制陶技术的衰落，虽于龙山后期偏晚已现端倪，但至二里头文化则顿然明显起来。这或许与齐家文化代表的陶器手制传统的介入，以及西方先进冶金术传入后手工业技术的重点转移都有关系。

---

① 在二里头文化发现车辙以前，中国商代马车源自西方的观点就很盛行，见王海城《中国马车的起源》，《欧亚学刊》第三辑，中华书局 2004 年版，第 1—75 页。

② V. F. Gening, G. B. Zdanovich, and V. V. Gening, *Sintashta*, Cheliyabinsk, 1992.（俄文版）。

③ 中国社会科学院考古研究所：《中国考古学·夏商卷》，中国大百科全书出版社 2003 年版，第 122—123 页。

不过，西方文化只是间接影响到二里头青铜文明的兴起。作为二里头青铜文明象征的爵、觚、鼎等青铜礼器，在东方、中原均有陶器原型且源头深远，与中亚器物风马牛不相及。铸造青铜容器所使用的复合泥范铸造技术，早龙山时代已经出现，与中西亚流行的硬型石范铸造技术也明显有别。这说明二里头青铜文明主要是在中原（包括东方）基础上发展而来。实际正如李水城指出的那样，中亚冶金术“这种外来的影响力对于中原地区而言，经过一站站的中转、筛选和改造而不断地被弱化，而中原地区冶金术的真正崛起并形成独立的华夏风格，则是在二里头文化晚期才最终实现”①。

三

二里头青铜文明的兴起，从根本来说与公元前 2 千纪前后欧亚大陆的气候波动有关。

吴文祥和刘东生归纳指出，距今 4000 年前后的降温事件“被认为可能是新仙女木事件以来最为寒冷的一次降温过程，是历史时期以来最具影响力的一次小冰期，也是世界上许多地区全新世气候演化程中的一次重要转变，标志着当地气候最适宜期的结束和全新世后期的开始”。他们还指出，这次气候事件影响范围广，涉及包括欧洲、北非和中国在内的欧亚大陆大部地区②。就中国来说，这次干冷事件从大约公元前 2300—前 2200 年开始，引起植被带整体南移，黄河流域则洪水频发③，至公元前 2000 年左右达到干冷极点。当时天山冰川

① 李水城：《西北与中原早期冶铜业的区域特征及交互作用》，《考古学报》2005 年第 3 期。

② 吴文祥、刘东生：《4000aB. P. 前后降温事件与中华文明的诞生》，《第四纪研究》2001 年第 21 卷第 5 期。

③ 崔建新、刘尚哲：《4000a 前中国洪水与文化的探讨》，《兰州大学学报》（自然科学版）2003 年第 39 卷第 3 期。

发生冰进[①]，岱海地区的气温几乎降到0℃左右，降水也有明显减少[②]，关中一带气候恶化[③]。至公元前1800—前1700年气候又稍趋暖湿，岱海盆地温度降水回升[④]，豫东南地区河谷下切明显[⑤]。之后转向干冷，至公元前1000左右再次到达谷底。

公元前2300—前2200开始的气候恶化事件，对整个欧亚地区古代文明都有深远影响[⑥]。随着植被带的南移，处于北方草原地带的人们面临很大的生存压力，多数情况下都会选择向南迁徙，同时也适当调整生产方式。当这些南迁的北方人群与南方原有的主要从事农业的人群碰撞在一起的时候，就会冲突不断，从而引起大范围连锁式的文化格局和社会经济结构的调整。

就中国来说，可能是由于北方狩猎人群的南迁，和长城沿线农业生产条件的趋于恶劣，迫使内蒙古中南部和晋中一带的后期老虎山文化向南迁徙，造成临汾盆地曾强盛一时的陶寺类型的衰亡[⑦]，并使临汾以南的末期庙底沟二期类型向豫中西地区推进，

---

① 陈吉阳：《天山乌鲁木齐河源全新世冰川变化的地衣年代学等若干问题之初步研究》，《中国科学》（B辑）1988年第2期。

② 刘清泗、汪家兴、李华章：《北方农牧交错带全新世湖泊演变特征》，《区域·环境·自然灾害地理研究》，科学出版社1991年版，第1—7页；刘清泗、李华章：《中国北方农牧交错带（岱海—黄旗海地区）全新世环境演变》，《中国北方农牧交错带全新世环境演变及预测》，地质出版社1992年版，第16—54页；许清海、肖举乐等：《孢粉资料定量重建全新世以来岱海盆地的古气候》，《海洋地质与第四纪地质》2003年第23卷第4期。

③ 贾耀锋、庞奖励：《关中盆地东部李湾剖面全新世高分辨率气候研究》，《干旱区资源与环境》2003年第17卷第3期；黄春长、庞奖励、黄萍等：《关中盆地西部黄土台塬全新世气候事件研究》，《干旱区地理》2002年第25卷第1期。

④ 许清海、肖举乐等：《孢粉资料定量重建全新世以来岱海盆地的古气候》，《海洋地质与第四纪地质》2003年第23卷第4期。

⑤ 北京大学考古学系、驻马店市文物保护管理所：《驻马店杨庄——中全新世淮河上游的文化遗存与环境信息》，科学出版社1998年版。

⑥ 吴文祥、刘东生：《4000aB. P. 前后降温事件与中华文明的诞生》，《第四纪研究》2001年第21卷第5期。

⑦ 韩建业：《唐伐西夏与稷放丹朱》，《北京大学学报》（哲学社会科学版）2001年第4期；韩建业：《老虎山文化的扩张与对外影响》，《中原文物》2007年第1期。

与豫中的前期王湾三期文化融合，形成了实力强劲的后期王湾三期文化①。后期王湾三期文化继续大规模南进，造成石家河文化的衰亡，奠定了中原腹心地区文化的核心地位②。另外，洪水灾害可能是造成长江流域石家河文化等衰落的原因之一，而灾害稍轻的中原文化不但没有在洪灾面前倒下，而且治水反过来强化了中原地区的组织管理能力，促进了中原社会的文明化过程③。

就西伯利亚和中亚来说，为了适应气候向干冷方向的转化，在西伯利亚草原兴起了以马拉战车为特征的半农半牧文化——辛塔什塔—彼德罗夫斯卡文化，之后发展为安德罗诺沃文化，并向偏南方向大规模扩展。其中一支扩展到新疆西部，其影响的余波则直达中原。

公元前1800年左右气候的稍转暖湿，为中原文化的发展带来了良好机遇，王湾三期文化新砦类型在此背景下西进，与西方半农半牧文化的东进余波在洛阳盆地正撞在一起，从而融合成面貌一新的二里头文化，二里头青铜文明于是兴起。一次大的气候事件，给各地文化都增加了一次大的变革契机，但结局却大不一样。最终中原文化拔得头筹，周围地区黯然失色。

苏秉琦和殷玮璋讨论考古学文化的区系类型，将中国早期文化概括为面向内陆和面向海洋的两个大区④。面向内陆的西北地区以黄河上中游为核心，与欧亚大陆中西部颇多联系，面向海洋的东南地区以长江中下游和黄河下游为核心，与东南亚和太平洋诸岛颇多联系，而在中原兴起的二里头文化是东西两大文化传统汇聚融合的结晶。正是

① 韩建业：《晋西南豫西西部庙底沟二期——龙山时代文化的分期与谱系》，《考古学报》2006年第2期。

② 杨新改、韩建业：《禹征三苗探索》，《中原文物》1995年第2期。

③ 王巍：《公元前2000年前后我国大范围文化变化原因探讨》，《考古》2004年第1期。

④ 苏秉琦、殷玮璋：《关于考古学文化的区系类型问题》，《文物》1981年第5期。

中原地区“天下之中”的优越地理位置，成为兼容并蓄的二里头文明兴起的前提。此外，中原腹地也大致在中国东部季风区的中央，年均温度、降水量和对气候变化的敏感程度都大致适中，这大约是中原文化既能够长久绵延发展而不至于忽生忽灭，能够始终积极奋进而不会不思进取的主要原因。

四

关于二里头文化和夏商文化的关系，已经热烈讨论了半个多世纪。

1956年郑州洛达庙遗存发现后，李学勤就认为其最可能是夏代的文化[①]。1959年徐旭生等调查发现包含洛达庙类遗存的二里头遗址后，结合汤都西亳的记载，认为此遗址“在当时实为一大都会，为商汤都城的可能性很不小”[②]。二里头遗址发掘之后，学术界基本仍遵徐旭生的说法，至少认为其晚期已进入商代。许顺湛则认为其早、中期大概就是夏代文化[③]。20世纪70年代末以后，讨论渐成热潮。最具代表性的有两种观点：其一，邹衡提出“汤都郑亳”说，据此认为二里头文化一至四期均属夏文化[④]。其二，安金槐提出“禹都阳城”说，据此认为河南龙山文化晚期和二里头文化一、二期属于夏文化，三、四期属早商文化[⑤]。80年代以后，孙华和田昌五提出二里头文化一至三期为夏文化、四期为商文化的看法[⑥]，李伯谦则认为河

---

① 李学勤：《近年来考古发现与中国早期奴隶制社会》，《新建设》1958年第8期。

② 徐旭生：《1959年夏豫西调查“夏墟”的初步报告》，《考古》1959年第11期。

③ 许顺湛：《夏代文化探索》，《史学月刊》1964年第7期。

④ 邹衡：《郑州商城即汤都亳说》，《文物》1978年第2期；邹衡：《试论夏文化》，《夏商周考古学论文集》，文物出版社1980年版，第95—182页。

⑤ 安金槐：《豫西夏代文化初探》，《河南文博通讯》1978年第2期。

⑥ 孙华：《关于二里头文化》，《考古》1980年第6期；田昌五：《夏文化探索》，《文物》1981年第5期。

南龙山文化晚期和整个二里头文化都是夏文化①。就连曾主张二里头遗址属于汤都西亳的赵芝荃，也根据新砦遗址和偃师商城的新发现，将其观点修正为河南龙山文化晚期、新砦期和二里头文化一至三期同为夏文化②。可见，至90年代以前，在二里头文化主体为夏文化这一点上，已经得到学术界越来越多的认同。我曾经利用“禹征三苗”引起的王湾三期文化对石家河文化的大范围取代，论证王湾三期文化后期之初已进入夏代；又依据二里头文化三期对外影响极大而四期衰败的现象，论证夏商交界在三、四期之间③。稍后高炜等论证夏商文化的分界在二里头文化第四期早晚段之间，就等于进一步确认了二里头文化基本都属于夏文化的观点④。

如果承认王湾三期文化后期、新砦期和二里头文化主体均属于夏文化，那么二里头文化到底是从何时开始的夏文化呢？

田昌五曾指出，“二里头文化当是从少康复国后发展起来的”⑤。李伯谦认为，二里头类型“很有可能是‘太康失国’、‘后羿代夏’以后的夏代文化”⑥。而我则从曲尺形镂孔柄豆、贯耳壶等陶器上看到了二里头文化与造律台类型之间更为直接的联系，又考虑到少康中兴所依靠的有虞氏的遗存可能正好对应造律台类型，因此认为“二里头文化就极可能诞生于少康之时，是在王湾三期文化的基础上，随着有仍、有鬲和有虞等东方居民的西进并带来龙山文化因素而形成的。而且如此一来，王湾三期文化后期晚段文化中衰的现象也可以用

① 李伯谦：《二里头类型的文化性质与族属问题》，《文物》1986年第6期。

② 赵芝荃：《略论新砦期二里头文化》，《中国考古学会第四次年会论文集》（1983），文物出版社1985年版，第13—17页。

③ 韩建业：《夏文化的起源与发展阶段》，《北京大学学报》（哲学社会科学版）1997年第4期。

④ 高炜、杨锡璋、王巍、杜金鹏：《偃师商城与夏商文化分界》，《考古》1998年第10期。

⑤ 田昌五：《夏文化探索》，《文物》1981年第5期。

⑥ 李伯谦：《二里头类型的文化性质与族属问题》，《文物》1986年第6期。

‘太康失国’来解释”[1]。

近年新砦遗址大规模发掘之后，我们才知道王湾三期文化末期的中衰现象只发生在登封、禹州等早期夏文化的核心地区，嵩山以东郑州、新密等地的新砦类型则异军突起、后来居上。也就是说此时的中原地区只有文化格局调整和重心转移，并未发生普遍的文化衰落。新砦类型本身就包含大量造律台类型等东方因素，二里头文化的造律台类型因素正是通过新砦类型而来。这就从逻辑上提供了这样一种新的可能：新砦类型才可能是少康中兴之后融合大量豫东造律台类型因素而形成的遗存，二里头文化只能是少康数代之后某夏王西迁洛阳盆地而发展起来的文化。我们可以称新砦类型为中期夏文化，二里头文化为晚期夏文化，而早于新砦类型的王湾三期文化后期主体自然就是早期夏文化了。

（本文原载《中国历史文物》2009 年第 1 期）

① 韩建业：《夏文化的起源与发展阶段》，《北京大学学报》（哲学社会科学版）1997 年第 4 期。二里头文化一期的曲尺形镂孔柄豆（东干沟 M1:1）、贯耳壶（二里头ⅣM26:3），与豫东王油坊遗址龙山同类陶器很是近似（H5:42、M3:9）。

略论中国的“青铜时代革命”

青铜时代是指“以青铜作为制造工具、用具和武器的重要原料的人类物质文化发展阶段”①。虽然从铜石并用时代发展到青铜时代以后，欧亚大陆大部社会都发生过程度不同的变革，不少已进入早期文明阶段，但这种变革在不同地区程度不一。比如最早在公元前3500年就率先进入青铜时代的环黑海冶金区②，铜器技术前后一脉相承，文化格局和社会形态与前并无显著不同，总体变化较为和缓，以致有人从欧亚大陆的视野将其归入“史前时代晚期青铜文化系统”③。其他地区则不同。尤其中国在公元前2000年左右进入青铜时代以后④，大部地区在技术经济、文化格局、社会形态等方面都发生了显著的变革现象，堪称一次“青铜时代革命”。本文对此略作讨论。

---

① 中国大百科全书总编辑委员会《考古学》编辑委员会：《中国大百科全书·考古学》，中国大百科全书出版社1986年版，第399页。

② E. N. Chernykh, *Ancient Metallurgy in the USSR*, Cambridge University Press, 1992, pp. 1-4.

③ 杨建华：《欧亚大陆青铜文化系统划分初探》，《新果集——庆祝林沄先生七十华诞论文集》，科学出版社2009年版，第274—280页。

④ 关于中国进入青铜时代的时间还存在一定分歧。本文同意公元前2000年左右进入青铜时代的观点。见张光直《中国青铜时代》，《中国青铜时代》，生活·读书·新知三联书店1983年版，第1—2页；严文明《论中国的铜石并用时代》，《史前研究》1984年第1期。

一　青铜技术的快速普及和制陶技术盛极而衰

公元前2000年左右，首先在中国西北地区，然后在北方、东北和中原地区，最后在东部沿江海地区，自西而东掀起了青铜之风，标志着生产力水平的一次革命性提升，从而使得这些地区先后进入青铜时代。

最早进入青铜时代的当属新疆地区，年代上限在公元前2000年左右，主要包括分布在东疆的哈密天山北路文化、罗布泊地区的古墓沟文化（也称小河文化）、阿勒泰及其以南的克尔木齐类遗存，以及新疆西部的安德罗诺沃文化等。这些文化虽可分为东部的“带耳罐文化系统”和西部的“筒形罐文化系统”①，但都普遍包含刀、剑、矛、斧、锛、凿、锥、镰、镞、镜、耳环、指环、手镯、铃、牌、泡、扣、珠、管、别针等铜质小件工具、武器和装饰品，以锡青铜和砷青铜为主。其次为甘肃、青海、陕西地区，进入青铜时代的年代上限在公元前1900年前后，主要包括河西走廊中西部的四坝文化，甘肃中南部、青海东部和陕西关中地区的晚期齐家文化。其青铜器与新疆地区尤其是哈密天山北路文化者近似，如都流行刀、斧、锛、锥、镞、镜、耳环、指环、手镯、泡、扣，还有权杖头、臂钏、月牙形项饰等，其中四坝文化还见较多砷青铜。特别值得关注的是这时的晚期齐家文化曾从甘肃地区大幅度扩展至关中，清晰勾勒出早期青铜文化流播的主方向是自西向东②。

至公元前1800年左右，在狭义的中国北方和东北地区出现朱开沟文化和夏家店下层文化。其早期青铜器有刀、镞、手镯、臂钏、耳

① 韩建业：《新疆的青铜时代和早期铁器时代文化》，文物出版社2007年版，第98—121页。

② 韩建业：《中国西北地区先秦时期的自然环境与文化发展》，文物出版社2008年版，第196—200页。

环、指环等，也有镦、连柄戈等较为特殊的器物，主要为锡青铜，与前述中国西北地区青铜器较为接近。尤其朱开沟文化和夏家店下层文化早期所见颇具特色的喇叭口耳环，就曾流行于四坝文化、晚期齐家文化甚至新疆地区的安德罗诺沃文化等，其源头当在南西伯利亚地区安德罗诺沃文化①。另外，齐家文化的陶双大耳罐、成年男女合葬墓等因素流播到朱开沟文化，而朱开沟文化的蛇纹鬲等因素也见于夏家店下层文化，这也从另一个侧面说明的确存在自西向东的文化影响趋势。当然，我们不能就此否认某些青铜文化因素从河西走廊之外的北方草原通道直接传入朱开沟文化和夏家店下层文化的可能性。

与此同时或稍晚，在中原地区诞生了青铜时代文化——二里头文化。该文化个别环首刀、“戚”（斧）等青铜器可能与上述西方青铜文化传统有较密切的关系②，青铜戈也有受到哈密天山北路文化有銎斧影响而产生的可能性③，而大量鼎、爵、斝、盉等青铜礼器在东方、中原均有陶器原型且源头深远，所使用的复合泥范铸造技术早在龙山时代已经出现，与西北地区流行的硬型石范铸造技术也明显有别，只是在青铜合金技术上受到西北间接影响。实际正如李水城指出的那样，中亚冶金术“这种外来的影响力对于中原地区而言，经过一站站的中转、筛选和改造而不断地被弱化，而中原地区冶金术的真正崛起并形成独立的华夏风格，则是在二里头文化晚期才最终实现”④。通过二里头文化，青铜技术还传播至黄河下游的岳石文化等当中。

恰在此时，绵长发展万余年的陶器制作盛极而衰，最具代表性的

① 林沄：《夏代的中国北方系青铜器》，《边疆考古研究》第 1 辑，科学出版社 2002 年版，第 1—12 页。

② 林沄：《早期北方系青铜器的几个年代问题》，《内蒙古文物考古文集》第 1 辑，中国大百科全书出版社 1994 年版，第 291—295 页。

③ 韩建业：《论二里头青铜文明的兴起》，《中国历史文物》2009 年第 1 期。

④ 李水城：《西北与中原早期冶铜业的区域特征及交互作用》，《考古学报》2005 年第3 期。

轮制制陶技术落至低谷！这种现象虽于龙山后期偏晚已现端倪，但至二里头文化、岳石文化则顿然明显起来。这或许与齐家文化代表的陶器手制传统的介入，以及西方先进冶金术传入后手工业技术的重点转移都有关系。

二　社会的急剧复杂化和王国文明的出现

大约公元前 2 千纪初期形成的二里头文化——晚期夏文化，拥有二里头这样的超级中心聚落。其宫殿基址规模宏大而又体制严整，数量众多又高下有别，表明当时已形成较为严格的宫室制度。二里头都城聚落对中原腹地文化具有直接控制力，而二里头文化的影响则及于中国大部地区，显示已出现号令“天下”的王权，已由“古国”文明阶段跨入“王国”文明阶段，已经由早期文明社会发展为成熟文明社会①。相应地，周围的岳石文化、夏家店下层文化、朱开沟文化等也都出现墓葬分化、城址增多等明显的社会复杂化趋势，颇有“王国”周缘“方国”林立的态势，只是复杂化程度和达到的水平低一个层次。

青铜时代社会的复杂化，固然以龙山时代早期文明或“古国”文明作为基础，但其剧烈程度前所未见。原因可能有三：一是青铜工具较多出现，引起相关手工业迅猛发展，社会分工加剧，国家通过加强对铜矿资源的控制而提高权势②。二是上述广义北方那些畜牧程度

① 苏秉琦：《迎接中国考古学的新世纪》，《华人·龙的传人·中国人——考古寻根记》，辽宁大学出版社 1994 年版，第 236—251 页；严文明：《黄河流域文明的发祥与发展》，《华夏考古》1997 年第 1 期；韩建业：《良渚、陶寺与二里头——早期中国文明的演进之路》，《考古》2010 年第 11 期。

② 石璋如：《殷代的铸铜工艺》，《史语所集刊》第 26 本，1955 年，第 102—103 页；张光直：《夏商周三代都制与三代文化异同》，《史语所集刊》第 55 本，1984 年，第 51—71 页；刘莉、陈星灿：《城：夏商时期对自然资源的控制问题》，《东南文化》2002 年第 3 期。

不一的文化（安德罗诺沃文化、哈密天山北路文化、四坝文化、齐家文化、朱开沟文化、夏家店下层文化等）东进南下，对中原、海岱等地造成空前压力，可能伴随频繁战争和人群的移动，由此带动了中国中东部地区文化格局的动荡和调整。而青铜戈、钺、镞等的出现，又使得武器越来越专门化、体系化，加剧了战争惨烈程度，扩大了战争规模，通过战争加速了财富和资源向强势人群的流聚，加强了军事首领的权利，社会地位从而显著分化。

三　畜牧经济的迅猛发展和文化格局的重大调整

与此同时，畜牧经济出现并迅猛发展，从而造成文化格局的重大调整。

新疆地区至今还没有能够确认的新石器时代遗存，即便存在，也很可能还处于比较低的发展水平。但至公元前 2000 年左右，却涌现出一系列畜牧程度不一的青铜时代文化，几乎占据全疆大部分地域。具体来说，北疆阿尔泰等地主要为畜牧狩猎经济的克尔木齐类遗存，未发现明确居址、农作物和农业工具，却有较多细石器镞、骨镞、铜镞、铜刀等工具或武器。天山南北其他文化则是畜牧业和农业并存的半农半牧经济：一方面普遍发现羊、牛、马骨以及皮毛制品，同时期岩画上常见鹿、羊等动物形象，流行铜刀、弓箭、穿孔砺石、铜镜、铜泡（扣）等畜牧狩猎工具或装饰品；另一方面见有小麦、粟等农作物，以及石镰、石磨盘、石磨棒等旱作农业或粮食加工工具。不过即使同为半农半牧经济，其农业畜牧程度也存在诸多差异，其中哈密天山北路文化陶器发达、聚落稳定性高，农业经济更为发达。河西走廊西部的四坝文化也是和哈密天山北路文化近似的农业相对较发达的半农半牧经济。

河西走廊东部及其以东地区的晚期齐家文化、朱开沟文化和夏家店下层文化等，虽常见粟、家猪、石刀（爪镰）、石镰等，表明仍主要为农业经济，但畜牧狩猎比重显著提升。遗址中绵羊比例明显增多，有随葬羊角或者殉葬绵羊、家猪的习俗，常见骨梗石刃刀、骨柄铜刀、铜刀、刮削器、穿孔砺石、短齿骨梳等畜牧狩猎工具，可见以养羊为主的畜牧业占据重要地位。此外，此时旱作农业向南扩张，尤其是小麦种植范围明显扩大。

畜牧、半农半牧和具有较大畜牧成分的农业经济，在干旱半干旱地区有着很强的适应性，尤其半农半牧经济多种形式互相补充，适应性更强。这使得原先文化低迷的新疆、青海中西部、内蒙古锡林郭勒地区、西辽河流域等地短时间内涌现出一系列文化，广大的西北内陆干旱区和内蒙古半干旱草原区等地也终于迎来了人类发展的首次高潮（图一、二），西辽河流域文化再度繁盛。这是自从距今10000年左右“新石器时代革命”以后中国文化格局上前所未有的重大变化。

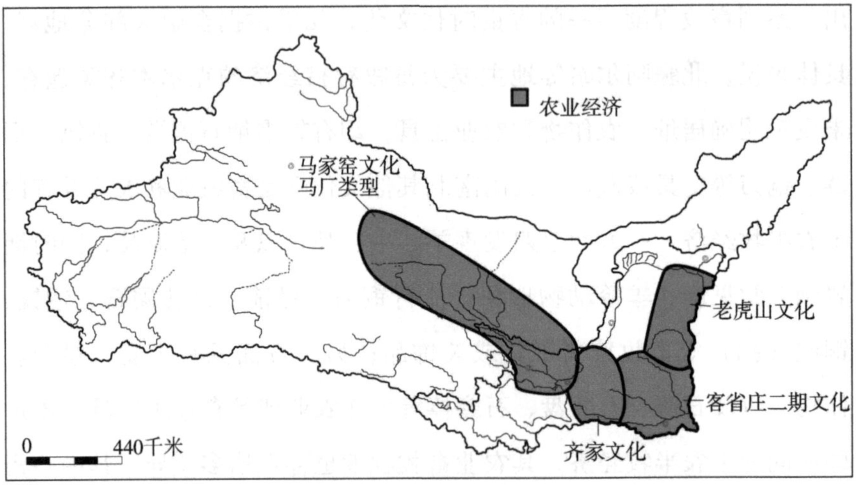

图一　中国西北地区铜石并用时代晚期晚段（龙山后期）文化分布态势图（前2200—前2000）

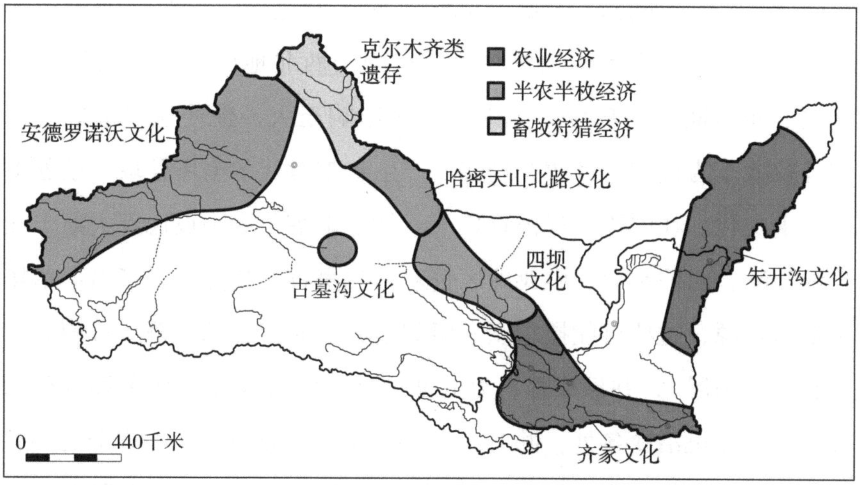

图二　中国西北地区青铜时代前期文化分布态势图（前2000—前1500）

这样一次文化格局的重大变化，使得中国首次出现分别以农业经济和畜牧经济为主的人群南北对峙的局面，大致在长城沿线形成农牧交错带。此后随着气候冷暖干湿的波动，农业人群和畜牧人群南北移动，形成血缘和文化上持续不断的深刻交流，在这种战争与和平并存的交流过程当中，畜牧色彩浓厚的广大北方地区和中南部农业区互通有无、相互依存，逐渐融为不可分割的统一体，文化上“早期中国”的范围大为扩展①，文化内容越来越丰富，应对挑战的能力和活力不断增强。这种情况历经商周秦汉一直持续到明清时期。

中国青铜时代文化基本上是在当地铜石并用时代文化基础上发展而来，但由于位于欧亚大陆东部的中国进入青铜时代的时间比西方晚1000多年，因此其“青铜时代革命”当与西方青铜文化的影响和刺激有密切关系。究其根本原因，则在于当时气候向干冷转化这个大的

① 文化上的“早期中国”是指新石器时代至商代以前中国大部地区文化彼此交融联系而形成的以中原为核心的相对的文化统一体，也可称为“早期中国文化圈”，简称“早期中国”。见韩建业《论早期中国文化周期性的“分”“合”现象》，《史林》2005年增刊。

环境背景①。据研究，公元前2000年前后发生了一次全球性的“小冰期”事件，降水量也突然减少，在中国西北地区表现尤为明显②。这次“小冰期”对乌拉尔山南部地区影响至大，促使这里形成以马和马拉战车为代表的畜牧业经济，产生青铜时代的辛塔什塔—彼德罗夫斯卡文化。在同样的气候背景下，加上辛塔什塔—彼德罗夫斯卡文化的推动，西伯利亚、中亚地区普遍出现畜牧化趋势。为了追逐草场和耕地资源，这些可能操印度—伊朗语的半农半牧的人群大规模向南方和东南拓展③，并形成强有力的冲击波，将青铜器、战车等各种西方因素传播至沿途各处，并对欧亚大陆北方草原畜牧业经济带的兴起起到重要推动作用④。此后很长时期内农业人群和畜牧业人群在长城沿线的南北移动和交流，也都和气候冷暖干湿的波动变化有密切关系⑤。

（本文原载《西域研究》2012年第3期）

① 多人已经注意到距今4000年左右气候事件对旧大陆古代文明的重要影响，见吴文祥、刘东生《4000aB. P. 前后降温事件与中华文明的诞生》，《第四纪研究》2001年第21卷第5期；王巍：《公元前2000年前后我国大范围文化变化原因探讨》，《考古》2004年第1期；王绍武：《2200—2000BC的气候突变与古文明的衰落》，《自然科学进展》2005年第15卷第9期。

② 韩建业：《中国西北地区先秦时期的自然环境与文化发展》，文物出版社2008年版，第18—39页。

③ E. E. Kuzmina, “The First Migration Wave of Indo-Iranians to the South”, In *The Journal of Indo-European Studies*, edited by James P. Mallory, Volume 29, Number 1, 2001.

④ V. A. Demkin and T. S. Demkina, “Paleoecological Crises and Optima in the Eurasian Steppes in Ancient Times and the Middle Ages”, In *Complex Societies of Central Eurasia from the 3rd to the 1st Millennium BC*, edited by Karlene Jones-Bley and D. G. Zdanovich, Institute for the Study of Man, Washington D. C, 2002, pp. 389 – 399.

⑤ 韩建业：《中国西北地区先秦时期的自然环境与文化发展》，文物出版社2008年版，第458—468页。

文化基因与历史记忆

从考古发现看八千年以来早期中国的文化基因

近百年以来，在几代考古学家的艰苦努力下，中国考古学取得了巨大成就，其中一个重要贡献，就是让我们逐渐看清了早在史前时期，就已经形成了多支一体有中心的文化意义上的早期中国，成为夏商周王国以至于我们现代统一的多民族国家的基础。从距今 8000 多年文化上早期中国的萌芽，距今 6000 年左右文化上早期中国的形成，到距今 5000 多年早期中国文明的形成，距今 4000 年以后早期中国文明走向成熟，长达数千年的时间里，早期中国经历了跌宕起伏的连续发展过程，锤炼出了有别于世界上其他文明的特质，成为“中华民族生生不息、长盛不衰的文化基因”。

早期中国及其文化基因的形成，与地理环境和气候有很大关系。中国是世界上最广大的适合发展农业的地区。早在距今 1 万年左右，中国南方和北方就分别发展出了世界上最早的稻作和粟作农业，距今 8000 多年以后，以黄河、长江流域为主体的“南稻北粟”两大农业体系基本形成。因此，中国很早就形成了“以农为本”的基本观念，并在此基础上形成了独特的文化基因。

一　整体思维，天人合一

中国始终秉持一种整体性、连续性的宇宙观，这可能是因为庞大的中国农业社会对大自然的特别敬畏，或者是中国人因农时之需对天文历法的格外重视。这种整体性的宇宙观，本身就包含了整体思维、天人合一的文化基因。

距今8000年左右，在属于裴李岗文化的河南舞阳贾湖遗址，较大的成年男性墓葬中，就随葬骨规形器、骨律管（骨笛）等被认为可能用于观象授时的天文工具，中国天文学已初步产生。随葬装有石子的龟甲，龟甲上刻有字符，当与用龟占卜和八卦象数有关。龟背甲圆圜而腹甲方平，或许“天圆地方”的宇宙观已有雏形。在湖南洪江的高庙遗址，精美白陶上出现了最早的八角星纹图案，可能表达了八方九宫、“天圆地方”的空间观念；还有太阳纹、凤鸟纹、獠牙兽面飞龙纹以及天梯纹等图案，结合遗址“排架式梯状建筑”的存在，展现出浓厚的通天、敬天的原始宗教气氛。在辽宁阜新查海及附近遗址，也发现了石头摆塑的长龙和獠牙兽面龙纹形象。大体同时期，在浙江义乌桥头、萧山跨湖桥遗址，发现了彩绘或者刻划在陶器、骨器等上面的六个一组的阴阳爻卦画、数字卦象符号，和周易、八卦符号很像，与贾湖的龟占数卜当有密切联系。距今7000年以后，八角星纹、獠牙兽面纹图案在中国大部地区流行开来，表明“天圆地方”的宇宙观及其敬天观念得以大范围扩展传承，比如5000多年前安徽含山凌家滩的“洛书玉版”和兽翅玉鹰，在它们的中央部位也都雕刻有八角星纹图案。另外，在河南濮阳西水坡遗址发现距今6000多年的蚌塑“龙虎”墓，被认为将中国二十八宿体系的滥觞期提前了数千年。在辽宁凌源和建平交界处的牛河梁遗址，发现距今5000多年的由三重石圈构成的祭天“圜丘”或“天坛”，外圈直径恰好是内圈直径的两倍，和《周髀算经》里《七衡图》所示的外、内衡比值完全相同，被认为是“迄今所见史前时期最完整的盖天宇宙论图解”。

“天圆地方”的宇宙观，以及与此相关的观象授时、天文历法、象数龟占、阴阳八卦、通天敬天等，是一种将天地宇宙、人类万物统一起来的强调普遍联系的整体性宇宙观，是一种动态而非静止的宇宙观，是一种将原始宗教和数字理性结合起来的思维方式，在后世则被归纳为“天人合一”思想。在这种宇宙观的支配下，我们的祖先对天地自然始终抱有敬畏之心，发展到《周易》《道德经》所代表的尊重自然、顺应自然、适时而为的世界观，阴阳互补、对立统一、变动不居的辩证思维，渗透到每一个中国人的血脉当中，奠定了中国古典哲学的基石，引领了中国文明的发展方向，并产生了深远影响。

二　祖先崇拜，以人为本

农业生产需要一群人在一片土地上长期耕耘经营、繁衍生息，容易产生以共同祖先为纽带的延续性很强的血缘社会。早期中国作为世界上体量最大的农业文化区，形成祖先崇拜、以人为本的文化基因自然是在情理之中。

中国史前墓葬强调“入土为安”，有专门墓地，土葬深埋，装殓齐整，随葬物品，体现出对死者特别的关爱和敬重，应该也是现实社会中十分重视亲情人伦的体现，最早在裴李岗文化中就有体现。在河南新郑裴李岗、郏县水泉、舞阳贾湖等许多裴李岗文化遗址，居住区附近都有公共墓地，应该是同一群人“聚族而居，聚族而葬”的结果，体现了可能有血缘关系的同族同宗之人生死相依的亲属关系，将《周礼》记载的“族葬”“族坟墓”习俗提前到距今8000年前。同一墓地分区或者分群，排、列整齐，应该是现实社会中存在家庭、家族、氏族等不同层级社会组织，以及长幼男女秩序的反映。随葬较多特殊物品的大墓多为成年男性，说明一些宗族领袖的地位已经比较突出。同一墓地能够延续一二百年甚至数百年之久，可见族人对远祖的栖息地有着长久的记忆和坚守，可能也为后世子孙在这块土地上长期耕种生活提供了正当理由和“合法性”。裴李岗文化等的土葬、族葬习俗，在同时期的世界范围具有唯一性，和西亚等地同时期常见居室葬、天葬、火葬，流行神祇偶像崇拜、追求灵魂净化的葬俗形成鲜明对照。

裴李岗时代形成的族葬、祖先崇拜和历史记忆传统，延续至新石器时代晚期，遍及大江南北，比如山东泰安的大汶口墓地，从距今6000多年到距今4000多年，延续长达2000年之久，始终是分区分群，排列有序。族葬习俗和祖先崇拜传承至夏商周三代以至于秦汉以后，就成为宗法制度、墓葬制度的源头，成为中国历史上宗族社会的根本。因此，祖先的谱系在文献记载和历史传说中占据核心位置。不管后来社会怎样重组，政权如何变化，这种基于祖先崇拜的“根文化”依然长久延续。

裴李岗时代的亲情人伦观念，发展到周代前后形成“仁”“孝”观念，以及“民本”思想。由爱自己的家人，到国人，到人类，是为大仁；由敬养父母，到传承发展祖宗基业道统，是为大孝。周人有强烈的天命观，武王伐纣的理由就被认为是纣王“自绝于天”，周人心中是否受天眷顾的前提，当为是否“修德”，是否得到民心或者遵从民意，所谓“民之所欲，天必从之”。

三　追求秩序，稳定执中

中国超大规模的农业生产，需要超长时间的定居，需要不断调节社会内部秩序以保持稳定，逐渐形成了追求秩序、稳定执中的文化基因。中国人追求稳定秩序的另一表现，就是在数千年漫长的发展历程中，主体活动范围一直变化不大，基本没有大规模对外扩张的现象。“不为也，非不能也”。

早期中国文化是世界上最为稳定、连续性最强的文化，在新石器时代 1 万多年的历史长河中，文化脉络连绵不断、民族主体前后相承，从未中断。陶器是一种简便实用而又容易破碎的器物，中国两万年前就发明了世界上最早的陶器，后来则成为世界上范围最大的陶器流行区，原因就在于早期中国的超厚农业基础和稳定社会生活。距今 5000 多年以后的早期中西文化交流，只是将羊、牛、小麦等家畜和农作物传播到中国，并未改变早期中国以稻作和粟作农业为主体的基本生业格局，饲养的家畜也主要是依托于农业经济的猪。距今 4000 多年欧亚草原以马拉战车为特征的畜牧文化的扩张，对西亚文明、埃及文明、印度河文明等都造成了巨大冲击，在其刺激下也在中国北方长城沿线逐渐形成一条畜牧文化带，但这条文化带的人群构成、文化因素也都主要源于中国本土，从未因此动摇中国文化的根基。早期中国文化的稳定性、连续性特征，一直延续到秦汉以后。

中国最早的斧、锛、凿等石器，主要是建造房屋所用的木工工具，聚族而定居是史前中国最主要的居住方式。在距今七八千年的内蒙古敖汉旗兴隆洼、兴隆沟和林西白音长汗等兴隆洼文化遗址，有外面围绕壕沟的村落，里面的房子排列整齐，中央一般有大房屋。这和同时期西亚等地的比较随意的聚落布局有明显不同。在距今 6000 多年的陕西西安半坡、临潼姜寨、宝鸡北首岭等仰韶文化遗址，也都发现环壕村落，比如姜寨环壕村落有五片房屋，每片房屋当中都有大、中、小之分，大房屋可能是举行祭祀等公共活动的场所，几乎所有房子的门道都朝向中央广场，周边还有公共的制陶场所、公共墓地，看得出当时的社会向心凝聚、秩序井然。距今5000年左右的巩义双槐树遗址，甚至有三重大型环壕，中央为大片高等级建筑区。中国目前所知最早的城址，是距今已有6000多年的湖南澧县的城头山城址，距今5000年以后则遍见于黄河、长江流域各地，这些古城的建造，不仅是为了御敌或者防水，还有区分内外、强调“中心”、维护社会内部秩序的功能。如数百万平方米的良渚、陶寺、石峁古城，都是以规模宏大的“宫城”为中心，小而规整的河南淮阳平粮台城址则有中轴大道的发现。中原地区的城址最为方正规矩，这既有平原地区地理特点的原因，也与其更加追求社会秩序有关。此外，从裴李岗文化以来，早期中国各地墓葬普遍排列整齐，在追求社会秩序方面和村落、城址的情况相通。

距今8000年左右兴隆洼文化的房屋，基本都是中央有火塘的方形或者长方形房屋，有的火塘后面还有石雕神像，在追求建筑空间规整对称的同时，同样存在“中心”观念，这种观念也贯穿整个仰韶文化、龙山文化时期。距今5000多年前河南灵宝西坡遗址数百平方米的宫殿式房屋，中部靠前有神圣大火塘，以四根对称的大柱子支撑。甘肃秦安大地湾遗址最大的建筑，则已初步形成前堂后室内外有别、东西两厢左右对称、左中右三门主次分明这些中国古典宗庙宫殿式建筑的基本特征。甘肃庆阳南佐遗址的前厅后堂式宗庙宫殿建筑，陕西延安芦山峁遗址占地1万多平方米的宗庙宫殿建筑群，布局也都是中轴对称、主次分明。夏商周时期河南偃师二里头、偃师商城和安阳殷墟等遗址的宗庙宫殿建筑，更是规整庄严、秩序井然，尤其陕西岐山凤雏的“四合院”式西周宗庙建筑，堪称中国古典宗庙宫殿式建筑走向成熟的标志，也是西周统治者崇尚秩序、稳定执中的集中体现。

早期中国维持社会秩序的制度性体现，主要为具有自律属性的“礼”，而非外力强加的“法”。“器以藏礼”，礼制的具体表现就是器用制度、宫室制度、墓葬制度等。礼制的特点是柔性自律、朴实节制和刚性规矩、等级差别的结合，是“执中”或“中庸”之道。从考古来看，距今5000多年的河南灵宝西坡墓地，大小墓葬等级分明，大墓规模宏大，随葬品很少且成对出现，既体现出墓主人的不同地位，也很节制，反映当时在中原地区已经出现了墓葬制度或者礼制的萌芽。黄河下游地区的大汶口文化、龙山文化等，大墓棺椁成套，随葬品有一定规制，已经有了初步的棺椁制度、器用制度，至西周时期则发展为成熟的棺椁制度和用鼎制度。鼎是早期中国的第一礼器，首先出现于中原的裴李岗文化，距今5000多年在中东部各地已经初步形成以陶鼎为核心的礼器组合，距今4000年以后的夏代晚期在二里头遗址出现铜鼎，在周代不同级别的贵族墓葬中，随葬鼎、簋等礼器的数量有明确规定。

四　有容乃大，和谐共存

以农为本的早期中国文化崇尚秩序、与人为善、爱好和平，“为而不争”。但早期中国地理空间广大，自然环境复杂，有着稻作和旱作两大农业体系，每个体系内部的文化多种多样。要维持大范围长时间的稳定，就必须互相交融、彼此包容，因此就容易形成有容乃大、和谐共存的文化基因。

距今1万年左右的新石器时代早期，根据陶器形态等的不同，中国文化可以划分为五大文化区，后来各文化区不断互动交融，至距今8000多年的时候已经减少到四大文化区，而且这些文化区以中原地区为核心，彼此有了较多联系和共性，有了文化上早期中国的萌芽。距今6000年以后中国大部分地区交融联系成一个超级的文化圈，正式形成文化上的早期中国或者“最初的中国”。这个超级文化圈里面的诸文化各有特色，却又具有共性、合成一体，并且以黄河中游或者中原地区为中心，就像一朵由花心和多重花瓣组成的史前中国之花，一直盛开到夏商周乃至秦汉以后。早期中国的形成和发展过程，也就是各地区人民密切交往、文化不断交融的过程。求同存异，和而不同，和谐共存，是多支系一体化的文化中国维持秩序、稳定发展、绵长延续的秘诀之一。

早期中国各地区文化在发展过程中，随着人口的增多和社会的复杂化，自然避免不了冲突和战争。新石器时代至少有三个时期有过较大规模的战争，表现在箭镞、石钺、石矛等武器的增多，城垣、瓮城、马面、壕沟等防御设施的改进，以及乱葬坑的增多等方面。其中距今5000年和4000年前后的战争，都与气候干冷事件有关，当时北方地区资源锐减，农业艰难，灾害频繁，总体的趋势是北方人群南下，引发战争连锁反应，可结果非但没有造成早期中国的崩溃，反而迅速强化了社会组织动员能力，刺激了中国大部地区先后进入原初文明和成熟文明社会。尤其在距今4000年前后的战争背景下，黄河中游先后出现陶寺、石峁、二里头等数百万平方米的大都邑，汇集了来自四面八方不同风格的玉器、青铜器、陶器等，经整合和“中国化”之后，再次反馈影响到周边地区。比如夏代晚期二里头文化的玉牙璋以及爵、斝等礼器，一度北至西辽河流域，东、南到沿海，西达甘青和四川盆地。再比如欧亚草原主要用以打造兵器和工具的青铜，在夏代晚期的中原地区则被铸造成象征宗庙社稷和社会秩序的铜鼎，并在商周时期广见于各个地方中心。

距今3000年左右长城沿线出现的以青铜兵器和工具为特征的畜牧文化，和中原等地的农业文化形成既对立又交融的关系，进一步锻炼着早期中国坚忍不拔的品格，早期中国得以发展和成熟。中国人深知“兵者不祥之器也，不得已而用之”的道理，文武之道的根本，在于保卫家园、延续基业、传承文明。

五　勤劳坚毅，自强不息

农民是世界上最勤劳坚毅的人群，他们开垦、种植、管理田间、收割、打碾、加工粮食，饲养家畜家禽，做各种家庭手工业，除了节日祭祀、婚丧嫁娶，几乎没有空闲的时候，一直辛苦劳作。早期中国有着世界上最大的农业区、最多的农民，形成了勤劳坚毅和自强不息的文化基因。

中国的水稻栽培1万多年前出现于长江中下游地区，距今9000年以后扩展到淮河流域和黄河下游地区，距今6000年以后已经向华南、台湾甚至更远的地方扩散，距今4000多年以后扩展到四川盆地。中国的黍粟栽培1万多年前出现于华北地区，距今8000多年以后扩散到黄河中下游、西辽河流域大部地区，距今5000多年西进干旱的河西走廊、西南踏上高耸的青藏高原，距今4000多年已经到达新疆地区。史前农业在开拓发展过程中，需要不断适应各种不同的地理、气候和土壤环境，需要克服无数的艰难险阻。

长江流域和淮河流域水源丰沛，但地势低平，洪涝灾害频发，良渚文化、屈家岭文化的先民在长江中下游地区大规模建城筑坝，防水治水，劳动强度很大，更不用说精耕细作的稻作农业所需要的勤劳和耐心。黄土高原虽然土层深厚，但一年中大部分的时间比较干旱，降雨主要集中在夏季，而且自然灾害频繁，所以北方农民必须习惯于忍受干旱带来的生活艰辛，面朝黄土背朝天，抓住时机适时播种、及时收割。作为中华文明直根系的仰韶文化，就是黄土高原的产儿，仰韶文化跨越今天的八九个省份，前后延续2000多年，集中体现了史前华北先民坚忍不拔、持之以恒的精神。中国农业的发展史，就是中华民族勤劳坚毅、自强不息的奋斗史。

（本文原载《光明日报》2020年11月4日）

龙山时代的文化巨变和传说时代的部族战争

公元前2千纪之末的龙山时代前后期之交，曾经发生过两次大规模的文化巨变，当与部族之间的战争事件相关。据此或可切实建立部分考古学文化和部族之间的对应关系，走出夏代之前古史探索的关键一步。

一　引言

《史记》开篇便是《五帝本纪》，此后为《夏本纪》《殷本纪》。司马迁虽曾慨叹五帝之久远，但仍认为其基本可信①。后人也大体是同样的认识。但至20世纪早期以顾颉刚为代表的“疑古派”兴起，基本否定了五帝时代的历史真实性，甚至连夏禹也成了神话人物②。虽然由于甲骨文和殷墟遗址的发现，晚商进入可信的“历史”时期，

① 《史记·五帝本纪》：“太史公曰：学者多称五帝，尚矣。然尚书独载尧以来；而百家言黄帝，其文不雅驯，荐绅先生难言之。……予观《春秋》《国语》，其发明《五帝德》《帝系姓》章矣，顾弟弗深考，其所表见皆不虚。书缺有间矣，其轶乃时时见于他说。非好学深思，心知其意，固难为浅见寡闻道也。”

② 顾颉刚编著：《古史辨一》，上海古籍出版社1982年版。

但文字材料缺乏的五帝时代，仍被归入“传说时代”[①]或者所谓“原史”时期[②]的范畴，甚至早商和夏代也不例外。而主要基于传世文献本身的研究，只能提出若干有待验证的假说[③]。结合甲骨文、金文、简帛等出土文献的研究，也只能说明晚商、西周至春秋战国时期存在关于五帝的记载[④]，却无法提供五帝时代真实存在的直接证据。其实在《古史辨》第一册中，李玄伯就明确指出，“要想解决古史，唯一的方法就是考古学。”[⑤]顾颉刚也认为，地下出土的古物所透露出的古代文化的真相，可以用来建设新古史，也可以破坏旧古史[⑥]。

按理说，如果传说时代的那些部族集团真实存在过，那就肯定会留下他们的物质遗存，考古学的确就应该是解决传说时代古史的最根本的手段。考古资料长埋于地，没有人为窜改增删的可能，其客观真实性毋庸置疑，应当是传说史料的最可靠的参照系[⑦]。经过近一个世纪的艰苦的考古工作，这个参照系的内在逻辑秩序和主要内容已经逐渐被破解释读，以陶器为中心的中国史前和原史考古学文化谱系已经基本建立，古史和考古对证研究的条件已经基本成熟。回顾早商和夏

① 徐旭生所说的“传说时代”下限至于殷墟时期。参见徐旭生《中国古史的传说时代》（新一版），文物出版社1985年版，第19—20页。

② “原史”（Protohistory）是西方学者提出的概念，介于史前和历史时期之间。参见刘文锁《论史前、原史及历史时期的概念》，《华夏考古》1998年第3期。

③ 蒙文通和徐旭生分别提出中国上古“三大民族”和“三大集团”说，内涵大体一致，说明古史传说自有合理逻辑。参见蒙文通《古史甄微》，巴蜀书社1999年版；徐旭生《中国古史的传说时代》（新一版），文物出版社1985年版。

④ 李学勤：《走出疑古时代》，辽宁大学出版社1994年版；李零：《论豳公盨发现的意义》，《中国历史文物》2002年第6期；王晖：《出土文字资料与五帝新证》，《考古学报》2007年第1期。

⑤ 李玄伯：《古史问题的唯一解决方法》，《古史辨一》，上海古籍出版社1982年版，第268—270页。

⑥ 顾颉刚：《答李玄伯先生》，《古史辨一》，上海古籍出版社1982年版，第270—275页。

⑦ “若从整理传说史料本身来说，史前考古资料则已成为不可忽视的最可靠的参照系”。白寿彝总主编，苏秉琦主编：《中国通史》第二卷，上海人民出版社1994年版，“序言”部分第17页。

文化的探索历程，以邹衡为代表的学者所使用的主要是由已知推未知的方法，由已知的晚商文化，上推至早商文化、夏文化和先商文化，强调都城定性的重要性，并且注重考古学文化的空间格局和古史体系的整体比对，取得了卓越成绩[①]。五帝时代考古探索的思路也基本是这样。这些讨论的前提，就是考古学文化一定程度上能够与特定族属对应[②]，或者与以某主体族为核心建立的部族集团或早期国家对应。从甲骨文和传世文献记载中晚商王朝的王畿、四土、边疆方国与殷墟文化中心区、亚文化区和影响区范围的基本对应[③]，从西周封建在考古学上的清楚体现[④]，可知这一前提基本成立。但问题是，在传说时代，特定族属的时空范围难以确切界定，又如何与特定的考古学文化对应？何况考古学文化本身也有多种划分方案。在这种情况下，自然就容易导致歧见纷呈[⑤]。

有一种方法有可能在一定程度上破解这个难题，这就是考古学文化巨变和部族战争对证研究的方法。激烈的部族之间的战争，有可能会造成文化格局和文化面貌上的巨变现象，这是特别容易引起注意和易于辨别的。“以考古学文化上的重大变迁来证实传说中的重要战争或迁徙事件，由此确立若干基点，并进而探索其他细节，就有可能大致把握五帝时代中国古史的基本脉络。”[⑥] 本文拟对龙山时代的两次

---

① 邹衡：《夏商周考古学论文集》，文物出版社 1980 年版。

② 李伯谦说：“考古学文化与族的共同体有联系，但又不是等同的概念。由于婚姻、交往、征服、迁徙等各种原因，属于某一考古学文化的居民有可能属于不同的族，但其中总有一个族是为主的、占支配和领导地位的。”参见李伯谦《二里头类型的文化性质与族属问题》，《文物》1986 年第 6 期。

③ 宋新潮：《殷商文化区域研究》，陕西人民出版社 1991 年版。

④ 北京大学历史系考古教研室商周组：《商周考古》，文物出版社 1979 年版，第 154—165 页；许倬云：《西周史》，生活·读书·新知三联书店 1994 年版。

⑤ 比如关于夏文化，就有很多不同说法。参见郑杰祥编《夏文化论集》，文物出版社 2002 年版。

⑥ 韩建业、杨新政：《五帝时代——以华夏为核心的古史体系的考古学观察》，学苑出版社 2006 年版，“前言”第 5 页。

文化巨变和尧舜禹时期两次大规模部族战争的关系进行对证分析，在此基础上对其他相关问题进行讨论。

二　王湾三期文化的南进与禹征三苗

公元前3千纪后半叶和前2千纪初的龙山时代，豫中地区的王湾三期文化由小变大，由弱变强，终于南下豫南和长江中游，造成强大的石家河文化的覆灭，或许与传说中的“禹征三苗”事件相关①。

（一）王湾三期文化的发展和分布范围的剧扩

王湾三期文化主要分布在河南中西部地区，绝对年代约在公元前2400—前1750年②；可以分为前后两大期，对应龙山前期和后期，大约以公元前2100年为界③。前后期之间，在文化范围和对外关系方面，发生了重大变化。

王湾三期文化前期主要局限在豫中地区，代表性文化遗存见于郾城郝家台④、上蔡十里铺⑤、郑州站马屯⑥、汝州北刘⑦等遗址，在郝

① 杨新改、韩建业：《禹征三苗探索》，《中原文物》1995年第2期。

② 王湾三期文化的年代上限，我们以前推定在大约公元前2500年（韩建业、杨新改：《王湾三期文化研究》，《考古学报》1997年第1期），新测“最早”的数据大约在公元前2400年（方燕明：《河南龙山文化和二里头文化碳十四测年的若干问题讨论》，《中原文物》2015年第2期）。王湾三期文化的下限，洛阳盆地当以二里头文化的出现为界，二里头一期最新拟合数据在约公元前1750年（中国社会科学院考古研究所：《二里头（1999—2006）》，文物出版社2014年版，第1231页）。

③ 王湾三期文化前后期之交的年代，我们以前推定在约公元前2200年（韩建业、杨新改：《王湾三期文化研究》，《考古学报》1997年第1期），根据新测年数据拟定为约公元前2100年。

④ 指第一、二期遗存。参见河南省文物考古研究所《郾城郝家台》，大象出版社2012年版。

⑤ 指第二、三期遗存。参见河南省驻马店地区文管会《河南上蔡十里铺新石器时代遗址》，《考古学集刊》第3集，中国社会科学出版社1983年版，第69—80页。

⑥ 指第一期遗存。参见河南省文物研究所等《郑州市站马屯遗址发掘报告》，《华夏考古》1987年第2期。

⑦ 指第三期遗存。参见河南省文物研究所《河南临汝北刘庄遗址发掘报告》，《华夏考古》1990年第2期。

家台遗址还发现3万多平方米的夯土城垣①。此时，在郑州—汝州以北的豫西北，依然是庙底沟二期类型末段的地盘；在许昌—漯河以东的豫东皖北，分布着造律台文化前期遗存②；在西平—上蔡以南的豫南、江汉地区，则为强大的石家河文化。王湾三期文化前期的分布范围大约不过2万平方千米，大约和现在河南省一个地市级行政单位的面积相当。最早的王湾三期文化，当以仰韶文化谷水河类型为基础，直领瓮、深腹罐、盆形擂钵、平底碗、乳足或高足罐形鼎等陶器都主要继承谷水河类型而来，但新出的鬶、鸟首形足鼎、折盘豆、圈足盘、觚形杯、折腹壶等则属于海岱龙山文化因素，漏斗形擂钵、宽扁式足鼎、红陶斜腹杯属于江汉石家河文化因素，显见龙山文化和石家河文化的影响是王湾三期文化形成的重要原因，也显示其与龙山文化、造律台文化和石家河文化等有着密切交流③。

王湾三期文化后期已经扩展至除豫东以外的河南省大部地区，还延伸到豫西、晋西南、鄂北、鄂西地区。甚至江汉平原的所谓后石家河文化④或肖家屋脊文化⑤，由于和王湾三期文化很接近，也可视为其地方变体。这样算来，包括肖家屋脊文化在内的广义王湾三期文化后期的分布范围，就有大约20多万平方千米，十倍于前期，大于现在河南或者湖北一省的面积。王湾三期文化后期主要就是前期基础上的发展，其典型器类几乎均为承继前期而来，只是在器形、纹饰方面

---

① 北京大学考古文博学院、河南省文物考古研究院、漯河市文物考古研究所：《河南漯河郝家台遗址2015—2016年田野考古主要收获》，《华夏考古》2017年第3期。

② 以安徽蚌埠禹会遗存为代表。参见中国社会科学院考古研究所、安徽省蚌埠市博物馆《蚌埠禹会村》，科学出版社2013年版。

③ 我们曾经将王湾三期文化前期遗存分为A、B、C三群，其中A群为石家河文化因素，B群为龙山文化因素。参见杨新改、韩建业《禹征三苗探索》，《中原文物》1995年第2期。

④ 孟华平：《长江中游史前文化结构》，长江文艺出版社1997年版。

⑤ 何驽：《试论肖家屋脊文化及其相关问题》，《三代考古》（二），科学出版社2006年版，第98—145页。

发生了一些变化①，还形成了较为明显的地方性差异，可以划分为嵩山以南汝颍区的煤山类型、嵩山以北郑洛区的王湾类型、豫西晋西南黄河沿岸的三里桥类型、豫东南的杨庄类型、豫西南鄂西北地区的下王岗类型、鄂西峡江地区的石板巷子类型等②。

各地方类型当中，以居于核心位置的煤山类型实力最强，并且拥有该文化当中面积最大、级别最高的登封王城岗古城③和禹州瓦店聚落④。其中王城岗古城由夯筑的两座小城和一座大城组成，大城面积达35万平方米，内有人牲、兽牲奠基坑，发现铸造的青铜容器残片⑤；瓦店聚落面积40万平方米，出土大量精美的黑陶高柄杯，以及精美的璧、钺、鸟等玉器。两个聚落都显然存在手工业分工和社会分化，与周围其他中小型聚落形成明显差别，当时应该已进入初期文明阶段。王湾三期文化较大墓葬有二层台、木棺和个别精美玉钺，随葬品却很少，体现出“重贵轻富”的丧葬传统，而且宗教色彩比较淡薄，总体朴实中庸，这种文明演进的模式，我们曾称之为“中原模式”⑥。需要指出的是，龙山后期豫南鄂北、鄂西和江汉等地的文化，主要与王湾三期文化的煤山类型面貌更接近⑦，或可视为煤山类

① 韩建业、杨新改：《王湾三期文化研究》，《考古学报》1997年第1期。

② 韩建业：《早期中国——中国文化圈的形成和发展》，上海古籍出版社2015年版，第166—168页。

③ 河南省文物研究所、中国历史博物馆考古部：《登封王城岗与阳城》，文物出版社1992年版；北京大学考古文博学院、河南省文物考古研究所：《登封王城岗考古发现与研究（2002—2007）》，大象出版社2007年版。

④ 河南省文物考古研究所：《禹州瓦店》，世界图书出版公司2004年版。

⑤ 龙山时代黄河、长江流域大部地区普遍发现铜器，进入铜石并用时代晚期。属于王湾三期文化的煤山、古城寨、牛砦遗存发现炼铜坩埚片，王城岗、新砦遗址出土铜容器残片；陶寺晚期文化发现红铜铜铃、砷铜容器残片、铜齿轮形器、铜环等。中原地区这些铜容器的发现，表明已经拥有泥质复合范铸造技术，与西方长期流行的石范技术有别。可见龙山时代已经基本形成中国特色的铜器铸造技术。

⑥ 韩建业：《略论中国铜石并用时代社会发展的一般趋势和不同模式》，《古代文明》第2卷，文物出版社2003年版，第84—96页。

⑦ 靳松安：《王湾三期文化的南渐及其相关问题》，《中原文物》2010年第1期。

型南向影响的结果。

（二）石家河文化的兴盛和覆灭

石家河文化主要分布在长江中游地区，绝对年代约在公元前2500—前2100年①，对应龙山前期。兴盛的时候，北括豫南，东近鄱阳，南逾洞庭，西抵三峡，面积约20万平方千米，大体与王湾三期文化晚期范围相当。

石家河文化是屈家岭文化的继承者，分布范围也彼此近同，其宽扁式足折腹鼎、凿形足鼎、高领罐、腰鼓形罐、大孔甑、圈足碗、圈足盘、长颈壶、红陶斜腹杯、高柄杯、彩陶纺轮等绝大多数器类，均为屈家岭文化同类器的继承和发展，只是不如屈家岭文化陶器轻薄精美，渐显老气横秋之象。也有一些来自周围地区的新因素，比如，鬶和刻符陶尊，当来自皖北的大汶口文化尉迟寺类型②；豫西南、鄂西北的少量釜形斝，当来自晋西南豫西的庙底沟二期类型末期③。此外，新出大量地方特色浓厚的捏塑红陶小动物和小人，动物陶塑种类有各种家畜、野兽、鸟禽、龟鳖、鱼等，小人陶塑有的或抱鱼抱狗或背物，姿态活泼。

石家河文化的近20处城址，包括湖北天门石家河与龙嘴城、公安陶家湖与鸡鸣城、孝感叶家庙、沙洋城河、荆门马家垸、江陵阴湘城、应城门板湾、石首走马岭以及湖南澧县鸡叫城和城头山等，基本都是屈家岭文化时期始建。对大洪山南麓以石家河为中心的区域进行

---

① 我曾根据20世纪90年代中期以前的^{14}C测年数据，结合王湾三期文化等的年代，推断石家河文化的绝对年代在约公元前2500—前2200年。根据新的测年研究，其下限以调整到公元前2100年为宜。参见杨新改、韩建业《禹征三苗探索》，《中原文物》1995年第2期。

② 中国社会科学院考古研究所：《蒙城尉迟寺——皖北新石器时代聚落遗存的发掘与研究》，科学出版社2001年版；中国社会科学院考古研究所等：《蒙城尉迟寺（第二部）》，科学出版社2007年版。

③ 以垣曲古城东关“庙底沟二期文化遗存”中、晚期遗存为代表。中国历史博物馆考古部、山西省考古研究所等：《垣曲古城东关》，科学出版社2001年版。

系统调查的结果，发现在约150平方千米的区域内集中分布63处石家河文化遗址①。其中最大的石家河城面积达120万平方米，加上城外环壕及人工堆筑的土岗则有200万平方米以上，城内有宫殿区、墓葬区、祭祀区等不同功能规划②，还可能有过铜器冶铸手工业，地位很是特殊；周围城址大则60多万平方米，小则几万平方米，加上一般聚落，组成多个层次的聚落体系③，社会发展阶段当与王湾三期文化近似。石家河城内外的印信台、邓家湾、肖家屋脊等处④，发现多处套尊、倒立尊、扣碗等构成的祭祀遗迹，三房湾所出红陶杯、红陶塑则数以万计，宗教色彩十分浓厚。其较大墓葬墓室并不讲究，缺乏珍贵随葬品，却整齐摆放大量具有储藏功能的实用高领罐，其财富储藏或者“炫富”色彩浓厚，体现出“重富轻贵”的丧葬传统。总体呈现的文明演进模式，可称“东方模式”之“江汉亚模式”⑤。

约公元前2100年进入龙山后期，由于王湾三期文化向南强烈扩张和影响，豫东南、豫西南、鄂西、鄂北等地都已经被王湾三期文化所占据，就连江汉平原及其附近地区文化面貌也与王湾三期文化接近⑥，有人称之为后石家河文化或肖家屋脊文化。此时，石家河文化的典型器物大多消失，占据主体的矮领瓮、细高柄豆、侧装足鼎等与王湾三期文化煤山类型同类器接近，鬶、盉属于龙山文化或造律台文

① 湖北省文物考古研究所：《大洪山南麓史前聚落调查——以石家河为中心》，《江汉考古》2009年第1期。

② 北京大学考古系、湖北省文物考古研究所、湖北省荆州地区博物馆石家河考古队：《石家河遗址群调查报告》，《南方民族考古》第五辑，四川科学技术出版社1992年版，第213—294页。

③ 张弛：《长江中下游地区史前聚落研究》，文物出版社2003年版。

④ 湖北省荆州博物馆、湖北省文物考古研究所、北京大学考古学系：《肖家屋脊》，文物出版社1999年版；湖北省文物考古研究所、北京大学考古学系、湖北省荆州博物馆：《邓家湾》，文物出版社2003年版；湖北省文物考古研究所：《石家河遗址2015年发掘的主要收获》，《江汉考古》2016年第1期。

⑤ 韩建业：《中原和江汉地区文明化进程比较》，《江汉考古》2016年第6期。

⑥ 杨新改、韩建业：《禹征三苗探索》，《中原文物》1995年第2期。

化因素。值得注意的是肖家屋脊文化玉器较为发达，技艺精湛，有蝉、人首、虎首、飞鹰、盘龙、鹿或羊首、笄、柄形饰、璜、管等种类[①]，但其来源当在龙山文化或王湾三期文化[②]。此外，从屈家岭文化到石家河文化延续近千年的各个古城，也基本都被毁弃；大洪山南麓遗址由石家河文化时期的63处锐减到14处[③]。曾经盛极一时的套缸祭祀设施、数以万计的红陶杯和红陶塑，也基本消失。

（三）禹征三苗与早期夏文化

如上所述，在公元前2100年前后，王湾三期文化和石家河文化之间发生了戏剧性的巨大变化[④]，王湾三期文化在短时间内大规模南下，造成方圆千里的石家河文化的覆亡，城垣被毁，特殊的宗教祭祀物品基本不见。这样的剧烈变化，绝不可能是一般性的文化交流、贸易等可以解释，只有一种可能性，就是中原和江汉之间大规模的激烈战争所致，可能正好对应先秦文献所载的“禹征三苗”事件[⑤]。

“禹征三苗”事件以《墨子·非攻（下）》的记载最为详尽：“昔者三苗大乱，天命殛之。日妖宵出，雨血三朝，龙生于庙，犬哭乎市，夏冰，地坼及泉，五谷变化，民乃大振。高阳乃命玄宫，禹亲把天之瑞令，以征有苗。四电诱祇，有神人面鸟身，若瑾以侍。搤矢有苗之祥，苗师大乱，后乃遂几。禹既已克有三苗，焉磨为山川，别物上下，卿制大极，而神民不违，天下乃静。则此禹之所以征有苗

---

① 湖北省文物考古研究所：《石家河遗址2015年发掘的主要收获》，《江汉考古》2016年第1期。

② 肖家屋脊遗址出土的鹰首笄也见于河南禹州瓦店遗址，钟祥六合等遗址出土的冠状透雕玉饰也见于山东临朐朱封大墓和山西襄汾陶寺M22。

③ 湖北省文物考古研究所：《大洪山南麓史前聚落调查——以石家河为中心》，《江汉考古》2009年第1期。

④ 天文学者认为《墨子·非攻（下）》所说“日妖宵出”当为日全食引起的“天再旦”“天再昏”现象，并计算出公元前2104年在湖北、陕东南、河南南部偏西地区有一次“天再昏”现象。参见江林昌《夏商文明新探》，浙江人民出版社2001年版，第196—197页。

⑤ 杨新改、韩建业：《禹征三苗探索》，《中原文物》1995年第2期。

也。”似乎是禹乘三苗发生天灾内乱之际突然入侵，导致三苗惨败。其他先秦文献也有类似记载。如《古本竹书纪年》：“三苗将亡，天雨血，夏有冰，地拆及泉，青龙生于庙，日夜出，昼日不出。”[①]

禹的真实性曾被疑古派怀疑。近年发现的出土文献材料，证明至少在西周中晚期，禹治水平土甚至画九州的功绩仍被周人记述赞颂[②]。徐旭生认为包括禹在内的夏人主要的活动区域是晋南和豫中西地区[③]。而三苗的居地，则主要在江汉地区。根据《战国策·魏策》的记载：“昔者，三苗之居，左彭蠡之波，右有洞庭之水，文山在其南，而衡山在其北。恃此险也，为政不善，而禹放逐之。”据考证，这个范围大约是鄱阳湖以西，洞庭湖以东，桐柏山以南，正是以江汉平原为核心的湖北大部地区[④]。这样看来，禹征三苗事件，就应当发生在晋南—豫中西和江汉之间。文献所载商以前中原和江汉之间最重要的战争事件就是禹征三苗[⑤]，晚商以前中原和江汉之间最巨大剧烈的文化变迁，就是王湾三期文化对石家河文化的代替，二者之对应若合符节。

前人有以二里头文化向江汉地区的渗透来解释禹征三苗者[⑥]，与

① 《通鉴外纪》一注引《隋巢子》《汲冢纪年》。

② 朱渊清：《禹画九州论》，《古代文明》第5卷，文物出版社2006年版，第55—69页。

③ 徐旭生：《1959年夏豫西调查“夏墟”的初步报告》，《考古》1959年第11期。

④ 徐旭生：《中国古史的传说时代》（新一版），文物出版社1985年版，第57—59页。

⑤ 文献还记载尧、舜曾对三苗进行征伐，如《吕氏春秋·召类》：“尧战于丹水之浦以服南蛮，舜却苗民，更易其俗”，竹简《六韬》：“舜伐三苗”。但很可能这只是禹征三苗传说的变体，即如《今本竹书纪年》：“帝（舜）命夏后征有苗”。即便真有尧舜伐三苗事件，其战争后果也无法和禹征三苗相提并论，否则苗民既已服从易俗，为何禹还要大规模征伐三苗？参见徐旭生《尧、舜、禹》（下），《文史》第四十辑，中华书局1994年版，第1—22页；石兴邦、周星《试论尧、舜、禹对苗蛮的战争——我国国家形成过程史的考察》，《史前研究》1988年辑刊；庄春波《舜征三苗考》，《中南民族学院学报》（哲学社会科学版）1988年第1期；河北省文物研究所定州汉墓竹简整理小组《定州西汉中山怀王墓竹简〈六韬〉释文及校注》，《文物》2001年第5期。

⑥ 俞伟超：《先楚与三苗文化的考古学推测》，《文物》1980年第10期；罗琨：《二里头文化南渐与伐三苗史迹索隐》，《夏文化研究文集》，中华书局1996年版，第197—204页。

实际情况并不相符，因为龙山后期江汉地区就已经相对没落并“中原化”了。

诚如上述，王湾三期文化对石家河文化的大范围代替对应禹征三苗，则禹与龙山前后期之交的王湾三期文化、三苗与石家河文化就应分别存在对应关系。传说中禹为夏后氏首领，为夏王朝的实际创建者①，则龙山后期之初的王湾三期文化，就应当是最初的夏文化，王湾三期文化前期可能就是包括鲧在内的先夏文化②。王湾三期文化后期范围广大，不同区域存在较为明显的文化差异，可以分为若干地方类型，应该是夏代早期以夏人为主体的部族集团所遗留下来的文化遗存的共同体③；其中豫中地区的煤山类型是南下侵凌石家河文化的主体，或许就是早期夏文化的核心，亦即夏族的文化④，王城岗古城就可能确属“禹都阳城”⑤。因此，夏文化上限当开始于王湾三期文化后期之初，而非二里头文化⑥。这为从考古学上确定夏文化上限提供

---

① 《竹书纪年》（《文选·六代论》注引）：“夏自禹以至于桀，十七王。”《史记·夏本纪》：“禹于是遂即天子位，南面朝天下，国号曰夏后，姓姒氏。”

② 《国语·鲁语上》：“夏后氏禘黄帝而祖颛顼”；《大戴礼记·帝系》：“颛顼生鲧”。

③ 《国语·周语下》：“皇天嘉之，祚以天下，赐姓曰姒，氏曰有夏。”孙庆伟认为这证明“夏”是一个地缘性的政治实体，而非一个血缘单纯的氏族。参见孙庆伟《鼏宅禹迹》，生活·读书·新知三联书店2018年版，第389页。

④ 《史记·夏本纪》：“太史公曰：禹为姒姓，其后分封，用国为姓，故有夏后氏、有扈氏、有男氏、斟寻氏、彤城氏、褒氏、费氏、杞氏、缯氏、辛氏、冥氏、斟戈氏。”这些被“分封”的氏族可能都属于广义“夏”部族集团的范畴。

⑤ 安金槐最早提出王城岗古城为“禹都阳城”说。参见安金槐《豫西夏代文化初探》，《河南文博通讯》1978年第2期。

⑥ 邹衡提出二里头文化即夏文化说；安金槐等主张“河南龙山文化晚期”（即王湾三期文化）已经进入夏代；李伯谦认为河南龙山文化晚期和整个二里头文化都是夏文化，二里头类型“很有可能是‘太康失国’、‘后羿代夏’以后的夏代文化”；我先曾经论证王湾三期文化后期之初已进入夏代，而二里头文化是“少康中兴”之后的文化，后调整为新砦类型才可能是“少康中兴”之后的文化。参见邹衡《郑州商城即汤都亳说》，《文物》1978年第2期；邹衡《试论夏文化》，《夏商周考古学论文集》，文物出版社1980年版，第95—182页；安金槐《豫西夏代文化初探》，《河南文博通讯》1978年第2期；李伯谦《二里头类型的文化性质与族属问题》，《文物》1986年第6期；韩建业《夏文化的起源与发展阶段》，《北京大学学报》（哲学社会科学版）1997年第4期；韩建业《论二里头青铜文明的兴起》，《中国历史文物》2009年第1期。

了坚实依据。

石家河文化作为三苗文化，范围也非常广大，相当于现在一省大小，远大于《战国策·魏策》所述范围，内部也有不少区域性差异，也应为具有大同小异文化习俗的部族集团的文化。值得注意的是，文献说三苗“后乃遂几”，考古上石家河文化消亡，可见禹征三苗的确惨烈。但江汉地区之后出现的肖家屋脊文化毕竟有一定特色，还保留了少量石家河文化传统，推测仍有不少土著留在当地。可见中原对江汉文化的强烈影响，并非人群的全面替换，很可能江汉腹地绝大多数仍为当地人群；也并非说江汉文化此后就乏善可陈，肖家屋脊文化精美玉器的发现，就是其仍有相当实力和活力的体现，但这些玉器在江汉毫无渊源，总体属于海岱—中原传统①，在这个意义上，江汉文化传统终究是衰微了！

公元前2100年左右，正值气候干冷期，迫于生计的北方人群、中原人群渐次南下，寻求更适合的生存环境，当属禹征三苗的根本动因。中原和江汉存在稍有不同的文明演进模式，即中原模式和东方模式中的江汉亚模式。中原生计较为艰苦，文化颇多波折，故能长存忧患，自强不息，而江汉生活较为优裕，文化发展平稳，难免耽于安乐，少思进取，这或许就是中原之兴与江汉之衰的内因，所谓“生于忧患而死于安乐”②。

① “天门石家河、钟祥六合、澧县孙家岗、荆州枣林岗等遗址墓葬中所见龙山后期小件玉器，与石家河文化和更早的屈家岭文化都缺乏联系，而与中原龙山文化和龙山文化玉器有相似之处。如形态较一致的鹰形笄不但见于肖家屋脊、孙家岗、枣林岗，还发现于禹州瓦店甚至陕北；类似的兽面形冠状饰既见于肖家屋脊和六合，也见于临朐朱封和陶寺大墓。可见禹征三苗前后不但有中原华夏文化南进，同时还有东夷文化的渗入。”参见韩建业、杨新改《五帝时代——以华夏为核心的古史体系的考古学观察》，学苑出版社2006年版，第16页。

② 韩建业：《中原和江汉地区文明化进程比较》，《江汉考古》2016年第6期。

三　老虎山文化的南进与稷放丹朱

龙山时代的另一场文化巨变发生在北方，北方地区的老虎山文化强势南下，造成晋南地区陶寺文化的灭亡，或许与传说中的“稷放丹朱”事件相关。

（一）老虎山文化的发展与兴盛

老虎山文化主要分布在内蒙古中南部、陕北、晋中北和冀西北这个狭义的“北方地区”，绝对年代约在公元前2500—前1800年。该文化也可以分为前后两大期，也以公元前2100年左右为界[①]。

老虎山文化并未发生如王湾三期文化那样剧烈的扩张现象，在北方地区大部基本都有前后期遗存，但也有例外。比如龙山前期，在北部的凉城岱海地区，就有老虎山、园子沟等十多个聚落组成的聚落群[②]，甚至在更靠北的锡林郭勒东部也分布类似遗存[③]，但龙山后期这些地区却基本变成“空白”，文化遗存范围南移300多千米。龙山前后期之交横空出世的陕西神木的石峁石城[④]，就应该与老虎山文化及其人群南移的背景有关。石峁石城的构筑方式和此前的老虎山城并无本质差别，城内的白灰面窑洞式建筑也彼此近同，陶器也还是类似的鬲、斝、甗、盉、深腹罐、高领罐等，但其400多万平方米的庞大体量、三重城垣结构、雄伟的皇城台、宏大的城门、讲究的城墙垒砌技术、精美的玉器以及铜器等，却是远超侪辈，鹤

---

① 韩建业：《中国北方地区新石器时代文化研究》，文物出版社2003年版。

② 内蒙古文物考古研究所：《岱海考古（一）——老虎山文化遗址发掘报告集》，科学出版社2000年版。

③ 韩建业：《中国西北地区先秦时期的自然环境与文化发展》，文物出版社2008年版，第336—338页。

④ 陕西省考古研究院等：《陕西神木县石峁遗址》，《考古》2013年第7期；陕西省考古研究院等：《陕西神木县石峁城址皇城台地点》，《考古》2017年第7期。

立鸡群，显示石峁聚落不仅应该是陕北石峁类型的中心①，甚至可能对老虎山文化其他类型也有一定统摄力②。当时的北方社会复杂程度已经较高，当已经迈入初级文明社会。老虎山文化墓葬随葬品很少，社会分化有限，质朴务实，但石峁的多处年轻女子人头坑则体现出其残暴的一面，我们曾将其归纳为文明演进的“北方模式”，这种模式与较为恶劣的气候和资源相对贫乏的自然环境正相适应③。

石峁石城的兴起，还当与来自晋西南陶寺古城的启发和压力有关。石峁古城的巨大体量以及发达的玉器技术，在北方地区并无渊源，更应当是受陶寺影响而产生，甚至不排除部分玉器就是从陶寺直接获得。此外，石峁所在的北方地区，还得面对来自欧亚大草原的压力，这应当也是老虎山文化山城林立的主要原因④。其西北的阿尔泰地区，当时分布着奥库涅夫文化、切木尔切克文化等青铜时代早期文化，石峁所见青铜器、人面石雕等，就可能是在和欧亚草原青铜文化交流的背景下产生的⑤。

（二）陶寺文化的兴盛和衰亡

陶寺文化主要分布在临汾盆地，绝对年代约在公元前2500—前

---

① 石峁聚落的中心地位是早就知道的，但没有想到遗址会如此庞大。我以前这样说过：“石峁聚落面积达90万平方米，防卫设施完备并发现珍贵玉器，极可能就是陕北超级聚落群的中心。”韩建业：《中国北方地区新石器时代文化研究》，文物出版社2003年版，第254页。

② 石峁以东约60千米的山西兴县碧村石城聚落，虽有75万平方米的规模，也有中心建筑和玉器，但其体量与石峁不可同日而语。参见山西省考古研究所、兴县文物旅游局《2015年山西兴县碧村遗址发掘简报》，《考古与文物》2016年第4期；山西省考古研究所、山西大学历史文化学院考古系、兴县文物旅游局《2016年山西兴县碧村遗址发掘简报》，《中原文物》2017年第6期。

③ 韩建业：《中国北方地区新石器时代文化研究》，文物出版社2003年版，第262—266页；韩建业：《略论中国铜石并用时代社会发展的一般趋势和不同模式》，《古代文明》第2卷，文物出版社2003年版，第84—96页。

④ 韩建业：《试论作为长城“原型”的北方早期石城带》，《华夏考古》2008年第1期。

⑤ 郭物：《从石峁遗址的石人看龙山时代中国北方同欧亚草原的交流》，《中国文物报》2013年8月2日第6版。

2100 年[①]，对应龙山前期。

陶寺文化是中原地区的“奇葩”，因为它虽然是在当地的仰韶文化庙底沟二期类型的基础上发展来的，有质朴的一面，但却出现了大量“奢侈”的东方因素。陶寺古城面积近 300 万平方米，当为陶寺文化的核心所在，在石峁石城出现之前，曾经是中原北方地区龙山时代最大规模的中心聚落[②]。石峁之前也只有良渚文化有过类似规模的大城，且陶寺所出玉器、鼍鼓、彩绘陶等，也都具有大汶口文化和良渚文化特征，“V”字形石厨刀甚至和良渚的几乎完全一样，可以推测陶寺文化及其陶寺古城的形成，当有大汶口文化晚期和良渚晚期的特殊贡献[③]，甚至不排除部分良渚人西迁的可能性[④]。陶寺文化社会分化明显、墓葬“富贵并重”的特点，显然与“中原模式”格格不入，属于文明形成的“东方模式”。此外，陶寺文化本身范围虽小，但影响广大，如琮、璧、钺、刀等玉器就西向影响到陕西和甘青宁地区，是老虎山文化、齐家文化、菜园文化等玉器的主要源头[⑤]。

但到龙山后期，陶寺文化的繁荣戛然而止。龙山后期，原本有斝无鬲的临汾盆地出现大量双鋬陶鬲，陶寺文化也就因此而变为陶寺晚期文化，我曾经认为这与老虎山文化的强力南下有关，说明北

---

① 韩建业：《晋西南豫西西部庙底沟二期——龙山时代文化的分期与谱系》，《考古学报》2006 年第 2 期；何驽：《陶寺文化谱系研究综论》，《古代文明》第 3 卷，文物出版社 2004 年版，第 54—86 页。

② 何驽、严志斌：《黄河流域史前最大城址进一步探明》，《中国文物报》2002 年 2 月 8 日第 1 版；中国社会科学院考古研究所、山西省临汾市文物局：《襄汾陶寺——1978—1985 年发掘报告》，文物出版社 2015 年版。

③ 韩建业：《唐伐西夏与稷放丹朱》，《北京大学学报》（哲学社会科学版）2001 年第 3 期。

④ 韩建业：《良渚、陶寺与二里头——早期中国文明的演进之路》，《考古》2010 年第 11 期。

⑤ 韩建业：《中国西北地区先秦时期的自然环境与文化发展》，文物出版社 2008 年版，第 336—338 页。

方和晋西南之间发生了冲突战争①。后来发现的暴力屠杀、摧残女性、疯狂毁墓等现象②，证明我们先前基于陶器的观察符合实际。石峁古城与陶寺古城都是三四百万平方米的特大聚落，二者或有短期共存，但基本态势是石峁兴而陶寺废，这一北一南，一兴一废之间，理当存在一定的逻辑关系。老虎山文化的南下还不止于晋西南，类似的陶鬲、细石器镞和卜骨还进一步渗透进后岗二期文化、王湾三期文化等当中③，理当给这些地区带来一定压力。稍后王湾三期文化向豫南和江汉地区的剧烈扩张，或可视为是来自北方压力的余波。

（三）稷放丹朱与先周文化起源

老虎山文化南下造成陶寺文化覆灭的重大变故，很可能与古史传说的“稷放丹朱”事件相关。

《古本竹书纪年》记载：“后稷放帝朱于丹水。”④ 后稷即传说中周人的始祖，在《诗经》中有清楚记述⑤。后稷与其母有邰氏姜嫄的居地，旧说以为在泾、渭水一带，独钱穆提出晋南起源说⑥。其实如果有邰氏（台骀）所处“大原”本指今太原盆地⑦，则周之先人祖居地还当包括晋中在内。或者周先人存在一个由晋中扩展至晋南的

---

① 临汾盆地龙山前后期文化，先前我分别称其为“陶寺类型”“陶寺晚期类型”，后改为陶寺文化和陶寺晚期文化。参见韩建业《唐伐西夏与稷放丹朱》，《北京大学学报》（哲学社会科学版）2001 年第 3 期。

② 中国社会科学院考古研究所山西队、山西省考古研究所等：《山西襄汾陶寺城址 2002 年发掘报告》，《考古学报》2005 年第 3 期；高江涛：《试析陶寺遗址的“毁墓”现象》，《三代考古》（七），科学出版社 2017 年版，第 345—354 页。

③ 韩建业：《老虎山文化的扩张与对外影响》，《中原文物》2007 年第 1 期。

④ 《山海经·海内南经》注。另：《史记·高祖本纪》正义引“后稷放帝子丹朱于丹水”；《史记·五帝本纪》正义引“后稷放帝子丹朱”。

⑤ 《诗经·大雅·生民之什》：“厥初生民，时维姜嫄，生民如何，克禋克祀，以弗无子，履帝武敏歆，攸介攸止，载震载夙，载生载育，时维后稷。”

⑥ 钱穆：《周初地理考》，《燕京学报》1931 年第 10 期。

⑦ 另《诗·小雅·六月》有“薄伐猃狁，至于大原”一句。朱熹《诗集传》以为“大原”即今太原。

过程。

丹朱传说中为尧子，其始居地应该同在尧都。至于有传说认为丹朱居处豫西南丹水[①]，或许是被放逐的结果，更或许与陶唐氏同豫西南的密切交往有关[②]。尧或陶唐氏居地有山东、河北、山西诸说，山西说因见于《左传》等先秦典籍而备受重视，但其本身又早有晋南临汾“平阳”说和晋中太原“晋阳”说的分歧[③]，《帝王世纪》主张从晋阳徙平阳[④]。

也有将囚尧和阻丹朱与舜联系者，如《竹书纪年》：“舜囚尧，复偃塞丹朱，使不与父相见。”[⑤] 这样的传说，表面上和儒家所称道的尧舜禅让的说法大相径庭，但实质则有共同点，就是尧、舜之间必定发生了重大变故。这个重大变故，很可能就是“稷放丹朱”事件，实际是后稷驱逐了丹朱，而有些记载则将其托于舜的名义下。毕竟依《尚书·尧典》，舜是当时的中原领袖。而所谓“放”丹朱，很可能就是通过激烈的战争方式解决。

据《尚书·尧典》，稷、禹时代相当，则稷放丹朱和禹征三苗的时间也应大体相当、略有先后，应都在龙山前后期之交。这与老虎山文化南下毁灭陶寺文化的时间正好对应。从北方人的毁城毁墓、暴力屠杀、摧残女性来看，何止是放逐，简直是屠城！

以上论述，进一步证明临汾盆地的陶寺文化应该就是陶唐氏晚期

① 《史记·五帝本纪》正义引范汪《荆州记》云：“丹水县在丹川，尧子朱之所封也。”《括地志》云：“丹水故城在邓州内乡县西南百三十里。”

② 在豫西南、鄂西北的石家河文化遗存当中，时见源自晋西南的釜形斝（中国社会科学院考古研究所：《青龙泉与大寺》，科学出版社1991年版，第135页）；而晋西南陶寺、清凉寺等墓葬中常见朱砂葬，而朱砂原料很可能来自豫西南鄂西北地区（方辉：《论史前及夏时期的朱砂葬——兼论帝尧与丹朱传说》，《文史哲》2015年第2期）。

③ 徐旭生：《尧、舜、禹》（上），《文史》第三十九辑，中华书局1994年版，第1—26页。

④ 《帝王世纪》：“帝尧始封于唐，又徙晋阳。及为天子，都平阳。”

⑤ 《史记·五帝本纪》正义引《括地志》：“《竹书》云：‘舜囚尧，复偃塞丹朱，使不与父相见。’”

文化①，而陶寺古城可能为陶唐氏都城或尧都。从陶寺文化对外的深远影响，可推测《尚书·尧典》所记尧与其他部族首领的关系或有真实历史背景。另外，晋南临汾盆地和运城盆地的陶寺晚期文化，可能就是姬周始祖后稷的文化，更早的渊源当为老虎山文化。石峁古城或与姬周远祖或者最早的先周文化有密切关系。

陶寺屠城、稷放丹朱之后，陶唐氏部族在晋南极度衰弱，但不会消亡。陶寺晚期文化就保留了陶寺文化的部分特征，如斝、扁壶等陶器以及玉器等，或许陶寺晚期文化就是新来的姬周文化和陶唐氏文化的融合体。而公元前 2100 年左右的气候干冷事件，应该就是老虎山文化南下覆灭陶寺文化的深层背景②。

四 龙山时代与尧舜禹时代

龙山时代，指和龙山文化大体同时的黄河长江流域大部地区文化所处的时代③。不同地区迈入龙山时代的具体时间有所不同，总体大致在公元前 3 千纪后半叶至公元前 2 千纪之初。以鼎、斝（鬲）、鬶等三足器和黑灰陶为代表的龙山时代诸文化，实际是当时文化意义上早期中国的主体文化④，社会分化继续加强，形成多个区域中心和区域文明社会，但终以中原实力最强。这是中原文化核心地位千年低落

① 李民：《尧舜时代与陶寺遗址》，《史前研究》1985 年第 4 期；邹衡：《关于探讨夏文化的条件问题》，《华夏文明》第一集，北京大学出版社 1987 年版，第 162—179 页；王文清：《陶寺遗存可能是陶唐氏文化遗存》，《华夏文明》第一集，北京大学出版社 1987 年版，第 106—123 页。

② 韩建业：《距今 5000 年和 4000 年气候事件对中国北方地区文化的影响》，《环境考古研究》第三辑，北京大学出版社 2006 年版，第 159—163 页。

③ 严文明：《龙山文化和龙山时代》，《文物》1981 年第 6 期。

④ 文化意义上的早期中国，也称文化上的早期中国，或者早期中国文化圈，指“秦汉以前中国大部地区文化彼此交融联系而形成的相对的文化共同体”，我认为其形成于公元前 4 千纪的“庙底沟时代”。参见韩建业《庙底沟时代与“早期中国”》，《考古》2012 年第 3 期；韩建业《早期中国——中国文化圈的形成和发展》，上海古籍出版社 2015 年版。

后渐趋回归的时代，可能正对应尧舜禹时代和夏代早期。

如上所述，通过两次文化巨变和部族战争的对证，我们可以知道，陶唐氏、夏后氏、先周、三苗等部族可能曾经互相发生关系，尧、禹、后稷、丹朱等可能是略有先后而基本同时代的人物，而他们活动的基本舞台，都是在龙山时代的黄河长江流域。而在《尚书·尧典》里，与上述部族、人物大略同时的，还有舜、契等人物，他们也可能与龙山时代的一些考古学文化存在对应关系。

（一）造律台文化、庙底沟二期类型晚期和有虞氏舜

《国语·鲁语上》："有虞氏褅黄帝而祖颛顼，郊尧而宗舜。"舜曾为有虞氏首领。关于有虞氏及舜的居地有不同说法，主要集中在豫东鲁西和晋南两个地区①。从考古学上来看，豫东、皖西北地区龙山时代先后出现的大汶口文化尉迟寺类型、造律台文化，以及晋西南黄河沿岸的庙底沟二期类型晚期，都存在和有虞氏联系的可能性。

造律台文化是在大汶口文化尉迟寺类型基础上，受到龙山文化和王湾三期文化强烈影响而形成②。李伯谦认为造律台类型（即造律台文化）可能即为有虞氏（舜）遗存③，其前身尉迟寺类型有可能是更早的有虞氏文化。造律台文化或被认为属于中原龙山文化，或被划分在海岱龙山文化，正反映其处于二者过渡性质。在传说中舜之后裔所居陈地淮阳④，就曾发现平粮台城址，其建筑技术先进、形制规整、

① 《孟子·离娄下》："舜生诸冯，迁于负夏，卒于鸣条，东夷之人也。"《史记·五帝本纪》："舜，冀州之人也。舜耕历山，渔雷泽，陶河滨，作什器于寿丘，就时于负夏。"可见战国西汉就存在舜是"东夷"还是"冀州"之人的分歧。参见李伯谦《论造律台类型》，《文物》1983年第4期；徐旭生《尧、舜、禹》（上），《文史》第三十九辑，1994年，第1—26页；王克林《晋西南龙山文化与有虞氏——虞舜部族起源的探索》，《文物世界》2002年第1期。

② 韩建业：《早期中国——中国文化圈的形成和发展》，上海古籍出版社2015年版，第169—170页。

③ 李伯谦：《论造律台类型》，《文物》1983年第4期。

④ 《左传·昭公八年》："陈，颛顼之族也。"陈为有虞氏舜后，其地在豫东淮阳。

布局严谨①，反映社会有很高的发展水平。

晋西南黄河沿岸的庙底沟二期类型，其晚期已经进入龙山前期。非常有趣的是，此时在庙底沟二期类型中，新出大量圜底罐形鼎，以及深腹尊、高颈壶、觚形杯等，都和皖北的大汶口文化尉迟寺类型很接近②。因此，庙底沟二期类型晚期中东方文化因素的大量出现，就很可能是来自豫东皖北人群部分迁徙的结果。这就从考古学上为包括舜在内的部分有虞氏从豫东鲁西迁至晋南的推测提供了可能性。从属于庙底沟二期类型晚期的芮城清凉寺墓地来看，大小墓严重分化，大墓随葬大量东方式玉器③，显然是与东方模式交融的结果，其社会发展阶段和陶寺文化相仿佛，也与传说中虞舜的地位相若。

《尚书·尧典》记载，舜曾经奉尧命“流共工于幽州，放驩兜于崇山，窜三苗于三危，殛鲧于羽山”，“四罪而天下咸服”。《史记·五帝本纪》有类似记载。从考古上来看，造律台文化继大汶口末期文化之后，的确曾有大规模向外扩张的趋势，尤其南向扩展至为明显，深刻影响到广富林文化、斗鸡台文化的形成，甗等因素最远渗透到福建西北部的昙石山文化，其影响还一度到达江汉地区④。这或许就是虞舜南巡而葬于苍梧之野这类传说的背景⑤。

（二）后岗二期文化、雪山二期文化和最早的先商文化

先商文化指商朝建立以前商人的文化。先商自契至汤灭夏，恰与

---

① 河南省文物考古研究院、北京大学考古文博学院：《河南淮阳平粮台遗址龙山时期墓葬发掘报告》，《华夏考古》2017 年第 3 期。

② 韩建业：《晋西南豫西西部庙底沟二期——龙山时代文化的分期与谱系》，《考古学报》2006 年第 2 期。

③ 山西省考古研究所等：《清凉寺史前墓地》，文物出版社 2016 年版。

④ 韩建业：《早期中国——中国文化圈的形成和发展》，上海古籍出版社 2015 年版，第 186 页。

⑤ 《礼记·檀弓上》：“舜葬于苍梧之野。”《史记·五帝本纪》：“（舜）南巡狩，崩于苍梧之野。葬于江南九疑，是为零陵。”

夏王朝相始终。依《尚书》等记载，契和禹为同时代之人。据《今本竹书纪年》，夏帝相、少康、杼、芒、泄、不降、孔甲、履癸时，商先公有重要活动或先商发生过重大事件①。《诗·商颂·长发》云："有娀方将，帝立子生商。"《楚辞·天问》说："简狄在台喾何宜。"可见传说中商的始祖为帝喾，其与有娀氏或简狄联姻。《史记·殷本纪》将其综合为"殷契，母曰简狄，有娀氏之女，为帝喾次妃"，唐兰以为有娀就是戎②，和简狄之狄合起来即为戎狄。契为商第一位先公。《世本·居篇》："契居蕃。"③ 丁山疑此蕃为亳的音伪，其地在今永定河与滱河之间④。赵铁寒认为契始居鄚，即蓟，在今北京市区⑤。二说近似。

商先公契至冥生活的时代约当龙山后期，其时在冀中南至北京一带分布着后岗二期文化涧沟型和雪山二期文化，陶器以卷沿橄榄形罐和卷沿有腰隔甗最为典型，这可能就是最早的先商文化⑥。大约二里头文化二期，这两种陶器，加上来自晋中的卷沿锥足跟鬲，就构成下七垣文化⑦，或者先商文化漳河型⑧——晚期先商文化的主体器类。后岗二期文化涧沟型和雪山二期文化受到龙山文化或造律台文化较大影响，也有双鋬肥袋足鬲等北方文化因素，正与其先为帝喾和简狄的

---

① 《今本竹书纪年》(王国维疏证)："帝相十五年，商侯相土作乘马。""帝少康十一年，使商侯冥治河。""帝杼十三年，商侯冥死于河。""帝芒三十三年，商侯迁于殷。"(王国维疏证："此因《山海经》引《纪年》有'殷王子亥'，故设迁殷一事。")"帝泄十二年，殷侯子亥宾于有易，有易杀而放之。十六年，殷侯微以河伯之师伐有易，杀其君绵臣。""帝孔甲九年，陟。殷侯复归于商丘。""帝癸三十一年，大雷雨，战于鸣条。"

② 唐兰：《用青铜器铭文来研究西周史——综论宝鸡市近年发现的一批青铜器的重要历史价值》，《文物》1976年第6期。

③ 《水经·渭水注》引，《通鉴地理通释》引作番。

④ 丁山：《商周史料考证》，中华书局1988年版。

⑤ 赵铁寒：《汤前八迁的新考证》，《大陆杂志》1963年第27卷第6期。

⑥ 韩建业：《先商文化探源》，《中原文物》1998年第2期。

⑦ 李伯谦：《先商文化探索》，《庆祝苏秉琦考古五十五年论文集》，文物出版社1989年版，第280—293页；王立新、朱永刚：《下七垣文化探源》，《华夏考古》1995年第4期。

⑧ 邹衡：《试论夏文化》，《夏商周考古学论文集》，文物出版社1980年版，第95—182页。

记载吻合。

五 结语

王湾三期文化对石家河文化、老虎山文化对陶寺文化的大规模代替，只能是激烈战争行为的后果，分别和传说中的禹征三苗、稷放丹朱事件，存在很好的吻合关系。以此为基点，会发现龙山时代的其他考古学文化和其他部族人物也有较好的对应关系，如有虞氏舜与造律台文化、最早的先商契和雪山二期文化等。这样就基本建立了龙山时代考古学文化和尧舜禹时期一些部族的对应关系框架。这在很大程度上说明《尚书·尧典》等所记载的尧舜与同侪济济一堂、共同议事的情景，并非完全虚构，很有可能是对当时部族联盟议事情形的一种反映。虽然尧、舜、禹、稷、契等都分属不同部族，对应不同的考古学文化，但基本都集中在以晋南为核心的黄河中下游地区，也就是广义的中原地区，而长江流域的三苗则属于被征伐的对立面。至于禅让，其实大抵不过是部族实力消长，联盟首领位置轮替的委婉说法。由禹征三苗等，还可以为夏文化的上限提供坚实的考古学证据。

李民和邵望平曾论证《尚书·禹贡》所载九州范围及其分野，和龙山时代的范围及其各考古学文化大致对应①。这应该是大致不差的。但夏初禹所对应的后期王湾三期文化的实力，虽较前期实力大增，但毕竟和海岱、华北等地诸龙山时代文化大致仍在伯仲之间，很难设想能有居高临下、规划九州的壮举。龙山时代后期基本也还是

① 李民：《〈禹贡〉与夏史》，《尚书与古史研究》（增订本），中州书画社 1981 年版，第 52—53 页；邵望平：《〈禹贡〉“九州”的考古学研究》，《考古学文化论集》（二），文物出版社 1989 年版，第 11—30 页。

“万国林立”的状态。中原地区直到约公元前 18 世纪以后的二里头文化才达到唯我独尊、影响天下的局面[①]，而那应该已经是晚期夏文化阶段了[②]。另外，可能属早期夏文化的王湾三期文化后期，虽有青铜容器残片发现，表明具有铸造铜鼎的可能性，但很难设想会铸造出威震天下的九鼎，而二里头文化则已经发现真正的铜鼎[③]。很可能禹虽建立夏朝，但对周围部族而言还不具备真正的王权，禹王天下、画九州的传说，至少应该有晚期夏王朝以后“层累”添加的成分在内。

（本文原载《社会科学》2020 年第 1 期）

① 许宏：《最早的中国》，科学出版社 2009 年版；韩建业：《良渚、陶寺与二里头——早期中国文明的演进之路》，《考古》2010 年第 11 期。

② 韩建业：《论二里头青铜文明的兴起》，《中国历史文物》2009 年第 1 期。

③ 中国社会科学院考古研究所二里头工作队：《河南偃师二里头遗址发现新的铜器》，《考古》1991 年第 12 期。

中华文明起源研究理应结合古史传说

中华文明起源与早期发展这样的重大历史问题的攻关，要以考古学为基础进行多学科全方位的综合研究，尤其要结合文献记载和传承中的三皇五帝传说进行对证研究。

一　为什么中华文明起源研究要结合古史传说

亚欧大陆西部的古代文明，诸如古埃及文明、苏美尔文明、古希腊文明等，都有自己鲜明的文化基因和丰富的历史记忆，近现代学者对这些古代文明的研究，固然以考古发现的实物遗存为基础，但绝离不开对其中文字材料的解读。如果没有文字或者文献材料，很难想象能从考古学实物遗存中直接分析出确切的神祇信仰体系、灵魂再生观念、法律体系和各种科学知识，更不用说他们的王朝世系、历史脉络。中国虽有至少早到5000年前的文字出土，但可能因为主要书写在绢帛竹木等有机质材料上的缘故，并未发现商代晚期以前成体系的文字或文献材料，很大程度上限制了对早期中华文明的深刻认知。幸运的是，除了晚商的甲骨文，中国还有大量西周以来的传世或者出土的文献史料，以及传承史料，其中包含了极为丰富的关于三皇五帝等的传说，这些都理应成为中华文明起源和早期发展研究的信息宝库。

商周时期距离三皇五帝时代有相当长的时间差距，商周及以后文献中的三皇五帝故事自然免不了传承和传说过程中的错漏虚夸，深入辨析、去伪存真，自然是研究者必须做的，但应当对传说史料有足够的敬畏和同情之心，没有十足把握，不要轻易言伪。1921 年胡适在演讲中说，“在东周以前的历史，是没有一字可以信的。”这种话曾经激励着一批学者勇猛地怀疑古史，出现了影响深远的疑古运动。疑古派虽于破除迷信古史记载的旧风气有所贡献，但疑古过猛，“走得太远”，不可不察。如果以“科学”“严谨”的名义，简单粗暴地抛弃蕴含着中华先辈们珍贵历史记忆的传说史料，而指望以民族志的相似性类比或者以其他古代文明的“范式”来激活考古材料，恐怕只能得到一些似是而非、教条僵化的推论而已，不能指望由此归纳出早期中华文明的特质、理清楚中华早期历史脉络。事实上，“中华”之“华”，本身就源于华胥氏的传说，离开古史传说，连“中华”之名义都无从谈起。

二 结合古史传说已取得的研究收获

1928 年殷墟的考古发掘，以坚实的证据证明殷墟为商代晚期的首都，确认了《史记》等文献记载的晚商史为信史，“东周以上无信史”的说法破产。1952 年对郑州二里岗遗址的发掘，揭开了考古学探索晚商以前古史的序幕，在此基础上安金槐提出郑州商城为仲丁隞都，邹衡进而提出郑州商城为商汤亳都，虽然郑州商城发现的文字资料有限，但其为商代早期的都城之一已成定论。1959 年徐旭生在豫西调查“夏墟”，发现偃师二里头遗址，从调查之初的推测其为商汤“西亳”，到 1977 年邹衡对考古发掘材料深入分析后提出其为夏朝都城，这期间考古学的证史方法在论辩中取得了长足发展。时至今日，二里头文化为晚期夏文化、二里头遗址为夏代晚期王都遗址的观点已经基本成为定论，夏代晚期历史基本成为信史。而王湾三期文化后期作为二里头文化的前身，被安金槐、李伯谦等认为最有可能是早期的夏文化，自然在情理之中。

五帝时代的探索也有重要成果。20 世纪 30 年代，依据当时的考古发现并结合文献梳理，徐中舒就推测“仰韶似为虞夏民族遗址”。50 年代，范文澜推想“仰韶文化就是黄帝族的文化”。七八十年代以来，对五帝时代进行考古学探索的学者日益增多，既有俞伟超、邹衡、严文明、许顺湛等对三苗、唐尧、东夷、炎黄文化等的具体对证研究，也有白寿彝总主编的《中国通史》那样的宏观把握。在《中国通史》第二卷当中，苏秉琦等认为仰韶文化后期对应炎黄时期，龙山时代对应尧舜禹时期，这是在中国新石器时代文化谱系基本搭建起来以后，考古学家对求证上古史做出的重要贡献。90 年代中期以后，我们进一步论述了仰韶文化前期已经属于炎黄文化的可能性，还讨论了禹征三苗、稷放丹朱等历史事件在考古学上的清晰反映，为夏文化上限的确定提供了坚实的考古学依据。

《史记》的开端是《五帝本纪》，并没有包括三皇在内。三皇的传说不但被疑古派视为子虚乌有，就连比较相信古史的学者也讨论不多，考古学上的对证研究自然就很缺乏。但如果我们将距今 8000 多年前义乌桥头、舞阳贾湖、秦安大地湾等遗址的龟卜象数、似文字符号、规矩形骨器、排列整齐的“族葬”墓地等，和伏羲、女娲创作八卦、观象制历、别婚立制、鼎定人伦的传说对比，就会发现其间颇多吻合之处。三皇的传说也当有真实的历史背景，需要考古学去揭开谜底。

此外，中国边疆地区一些古代族群或古代政权，如羌戎、巴蜀、匈奴、大月氏、鲜卑、吴、越等，传说中都和黄河中游地区的华、夏、周等有渊源关系，这或许反映了这些族群或者至少是其统治集团曾经源于华夏的事实，也需要结合考古学认真加以探究，不应以“想象”“重构”“攀附”等历史虚无的名义轻率加以否定。

三　结合古史传说开展研究的方法

回顾早商和夏文化等的考古学探索历程，考古学家所使用的主要是由已知推未知的方法，由已知的晚商文化，上推至早商文化、夏文化和先商文化，强调都城定性的重要性，并且注重考古学文化的空间格局和古史体系的整体比对。我们在这里进一步提出两种互有关联的研究方法，一是文化谱系、基因谱系和族属谱系结合的“谱系法”，二是文化巨变、聚落巨变和战争迁徙结合的“变迁法”。

一定时期居住在特定自然环境里的人们共同生活、密切交流，就有可能形成共同的行为习惯和生活习俗，从而在考古学遗存中表现出相似的文化特征；而血缘关系则应当是远古人类共同生活、形成社会的天然纽带。因此，理论上考古学文化和强调血缘认同的“族”就存在相互对应的可能性。甲骨文和传世文献记载中晚商王朝的王畿、四土、边疆方国，与殷墟文化中心区、亚文化区和文化影响区范围的基本对应，金文和传世文献中西周王畿、封建诸侯国、边疆地区，与西周文化中心区、诸侯文化区、文化影响区范围基本对应，足证考古学文化和族属的对证研究一定程度上客观可行。当然，在三皇五帝时代，特定族属的时空范围难以确切界定，考古学文化本身也有不同划分方案，因此点对点的对应容易出现问题。但如果我们建立了新石器时代以来比较完善的考古学文化谱系，也建立了晚商以前各时期的族属谱系，以谱系对谱系，就如同两张网的对应，一旦基本吻合，那确定性就会高很多。近年分子生物学在考古上的应用越来越广泛，建立晚商以前的基因谱系，不再只是一个梦想。将其与文化谱系、族属谱系结合，“三网”合一，一定会取得古史研究的重大突破。不过，基因谱系确定的只是人的血缘关系而非文化关系，族属虽基于血缘，但更是文化认同，所以不能将基因谱系简单等同于族属谱系，就如同不能将文化谱系简单等同于族属谱系一样。

文化巨变和中心聚落的巨变在考古学上比较容易观察到，巨变的原因往往是大规模的战争和迁徙，而这些也是古人心目中印象最深、古史传说中最常记载的。将文化巨变、聚落巨变和古史记载的战争迁徙事件进行比照，确认一些关键基点，是考古学和古史传说对证研究的有效方法。文化巨变最突出的例子，就是豫南和江汉地区龙山前后期之交发生的大范围的文化面貌突变，之前独具特色、兴旺发达的石家河文化，短时期内被以矮领瓮、细高柄豆、侧装足鼎等陶器为代表的王湾三期文化代替，江汉地区延续近千年的20个古城也基本都被毁弃，除了大规模的战争行为，不可能有其他解释！所以我们曾提出这是“禹征三苗”的反映。“禹征三苗”这个关键点一旦得到确认，就基本确证了禹、夏、三苗的史实，确证了禹征三苗和夏建立的年代在公元前2100年左右。聚落巨变最突出的例子，就是同样在大约公元前2100年，北方地区老虎山文化大规模南下代替陶寺文化，原本有斝无鬲的临汾盆地出现大量双鋬陶鬲，陶寺古城出现暴力屠杀、摧残女性、疯狂毁墓等现象，这也只能是战争才会有的后果，我们曾以“稷放丹朱”来对证这一事件。这个关键点一旦确定，就能够直接证明后稷、丹朱甚至尧的历史真实性和年代。

三皇五帝的考古学对证研究的确是一件非常具有挑战性的工作，这项研究是以考古学为基础的，需要精通考古类型学和考古学文化的研究方法，需要对考古学文化谱系有精准细致的梳理，更需要对三皇五帝传说有深入研究和审慎把握。这就要求考古学家和历史学家携起手来，更亟须大学教育培养出同时兼具考古学和历史学素养的专业人才。无论如何，我们不能对三皇五帝的传说听而不闻，或者对有关的考古学探索裹足不前。因为结合古史传说是做好中华文明起源和早期发展研究的必经之道，是我们当代考古学和历史学义不容辞的共同使命。

传说时代的古史并非不可证明

传说时代，是缺乏当时的文献记载，但在之后的文献或传说中有所涉及的远古时代。徐旭生在20世纪40年代出版的《中国古史的传说时代》一书中提出，中国古史的传说时代截止在晚商以前，晚商时期因为殷墟出土了大量甲骨文，已经进入历史时期。因此，早商、夏以及更早的五帝时代，都应当属于传说时代的范畴。

甲骨文不可能是中国最早的文字，晚商也不可能是中国有文献记载的开始。早商晚期的郑州小双桥遗址陶器上的朱书文字，已经和甲骨文别无二致，襄汾陶寺遗址龙山后期陶器上的朱书文字，也和甲骨文基本类似，说明甲骨文之前肯定已经有了较为成熟的文字。传说时代的事迹，或许有的是从远古口耳相传下来，到西周以后才被陆续加以记录，但也不排除更多是由远古文本传承译写而来，在传说译写的过程中难免错漏虚夸或神话化。去伪存真，自然是研究者应该做的，但我们应当对古代文献有足够的敬畏和同情之心，没有十足把握，不要轻易言伪，更不能因为传说中有神话色彩，就轻易将其归之为神话。传说时代能否被证实？传说真假参半，错综复杂，仅依靠后世的文献记载实际上很难证实。其实在《古史辨》第一册中，李玄伯就明确指出："要想解决古史，唯一的方法就是考古学。"顾颉刚也认为，地下出土的古物所透露出的古代文化的真相，可以用来建设新古史，也可以破坏旧古史。

那么考古学就真的能够一定程度上证实传说时代的古史吗？方法又是什么？应当说，考古学是解决传说时代古史的最根本手段。如果传说时代的那些部族集团真实存在过，就肯定会留下物质遗存，考古资料长埋于地，没有人为篡改增删的可能，其客观真实性毋庸置疑，是传说史料最可靠的参照系。经过一个世纪艰苦的探索，这个参照系的内在逻辑秩序已经逐渐被破解释读，以陶器为中心的中国史前和原史考古学文化谱系基本建立，古史和考古对证研究的条件基本成熟。

回顾早商和夏文化的探索历程，以邹衡为代表的学者们使用的方法，主要是由已知推未知，由已知的晚商文化，上推至早商文化、夏文化和先商文化。这些讨论的前提，就是考古学文化一定程度上能够与特定族属对应，或者与以某主体族为核心建立的部族集团或早期国家对应。从甲骨文和传世文献记载中晚商王朝的王畿、四土、边疆方国，与殷墟文化中心区、亚文化区和影响区范围的基本对应，可知这一前提基本成立。但问题是，在传说时代，特定族属的时空范围难以确切界定，又如何与特定的考古学文化对应？

有一种方法有可能一定程度上破解这个难题，这就是考古学文化巨变和部族战争对证研究的方法。激烈的部族间的战争，有可能会造成文化面貌上的巨变现象，这是特别容易引起注意和易于辨别的。以考古学文化上的重大变迁来证实传说中的重要战争或迁徙事件，由此确立若干基点，并进而探索其他细节，就有可能大致把握五帝时代中国古史的基本脉络。

以禹征三苗、稷放丹朱两个事件的考古学对证为例。

“禹征三苗”事件见于《墨子·非攻下》《古本竹书纪年》等。禹作为夏朝的实际创建者，居地当在豫中西部，而三苗一般认为在以江汉平原为核心的湖北大部地区。在大约公元前2100年之前的龙山前期，河南中西部的王湾三期文化地域狭小，而以江汉平原为核心的石家河文化的范围几乎十倍于王湾三期文化。但到公元前2100年前后，王湾三期文化在短时间内大规模南下，造成方圆千里的石家河文化的覆亡，这样的剧烈变化，绝不可能是一般性的文化交流、贸易等可以解释，我认为只有一种可能性，就是中原和江汉之间大规模的激烈战争所致，可能正好对应“禹征三苗”事件。

“稷放丹朱”事件见于《古本竹书纪年》等。后稷即传说中周人的始祖。后稷与其母有邰氏姜嫄的居地，旧说以为在泾、渭水一带，独钱穆认为在晋西南地区。丹朱传说中为尧子，其始居地应该就在尧都。尧都有多种说法，最著名的就是“尧都平阳”，平阳或在晋南临汾。公元前2100年之前，临汾盆地分布着陶寺文化，陶寺古城面积近300万平方米，在石峁石城出现之前，曾经是中原北方地区龙山时代最大规模的中心聚落。但到公元前2100年以后的龙山后期，陶寺文化的繁荣戛然而止，原本有斝无鬲的临汾盆地出现大量双鋬陶鬲，我曾经认为这与老虎山文化的强力南下有关，说明北方和晋西南之间发生了冲突战争，可能对应“稷放丹朱”。

王湾三期文化对石家河文化、老虎山文化对陶寺文化的大规模代替，只能是激烈战争行为的后果，分别和传说中的禹征三苗、稷放丹朱事件对应，这就建立了古史和考古学对证的坚实基点。由于传说时代文字的缺乏，对传说时代古史的“证实”还只能是相对的，即使文献记载和考古证据有很好吻合，所得“结论”也只是推论。五帝时代的探索如此，夏文化的探索也是如此。

传说时代古史期，恰是文明初创期，那些古代传说蕴含着先人们的珍贵记忆，那些考古遗存凝固了先辈们的智慧和汗水，对中国古史传说时代的重视和研究，是学术界应有的追求和责任。

（本文原载《人民日报》2018 年 11 月 14 日）

传说时代古史的考古学研究方法

近些年来，社会上兴起了“古史”热，专家“打擂台”，民众寻根问祖，政府举办各类祭祀炎黄等先祖的大典，越来越热闹。这大概和现在中国的崛起背景有关，也算是“文化自信”的一种表现吧。可热闹归热闹，关于“古史”的认识仍然南辕北辙，难有共识，或全盘否定，或完全相信，甚至有好事者将其放大到西亚埃及甚至全球。究其原因，是绝大多数人对于传说时代古史缺乏真正的了解和研究，也未掌握正确的研究方法，或心里发虚，无力深究，而以维护史学和考古学的“纯洁”与“严谨”自慰；或随便翻过几本古书，看过几页博文，参观过几处景点，就敢信口开河。有鉴于此，我想在这里谈谈我对传说时代古史研究方法的浅见，供大家参考批评。

一　考古学是解决古史问题的关键

传说时代，就是缺乏当时的文献记载，但在后来的文献或传说中有所涉及的远古时代。按照徐旭生先生的意见，中国古史的传说时代截止于出土大量甲骨文的晚商以前①，因此，早商、夏、五帝等时

① 徐旭生：《中国古史的传说时代》（新一版），文物出版社1985年版，第19—20页。

代，都应当属于传说时代的范畴。

中国古代有着悠久的信古传统，晚清以后则兴起疑古思潮，“传说时代”这个概念其实是“信并怀疑着”理念的产物：这里的“信”，是指相信古史传说总体上有着真实的历史背景；“疑”，是说晚商以前的古史，都只见于后世文献中，那多半是传抄翻译甚至口耳相传的结果，难免演绎错漏，需要去伪存真。

传说时代到底有没有真实性？有多大真实性？是应该坚持疑古，还是走出疑古[①]？从20世纪初期到现在就一直有着激烈争论，但主要基于传世文献本身的研究，只能提出若干有待验证的假说。王国维以新发现的甲骨文结合传世文献，证明《史记》等所载商史为信史[②]，显示了“二重证据法”的强大威力，但那也仍只是以当时文献论证当时历史，由此并不能顺理成章地肯定《史记》所载夏史、五帝史就一定属于史实。甲骨文、金文、简牍、帛书等出土文献的发现和研究，证明晚商、西周至春秋战国时期的确已有关于五帝的各种记载，并非出于汉代以后的伪造，但却终究无法提供五帝时代真实存在的直接证据。看来，解决古史问题的关键，还应该在考古学。在《古史辨》第一册中，李玄伯先生早就指出：“要想解决古史，唯一的方法就是考古学。”[③] 顾颉刚也认为，地下出土的古物所透露出的古代文化的真相，可以用来建设新古史，也可以破坏旧古史[④]。

在白寿彝总主编、苏秉琦主编的《中国通史》第二卷“序言”里，有这样一句话：“若从整理传说史料本身来说，史前考古资料则

---

① 李学勤：《走出疑古时代》，辽宁大学出版社1994年版。

② 王国维：《殷卜辞中所见先公先王考》，《观堂集林》卷第九，中华书局1959年版，第409—436页。

③ 李玄伯：《古史问题的唯一解决方法》，《古史辨》第一册，上海古籍出版社1982年版，第268—270页。

④ 顾颉刚：《答李玄伯先生》，《古史辨》第一册，上海古籍出版社1982年版，第270—274页。

已成为不可忽视的最可靠的参照系。”① 按理说，如果传说时代的那些部族集团真实存在过，就肯定会留下他们的物质遗存，考古学的确就应该是解决传说时代古史的根本手段。考古资料长埋于地，没有人为窜改增删的可能，其客观真实性毋庸置疑，应当是传说史料的最可靠的参照系。经过近一个世纪的艰苦的考古工作，这个参照系的内在逻辑秩序和主要内容已经逐渐被破解释读，古史和考古对证研究的条件已经基本成熟。

回顾早商和夏文化等的考古学探索历程，以邹衡先生为代表的学者所使用的方法，主要是由已知推未知的方法，由已知的晚商文化，上推至早商文化、夏文化和先商文化②，强调都城定性的重要性，并且注重考古学文化的空间格局和古史体系的整体比对，取得了卓越成绩，关于早商文化的基本认识已成定论，但关于夏文化、先商文化、先周文化的主流认识仍然只是可能性很大的假设。关于五帝时代的考古学探索则扑朔迷离，很多观点大相径庭。专业的考古和历史学者，大多数对传说时代的考古学探索充满疑虑，认识也千差万别。这当然主要是因为没有发现晚商以前足够文献（个别文字除外）的缘故。但中国上古大概流行在简帛等有机质材料上书写，很难保证曾经存在过的文献能够留存至今并被发现。其实，即便暂时出土不了晚商以前的文献，根据已有后世文献和考古学材料的对证，也还是有可能逐步推进传说时代考古研究的，这当中研究方法是关键。我在这里提出两种互有关联的研究方法供大家参考：一是文化谱系、基因谱系和族属谱系结合的“谱系法”，二是文化巨变、聚落巨变和战争迁徙结合的“变迁法”。

---

① 白寿彝总主编，苏秉琦主编：《中国通史》第二卷，上海人民出版社 1994 年版，“序言”部分第 17 页。

② 邹衡：《夏商周考古学论文集》，文物出版社 1980 年版。

二　谱系法——文化谱系、基因谱系和族属谱系的结合

文化谱系，就是考古学文化的区系类型和演变传承。为什么在一定时间、一定地区会形成具有一定特征的考古学文化？严文明先生将原因归结为“自然环境、人文环境和共同的文化传统”①。也就是说一定时间居住在特定自然环境里的人们共同生活、密切交流，会形成共同习俗甚至语言，而血缘关系则应当是远古人类共同生活、形成社会的天然纽带。因此，理论上考古学文化和强调血缘认同的“族”就存在相互对应的可能性。当然，某族与邻近区域其他人群相互交流，也可能形成相似的文化，从而形成某考古学文化和以某主体族为核心建立的部族集团相对应的情况。正如李伯谦先生所说：“考古学文化与族的共同体有联系，但又不是等同的概念。由于婚姻、交往、征服、迁徙等各种原因，属于某一考古学文化的居民有可能属于不同的族，但其中总有一个族是为主的、占支配和领导地位。”②

当然，随着社会复杂化程度的提高，国家社会的出现，“按地区划分国民”的情况越来越多，血缘关系总体上自然会受到削弱，但血缘和族属认同不但不会消失，还有可能在不同族群的碰撞刺激中得到加强，尤其统治者的族属认同更是如此。统治者还有可能通过扩张、移民、封建等手段，将其文化和族属认同扩展到更广大的地域，从而使得早期国家的核心和主体区域成为统治者部族及其强势考古学文化的分布区，四周则为从属部族和弱势考古学文化分布区。甲骨文和传世文献记载中晚商王朝的王畿、四土、边疆方国，与殷墟文化中

---

① 严文明：《关于考古学文化的理论》，《走向21世纪的考古学》，三秦出版社1997年版，第78—93页。

② 李伯谦：《二里头类型的文化性质与族属问题》，《文物》1986年第6期。

心区、亚文化区和文化影响区范围的基本对应①，金文和传世文献中西周王畿、封建诸侯国、边疆地区，与西周文化中心区、诸侯文化区、文化影响区范围基本对应，足证考古学文化和族属的对证研究一定程度上可靠可行。有些人根据近现代民族志资料，认为某种陶器的使用不见得和族属有关，从而否定考古学文化和族属对证研究的可能性，忘了我们是拿整个考古学文化和族属做对应，一两种陶器成为不了整个考古学文化，需要一个陶器群，以及其他各种遗物、遗迹的共同体，才能构成整个考古学文化。

但问题是，在传说时代，特定族属的时空范围难以确切界定，又如何与特定的考古学文化对应？何况考古学文化本身也有多种划分方案。这种点对点的对应，在证据不很充分的条件下，自然很容易导致各执己见、众说纷纭。但如果我们建立了新石器时代以来的考古学文化谱系，也建立了晚商以前各时期的族属谱系，以谱系对谱系，就如同两张网的对应，一旦基本吻合，那确定性就会高很多。如上所述，中国新石器时代考古学文化谱系的基本框架和基本内容已经确立，只是细节的充实和考量永远在路上，这也是我们不能轻言放弃考古类型学的原因之一。相对而言，晚商以前族属的谱系目前只有根据传说资料梳理的很粗略的框架，而且主要集中在华夏集团所在的中原及附近地区，周边大部地区恐怕并没有传说被记载下来，这实际上是一个比文化谱系小得多的网。如果对甲骨文、金文所包含的丰富的族属信息进行研究，大致确定晚商阶段的族属谱系，再前溯建立晚商以前较为详细的族属谱系，那就能和文化谱系进行更好地拟合，离勘破古史真相就会更近一步。

近年分子生物学在考古上的应用越来越广泛，通过人类 DNA 序列、Y 染色体、线粒体 DNA 的分析，推断祖先的 DNA 类型，建立个

① 宋新潮：《殷商文化区域研究》，陕西人民出版社 1991 年版。

体之间的关系以及不同家族之间的遗传距离，建立晚商以前的基因谱系，不再只是一个梦想。将其与文化谱系、族属谱系结合，“三网”合一，一定会取得古史研究的重大突破。但基因谱系确定的只是人的血缘关系，而非文化关系，族属虽基于血缘，但更是文化认同，所以不能将基因谱系简单等同于族属谱系，就如同不能将文化谱系简单等同于族属谱系一样。

当然，将文化谱系、基因谱系和族属谱系做整体拟合是很艰难的，不可能一蹴而就，可行的办法还是从局部拟合开始。但局部拟合不确定性比较大，研究者应该充分意识到这一点。将某地的重要发现和传说轻易对应，无视考古年代和其他地区的同类传说，或者将某个基因溯源结果和传说时代某“祖先”轻易挂钩，无视这些“祖先”的时空、人格、文化属性，都不是传说时代考古学探索应该提倡的做法。

三　变迁法——文化巨变、聚落巨变和战争迁徙的结合

要减少考古学和古史传说局部拟合的不确定性，文化巨变和中心聚落的巨变这些关键点的确定至为重要，这些在考古学上比较容易观察到，也容易确定。巨变的原因往往是大规模迁徙和大规模战争，即便更后面的背景是气候干冷事件等，对人类社会的影响也总表现为迁徙和战争，而大规模的迁徙和战争也是古人印象最深、古史传说中最常记载的。我在《五帝时代——以华夏为核心的古史体系的考古学观察》一书的前言里说过，“以考古学文化上的重大变迁来证实传说中的重要战争或迁徙事件，由此确立若干基点，并进而探索其他细节，就有可能大致把握五帝时代中国古史的基本脉络。”①

① 韩建业：《五帝时代——以华夏为核心的古史体系的考古学观察》，学苑出版社 2006 年版，“前言”第 5 页。

文化巨变之所以称得上“巨变”，一是文化面貌发生了突变，二是涉及范围异常广大。比如，豫南和江汉地区龙山前后期之交就发生了大范围的文化面貌突变，在这样一个比现在的整个湖北省还大的空间范围内，之前独具特色、兴旺发达的石家河文化，突变为王湾三期文化或者类似于王湾三期文化的遗存，就连江汉平原核心地区甚至更靠南的洞庭湖地区也不例外，除了大规模战争行为，不可能有其他解释！所以我们就提出这是“禹征三苗”的反映①。《墨子》里把“禹征三苗”描写得惊天动地，结果是“苗师大乱，后乃遂几”。虽然暂时没有 DNA 的信息，也不知道这次巨变之后留在江汉地区的夏人和苗人的真实人口比例，但文化上的表现已然十分清楚。如果“禹征三苗”这个关键点的确认没有问题，那就基本能够确证禹、夏、三苗的存在是史实，能够证明禹征三苗和夏建立的年代在公元前 2100 年左右。

聚落巨变，在大型中心聚落或都城上看得最为清楚，主要表现为城墙、宫室、墓葬的突然毁弃等。比如上述王湾三期文化南下的同时，石家河文化的一二十座古城几乎均遭毁弃。再如同样是大约 2100 年左右，北方地区老虎山文化大规模南下，临汾盆地及附近地区的陶寺文化发生巨变，陶寺古城出现暴力屠杀、摧残女性、疯狂毁墓等现象，这也只能是战争才会有的结果。我曾以“稷放丹朱”来对证这一巨变事件②。这样一个关键点的确定，直接证明后稷、丹朱的真实性，也为尧的真实性以及稷周族源于山西说增添了有力证据。

四 余论

有人可能会问，既然传说时代古史那么杳渺难证，为什么还要费

① 杨新改、韩建业：《禹征三苗探索》，《中原文物》1995 年第 2 期。

② 韩建业：《唐伐西夏与稷放丹朱》，《北京大学学报》（哲学社会科学版）2001 年第 3 期。

力研究它？有“纯粹”的考古学和史前史不就行了吗？我想这至少有两个原因。其一，中国传说时代古史，基本都是中国人的祖先史，祖先崇拜、认祖归宗是中国人几千年来的传统，也是中国文明几千年来连续发展的秘诀之一，中国人希望弄清楚自己的祖先是谁，这是无可非议的正当要求，没有必要套“民族主义”的大帽子。其二，考古学遗存虽然内涵丰富，但却是“死”的，要让它活起来，得到解释，最好的办法就是有可靠文献可以参照，其次才是和民俗学、民族学资料进行比较，因为文献直指古代世界，民俗学、民族学只能给你间接启示。古史传说虽然是后世的记载，但可能有真实素材，一旦得到确证，对考古学解释的价值不可限量。

但传说时代的考古学研究的确极难，这项研究实际上是以考古学为基础的，需要精通考古类型学和考古学文化的研究方法，需要对考古学文化谱系有细致梳理，也需要对古史传说有全面了解，要做到这些，谈何容易！现在的大学教育，表面上是在提倡素质教育，实际上分科还是越来越细，很多考古专业的学生对类型学越来越陌生，懂类型学的又不读古史，做古史的人对考古学基本都是一知半解，这样如何做传说时代古史的考古学研究？所以还得先从教育改革、从培养考古和古史兼通的人才做起。否则，社会民众对古史热情不减，专业研究者不去面对解答，只能把发言权交给那些“创新”无限的古史爱好者了。

［本文原载《遗产》（第一辑），南京大学出版社 2019 年版］